MW01004680

EL PAPA
Y FIDEL

¿Qué futuro espera a América Latina?

Gianni Minà

EL PAPA Y FIDEL

¿Qué futuro espera a América Latina?

grijalbo

EL PAPA Y FIDEL
¿Qué futuro espera a América Latina?

Título original en Italiano: *Il Papa e Fidel.*
Un inatteso dialogo di fine secolo

Traducción: Manuel Arbolí y María de la Luz Broissin
de la edición de Sperling & Kupfer Editori
Milán, 1998

ISBN 970-05-1050-6

IMPRESO EN MÉXICO

Índice

Índice

Prólogo

Éste es casi un libro de contrainformación, basado en las entrevistas más explícitas y significativas contenidas en dos documentos televisivos que he rodado como productor independiente en ocasión de la visita del Papa a Cuba. Los dos reportajes dieron la vuelta al mundo, pero en Italia he encontrado muchas dificultades para comercializarlos. Sin embargo, pensé que había hecho el trabajo normal de un reportero que vive un suceso significativo "desde dentro" y trata de interpretarlo, explicarlo y volverlo accesible al público a través de los testimonios de los protagonistas. No hay duda de que el encuentro entre dos hombres maduros y de gran densidad intelectual, como lo son Juan Pablo II y Fidel Castro —que vienen de un largo y opuesto camino, amados y odiados por razones distintas de pasión o de integralismo— ha sido sin duda una efeméride especial, el signo del ocaso de una época y del nacimiento de otra a dos años del final del milenio. Han acabado las ideologías, pero también los integralismos religiosos, al menos en Occidente, y se está afianzando en el mundo la opinión de que son muchas las verdades dignas de respeto, incluidas aquellas que parecen amenazar nuestras certezas personales. Se percibe, en suma, que la convivencia debe expresarse en la síntesis de los valores más diversos, aun los que parecen alejados de nuestro sentir.

Así, para contar y tratar de comprender el inesperado diálogo entre el Papa que ha contribuido a derrocar el comunismo y el líder revolucionario comunista que ha sobrevivido a ese final, he pensado que era indispensable escuchar a algunas de las personas que han jugado este partido junto con Karol Wojtyla y Fidel: pensadores del Vaticano, por ejemplo, como el cardenal Roger Etchegaray, ministro de Asuntos Sociales de la Iglesia y fino tejedor del diálogo que llevó a Juan Pablo II a la tierra de la Revolución; o un intelectual de la Iglesia católica cubana, como Carlos Manuel de Céspedes, heredero de las familias que hicieron la historia de la isla; o un diplomático estadounidense como Wayne Smith, testigo de dos etapas fundamentales de la larga incomunicación entre Cuba y Estados Unidos, o Assata Shakur, lideresa en el exilio de las Panteras Negras y caso ejemplar de las contradicciones del país más poderoso del mundo; o Charles Rangel, diputado negro de Harlem, que desde hace años se bate contra el infame boicot que mantiene su país "contra una pobre isla del Caribe". He pensado también que era preciso tomar en cuenta el modo de ver las cosas de los mismos cubanos: la opinión de un refinado escritor como Miguel Barnet, estudioso de la santería (culto religioso de raíz africana generalizado entre los cubanos); la postura de un creyente cristiano como el padre Raúl Suárez, pastor de la Iglesia protestante, la cual, al contrario de la católica, ha convivido desde un principio con la Revolución, sin malos entendidos; el parecer de un ex combatiente como Jesús Montané, símbolo de la Revolución, testigo de toda la historia de ésta, desde el asalto al cuartel Moncada hasta nuestros días; el pensamiento de Ricardo Alarcón, presidente del parlamento, ex ministro de Asuntos Exteriores, pero sobre todo, durante diez años, duro adversario en la ONU de la política de Estados Unidos contra Cuba. He juzgado asimismo que no podía faltar el análisis de un pensador como Frei Betto, fraile dominico de Sao Paulo, Brasil, exponente de aquella teología de la Liberación que ha marcado un nuevo camino pastoral al catolicismo latinoamericano y que, cosa de maravillar, ha nutrido las homilías del Papa en las jornadas cubanas; así como no podía faltar la opinión de un agudo y desencantado observador como el escritor catalán Manuel Vázquez Montalbán, llegado a Cuba para averiguar si del encuentro de dos hombres como Juan Pablo II y Fidel (los cuales, sorprendentemente, en el último trecho de su aventura humana hablan el mismo lenguaje) podría nacer un camino común en defensa de la mayor parte de la humanidad, en especial de aquella que cada día queda más excluida de la vida, a causa de la famosa globalización. Por último, me ha parecido muy interesante el balance hecho por un filósofo y teólogo, Giulio Girardi, que desde hace treinta años se interroga sobre la relación entre fe y política, entre liberación cristiana y liberación personal y colectiva, y que es autor de libros sobre los movimientos indígenas, el sandinismo y la misma Cuba.

En suma, estoy convencido de que este intento de investigación, de reflexión, de explicación, de análisis, de narración, siguiendo al Papa a Cuba, con su intrepidez, sus homilías, sus encuentros con Fidel, su lento moverse por el interior de la sociedad cubana, era mi obligación de cronista. Pero en determinado momento, al leer los periódicos occidentales, sobre todo los italianos, y al enterarme de las muchas crónicas por radio y televisión agitadas, sensacionalistas y fuera de tono hasta lo grotesco, me pregunté si no era yo un extraño en el mundo de la información. Los grandes protagonistas y los testigos del suceso que estábamos viviendo se encontraban en la ciudad, en La Habana, a disposición de todos, pero muchos sedicentes líderes de opinión, llegados del mundo que cuenta, no sentían la necesidad de recurrir a ellos, de pedirles su parecer. El fin de la revolución cubana, a su entender, estaba próximo y a ojos vistas su inevitable decadencia. Por lo mismo, bien otras deberían haber sido las prioridades y los temas de las crónicas que se enviaban a los periódicos, a la radio y a la televisión. Para mostrar a Occidente la única revolución sobreviviente de Latinoamérica parecía que fuese necesario ocuparse, incluso en días especiales como los de la visita del Papa, del amor mercenario que se ofrece a lo largo del malecón, de las trapisondas del mercado negro y de los restaurantes caseros clandestinos.

Los hechos, empero, han demostrado que, una vez más al hablar de Cuba, muchos confunden los deseos con la realidad. El fin de la revolución cubana se ha de mandar todavía a futuro. El antiguo eslogan de los anticastristas de hueso colorado de Miami, "¡Para Navidad, en Cuba!", una vez más, como sucede desde hace 39 años, no se habrá cumplido. Su eco se apagará en la Calle 8, símbolo del intransigente rechazo de todo diálogo o pacificación. América Latina, mientras, continuará sufriendo, y no por culpa de la revolución cubana. Pero a pocos les interesa saber el porqué.

Comoquiera, el primero de mayo de 1998, 39 años después del triunfo de la Revolución, una muchedumbre de un millón de personas reunida en la plaza de La Habana —rebautizada como "Plaza de la Revolución" en honor del suceso que cambió la historia moderna de la isla— escuchaba el discurso tradicional de Fidel Castro en la fiesta de los trabajadores; el doble de gente reunida para la misa oficiada por el papa Juan Pablo II la mañana del 25 de enero de 1998.

Quien hubiera venido a Cuba seguro de que el Papa, como en Polonia en los años ochenta, iba a asestar el golpe de gracia al atribulado régimen castrista, seguramente habría quedado sorprendido viendo las imágenes que los telediarios presentaron sobre la celebración del Trabajo en La Habana, después de la venida del pontífice. Y la misma perplejidad habrían sentido los cronistas más intelectualmente honestos que, condicionados por casi cuatro decenios de propaganda estadounidense adversa a la Revolución, no hubieran podido eludir en los reportajes remitidos desde la isla entre el 21 y el 25 de enero los lugares comunes, las trivialidades, el prejuicio o la descripción miope de una sociedad cubana hecha sólo de "jineteras" (muchachas que fácilmente andan con los turistas), el racionamiento, el mercado negro y los "paladares" (restaurantes caseros y semiclandestinos que permiten a la gente que los administra llegar menos precariamente al final del mes). Pero no supieron siquiera buscar seriamente y poner de manifiesto ciertas injustas mortificaciones que sufre en la isla la desaparecida disidencia política, la verdadera, la que a menudo se olvida en favor de testimonios más ambiguos y menos creíbles.

Todos esos servicios noticiosos se basaban en la descripción, decididamente ingeniosa, de una sociedad donde el arte de arreglárselas para sobrevivir a la carestía de productos parecía ser la única característica, mientras el boicot económico, cultural y político de 40 años no parecía que hubiera existido nunca. Esas crónicas surrealistas habían incluso olvidado que Cuba forma parte de un continente, América Latina, donde la vida está en venta y no vale nada para la mayoría de los ciudadanos, en especial los de las naciones que han seguido opciones económicas distintas a la Revolución, las opciones del neoliberalismo.

En esa furia anticubana era normal que ilustres enviados por la RAI, la televisión estatal italiana, mostraran estar desinformados sobre la historia más reciente de Latinoamérica y de Cuba, hasta el grado de dar pruebas clamorosas de falta de preparación ("Estamos en Santa Clara, la ciudad donde nació el Che Guevara...") y era normal que se pasaran por alto algunos detalles, como las conquistas sociales de la Revolución que, en cambio, de haber sido tomadas en cuenta habrían ayudado a estos improvisados líderes de opinión a comprender por qué, nueve años después de la descomposición del imperio soviético y el fin del comunismo en los países del este europeo, Fidel Castro, contra toda previsión, sigue gobernando un país socialista en el Caribe, a dos pasos de Estados Unidos. Y esto aun sin poseer los recursos humanos y naturales de China, por ejemplo, ni gozar del ambiguo favor concedido por Occidente al gran país que fue de Mao Tse-tung, sólo porque representa un mercado tan grande que ni Estados Unidos ni los gobiernos europeos se lo quieren perder y se hacen de la vista gorda frente a las represiones que el gobierno de Pekín jamás ha interrumpido.

Pocos de los comentaristas llegados a La Habana en la estela del Papa se interesaron por la eficiencia de los hospitales o por la omnipresente organización escolar, en un continente donde los niños vagabundos son, ya sólo en Brasil, doce millones y donde la infancia es una mercancía que cualquiera puede comprar entera o a trozos para reabastecer el mercado de órganos para los niños del rico norte del mundo.

Pocos quisieron tomar conciencia de que, en cambio, en Cuba, un niño es sagrado y está tutelado, como no ocurre ni siquiera entre nosotros, y casi a nadie le vino en gana visitar siquiera la Casa de las Américas (el laboratorio cultural y literario más prestigioso del continente) o la escuela de cine fundada por Gabriel García Márquez y menos aún el Instituto de Ingeniería Genética y Biotecnología. En este organismo, inédito no sólo para un país del Tercer Mundo sino también para naciones desarrolladas, una isla postrada por el más prolongado e inmoral boicot de nuestro tiempo y desde el fin, hace nueve años, de las relaciones económicas privilegiadas con el ex mundo comunista del este europeo, continúa produciendo hallazgos y medicamentos que, no obstante la dificultad de patentarlos, por el boicot del cabildeo de las firmas farmacéuticas de Estados Unidos, han conseguido curar en estos años, en el centro de Tarara, a miles de niños víctimas de la explosión nuclear de Chernobil y combatir luego la epidemia de cólera en Perú y la de meningitis meningocócica de Brasil, contra la cual Cuba proporcionó dos millones de dosis de la vacuna.

Si hubieran tenido curiosidad periodística o simplemente hubiesen abandonado sus prejuicios, muchos de estos críticos improvisados habrían comprendido también por qué el papa Wojtyla, a pesar de las fuertes presiones, decidió aceptar la invitación de Fidel Castro de visitar Cuba y por qué esa visita se convirtió, de sopetón, en el acontecimiento del año, como no habría sucedido si Juan Pablo II hubiera ido a cualquier otra isla del Caribe o a cualquier otra nación del continente o a cualquier otro país del mundo, comprendida la misma China, la cual —como venía diciendo— gracias a los intereses económicos internacionales se mira con mejores ojos que a Cuba, incluso de parte de la nueva izquierda, no obstante la aniquilación del Tibet, la persecución contra el Dalai Lama y sus monjes, las represiones (y no sólo contra disidentes), los fusilamientos y los atentados contra la integridad de tantos seres humanos; cosas que en Cuba, a pesar de tantos errores, jamás han sucedido, ni siquiera en las etapas más oscuras de la influencia soviética.

Era como si la dignidad del pueblo cubano, palmaria a pesar de algunas miserias, no interesase; más aún, fuese inoportuna para quien estaba convencido de que el dinero del turismo había ya comprado el alma de todos y corrompido definitivamente la utopía de la Revolución. Así, en los días de las grandes aglomeraciones públicas para las misas del Papa en Santa Clara, Camagüey e incluso en Santiago de Cuba, donde el obispo Meurice había usado tonos ásperos para la Revolución, pocos se quisieron percatar de que la gran participación popular en las plazas era debida, más que a la fuerza de la Iglesia local, a la eficiencia de los CDR, los comités de defensa de la Revolución, cooptados por el Partido para que, como había pedido Fidel en el discurso televisado la víspera de la llegada del Papa, la acogida a Juan Pablo II fuera tan calurosa que borrase de la memoria los demás viajes pastorales a otras tierras.

Puedo documentar esta realidad porque, para realizar los dos reportajes para la televisión de los que este libro es un extracto, me metí entre la gente micrófono en mano y entrevisté, antes y después de las misas al descampado, aquella humanidad que se agolpaba detrás de las barreras para rezar, cantar, escuchar o incluso sólo para vivir o tratar de comprender una organización que tenía ritos diferentes a los de la Revolución. Y muchísimos, en la variopinta humanidad reunida, admitían de vez en cuando que eran ateos o agnósticos o protestantes o bautistas o hebreos o seguidores de la santería (el culto nacido del encuentro entre las creencias de los esclavos africanos y la religión católica de los conquistadores españoles y que es la fe del corazón de 70% de los cubanos). Pero, junto a aquellos que se sentían por fin autorizados por las palabras del pontífice a disentir de los dogmas de la Revolución, los había que no callaban, que estaban allí sólo porque Fidel había dicho que era necesario que estuvieran.

Las homilías del Papa, incluso en los pasajes en los que más criticaban la sociedad socialista de Cuba y sostenían conceptos contrapuestos a las tesis del Partido, les servirían al país para que, como Juan Pablo II había afirmado el día de su llegada, "Cuba se abriera al mundo y el mundo se abriera a Cuba". Por desgracia, el prejuicio no ha ayudado a estos maestros del pensamiento a interpretar correctamente el histórico viaje papal, a admirar el equilibrio y, al propio tiempo, la firmeza de sus palabras, a menudo respetuosas, pero en modo alguno indulgentes con las contradicciones de la Revolución y con sus caminos, si ya no ateos, siempre laicos y demasiado laxos para la moral cristiana en lo que se refiere, por ejemplo, al tema de la unidad y del papel de la familia.

Muchos de estos críticos no habían venido para comprender, sino para imponer una verdad que traían en el bolsillo en el momento de partir para La Habana: una manera de ver a la sociedad cubana como ignorante de su diferencia respecto de otras experiencias socialistas y como ignorante también de una historia que, desde la guerra de independencia contra los españoles a finales del pasado siglo, José Martí, el padre de la patria, había marcado con una orgullosa afirmación de la soberanía nacional frente a cualquier imperialismo —comprendido el imperialismo, entonces aún no del todo patente, de Estados Unidos—. Sin embargo, habría bastado informarse con la diplomacia vaticana, con la Iglesia local, con estadounidenses como Wayne Smith o incluso con los propios protagonistas de la Revolución o con algunos de los intelectuales del subcontinente latinoamericano presentes en La Habana durante aquellas jornadas.

Fidel Castro, al invitar al papa Wojtyla, buscaba una legitimación de 40 años de lucha, aun a pesar de tantos errores o intransigencias, para zafarse de un insensato asedio político y psicológico. Pero incluso Juan Pablo II, quien por razones diplomáticas había durante años omitido a Cuba de la agenda de sus viajes, postergando siempre el momento de conocer y compartir la espiritualidad cubana o la devoción a la Virgen de la Caridad del Cobre, en cierto momento se decidió a ser peregrino en la tierra de la Revolución de Castro, del Che Guevara y Camilo Cienfuegos. Y esto porque sólo partiendo de Cuba, el objetivo de su liberación (objetivo que, desde tiempo atrás, la Iglesia católica —coherente al fin con la opción en pro de los pobres según el concilio Vaticano II— había decidido llevar adelante en América Latina y en lo que con embarazosa arrogancia se denomina el Tercer Mundo, por sorprendente que pueda parecer, podía ser creíble para los pueblos del subcontinente latinoamericano.

Había, de fijo, un territorio que reconquistar para la fe, un territorio que la inhumana política de Estados Unidos, emprendida en los años sesenta con el intento —en teoría— de combatir la mala hierba del comunismo, había sembrado de tantas e inquietantes nuevas iglesias, sectas, confesiones, cultos, que se hicieron proliferar con tal de poner coto o combatir a la Iglesia de base, entregada a la defensa de los derechos pisoteados de las masas más desheredadas. Eran los años de la presidencia de Lyndon Johnson, después del asesinato de Kennedy y, luego, del ascenso y victoria del republicano Nixon; los años del Cointelpro, el infame Counterintelligence Program, plan iniciado por el controvertido director del FBI en aquella sazón, Edward Hoover, consistente en una compleja estrategia de "acciones represivas, coordinadas por el Estado, contra todo el movimiento de protesta de Estados Unidos, blanco y negro, pacifista y violento, radical y revolucionario". Dentro de esta estrategia se consideraba también la posibilidad de dar espacio, dinero y apoyo a cultos o sectas, como por ejemplo la de los devotos del reverendo Moon, quien un día llegó a comprar uno de los periódicos de la capital de Estados Unidos, el *Washington Time*, para mejor condicionar las conciencias de los ciudadanos más frágiles o menos informados.

En 1976, como recuerda Riccardo Bocca en el libro *La condanna. Storia di Silvia Baraldini* [La condena. Historia de S. B.], una comisión de investigación del senado de Estados Unidos escribió respecto del Cointelpro:

> Muchas de las técnicas usadas serían intolerables en una sociedad libre, incluso si todos los objetivos hubieran participado en actividades violentas; pero el Cointelpro ha ido mucho más allá. La premisa fundamental de los programas, no declarada, era que la agencia encargada de hacer respetar la ley tiene el cometido de poner por obra casi cualquier acción necesaria para combatir amenazas percibidas como peligrosas para el orden social y político existente.

Las inquietantes iglesias entonces nacidas y que con el tiempo fueron proliferando son el monstruo que la sociedad estadounidense ha dejado crecer en su seno y que ahora representan a menudo un peligro social mucho más desestabilizador que cualquier terrorismo. Y en el subcontinente centro y sudamericano estas nuevas confesiones, estas sectas, nacidas para oponerse a la Iglesia de base, "la iglesia comunista" (como la definían los dictadores latinoamericanos de la época), se han convertido en una verdadera y propia amenaza, un poder perverso. No es casualidad, por ejemplo, que el presidente guatemalteco Jorge Serrano Elías —que en 1993 intentó un golpe de Estado, que falló por la intrépida actividad de Rigoberta Menchú, premio Nobel de la Paz 1992— fuera miembro de estos nuevos cultos.

Los católicos de base, sin embargo, nunca se rindieron y bien prestos encontraron una teoría práctica y valerosa de su modo de vivir la fe en la teología de la Liberación, elaborada por algunos pensadores, como el peruano Gustavo Gutiérrez y los brasileños Leonardo Boff y Frei Betto.

Así, en las jornadas de Cuba, los representantes de la teología de la Liberación —durante años considerados como alarmantes, si no incluso como un peligro de la parte más conservadora del poder vaticano— vieron reconocidos imprevistamente y hechos propios por el papa polaco tanto su actitud frente a los sufrimientos de la humanidad más mortificada de América Latina y sus análisis de las causas y motivaciones de esta explotación, como sus propuestas para aliviar o combatir las injusticias.

Fue el signo de un profundo cambio que, no obstante sus límites, caracterizó los cinco días de la visita papal a Cuba y que quizá, según intelectuales como Gabriel García Márquez y Manuel Vázquez Montalbán, orientará la búsqueda y descubrimiento de una vía común, de un frente cultural común contra el neoliberalismo y el capitalismo extremo.

Un modelo que merece ser estudiado y perfeccionado en ese singular laboratorio político e intelectual que es Cuba, para proponerlo a un subcontinente que, a la inversa del imperio soviético, no se está extinguiendo por la inadecuación y los excesos del comunismo, sino que está muriendo de inanición, de hambre, por la fiereza e hipocresía del capitalismo exacerbado que Juan Pablo II ha definido como “salvaje”.

No por casualidad, en vísperas del encuentro entre el Papa y Fidel, el Pontificio Consejo de Justicia y Paz, presidido por el cardenal Roger Etchegaray, hizo público al mundo el documento titulado: *Para una mejor distribución de la tierra. El desafío de la reforma agraria.* Documento preocupante para los latifundistas, las grandes finanzas y la política brasileña que, a dos años del 2000, no ha conseguido lanzar una honrosa reforma agraria, y también devastador para el gobierno mexicano que desde hace cuatro años tergiversa e infringe sistemáticamente los tratados de paz con las poblaciones mayas de Chiapas en rebelión contra las vejaciones de los terratenientes, de sus guardias blancas y de los corruptos políticos locales.

No era la primera vez, en los últimos dos años, que las palabras de la Iglesia y de la Revolución coincidían: desde los discursos de Juan Pablo II y Fidel Castro en la FAO sobre las razones del hambre en el mundo, pasando por el rechazo de todo tipo de boicot, hasta la invitación a cancelar la deuda externa de los países, hecha por el Papa siguiendo la línea del concepto, recalcado por Fidel Castro desde 1985, de la deshonestidad e impagabilidad de los déficit de las naciones del Tercer Mundo. "¿Con qué moral los países más poderosos —había subrayado Fidel— aceptan ser subvencionados mediante los intereses que pagan los países más débiles por una deuda que no se extingue nunca?"

El intento de captar el signo de este proceso en curso, para comprender las vicisitudes futuras no sólo de Cuba, sino quizá de toda esa humanidad que no forma parte de las 24 o 25 naciones privilegiadas del mundo no era fácil, pero era un deber de todo cronista o pensador intelectualmente honesto, y no el dictaminar, grotescamente, quién había vencido entre el Papa y Fidel Castro (se ha empantanado en este dilema incluso el sociólogo Alberoni) y si el presunto desafío mutuo había concluido en empate.

Si la pereza, el prejuicio y la ignorancia de los problemas del subcontinente latinoamericano o la presunción no hubieran condicionado a muchos de los líderes de opinión llegados a La Habana, más impreparados que un vaquero de Texas, las crónicas de la visita del Papa a Cuba habrían siquiera ayudado a la gente a comprender no sólo la evolución de la Revolución o el desafío de la Iglesia católica en el sur del mundo, sino que por fin habrían rasgado el velo de la hipocresía sobre los sufrimientos y las realidades de países latinoamericanos más míseros y de hecho menos libres que Cuba, a los que las naciones poderosas del mundo, desde hace unos diez años, se obstinan en considerar democráticos sólo porque se vota o tienen gobiernos a su gusto.

Algunos de los acontecimientos que han marcado —o siguen marcando— la vida de cada día en ciertos países latinoamericanos en los meses siguientes a la visita del Papa a Cuba confirman la veracidad de lo anterior. En aproximadamente siete países han subido al poder, o existe el peligro de que vuelvan a tiranizar a poblaciones de las que antaño hicieron tabla rasa, militares golpistas o a crueles matarifes ya condenados por la historia. Como muestra, ahí está el ex dictador, el general Hugo Bánzer, vuelto al poder "democráticamente" en Bolivia, o el general Pinochet, que se ha hecho nombrar senador vitalicio en Chile tras haber amenazado con una acción de las fuerzas armadas si el parlamento no ratificaba su nombramiento; o ahí está también el deterioro de la situación en Chiapas, donde el gobierno del democrático presidente Ernesto Zedillo, como he dicho, conculca los tratados de paz de San Andrés y ha decidido perseguir el movimiento de liberación zapatista y desintegrarlo lo antes posible con las armas. Pero hay más: en Guatemala, por el juego burlón de una falsa democracia, podría llegar a presidente de la república Efraín Ríos Montt, el cual, con el general Lucas García, es responsable de la inicua operación "tierra arrasada", o sea, la persecución y masacre de las poblaciones indígenas mayas que en los años ochenta signaron el destino de la premio Nobel de la Paz, Rigoberta Menchú, y de su familia, además de haber causado miles de muertos, treinta mil desaparecidos, un millón de prófugos internos y la huida a México de cien mil personas.

Ríos Montt es el líder del partido que tiene la mayoría en el parlamento. Para suceder al actual presidente Álvaro Arzú, conservador que ha intentado limitar la corrupción y el poder aplastante de los militares, le bastará con cambiar la ley que veta por ahora que llegue a presidente de la república quien ha sido autor de un golpe de Estado.

En tal coyuntura, a fines de abril fue asesinado a golpes de piedra y en la sacristía de su iglesia, el obispo Juan Girardi, que acababa de publicar un libro blanco —fruto de dos años de trabajo con un grupo católico de investigación social— sobre violencias perpetradas en el país en los últimos años y en su mayor parte responsabilidad del ejército. Más de un millón doscientas mil violaciones de los derechos humanos confirmadas, 425 pueblos aniquilados y miles de personas desperdigadas.

Monseñor Girardi era muy apreciado por el papa Juan Pablo II, que lo recordó con emoción y que en la homilía pronunciada el primero de mayo en Roma tuvo que pedir dramáticamente ayuda para los indígenas del estado de Roraima, en Brasil, arrojados de sus tierras por el fuego que quema la selva, atizado por los terratenientes y por los intereses de poderosas corporaciones multinacionales: el enésimo atentado contra su existencia de parte de quien es tan poderoso que puede impedir que el gobierno central de Brasilia, a dos años del 2000, emprenda la más modesta reforma agraria pensable.

¿Cuántas de estas tragedias deberán aún acaecer en América Latina y en otras partes del mundo para que, aun sin absolver a Cuba por su falta de libertades, se pueda juzgar la Revolución con mayor justicia?

"Aquí jamás ha sido matado un sacerdote ni violada una monja, como ha sucedido y continúa sucediendo impunemente en todos los demás países de este continente, cuyos gobiernos se definen católicos", me dijo provocadoramente Daniel Chavarría, exitoso escritor uruguayo con un pasado guerrillero, mientras, en baja frecuencia, en el centro TV del Hotel Habana Libre, seguía en un programa de la RAI una entrevista al padre Laredo, dominico que, de profesión, hace de víctima del régimen cubano. "¿Cómo se puede dar crédito a un religioso que escondió a un asesino —un hombre que mató al piloto de un avión, al que quería obligar a cambiar de ruta— y que por lo mismo en cualquier país habría sido condenado por ocultar a un delincuente?", concluía Chavarría, definitivamente escéptico respecto de la buena fe de muchos periodistas llegados a Cuba para contar el insólito encuentro de fin de milenio entre el Papa y Fidel.

Por esto, sin querer, este libro es casi un ensayo de contrainformación, pero es también un documento indiscutible por la calidad de los entrevistados y porque va acompañado de los discursos oficiales: los dos de Fidel a la llegada y partida del pontífice y los once pronunciados por el Papa en tierra cubana.

Hay muchas señales que indican en qué medida la visita de Juan Pablo II a Cuba ha contribuido a desbaratar tantos prejuicios sobre la revolución y, al mismo tiempo, a relajar las mallas de la desconfianza para con quien disiente o critica. Tras las aperturas religiosa y económica han surgido nuevos espacios de libertad; no sólo por la excarcelación de trescientos prisioneros políticos o contrarrevolucionarios, solicitada por el Vaticano, sino también por el cambio en la actitud de muchas naciones para con la llamada diferencia política cubana: en la comunidad europea, en los países latinoamericanos (en su mayoría neoliberales, pero preocupados por su futura soberanía frente a la agresiva política económica de Estados Unidos), en la misma Sudáfrica de Nelson Mandela, el cual, tras haber llevado a Clinton a visitar la celda donde fue mantenido prisionero durante casi treinta años le preguntó: "Mi gente y yo, tras haber soportado todo tipo de ofensas y violencias, nos sentamos a una mesa y tuvimos la fortaleza de firmar la paz precisamente con quienes tanto y durante tanto tiempo nos habían atormentado. Fue tremendo, pero lo logramos. ¿Por qué, señor presidente, no hace usted también lo mismo con Cuba y con los demás países a los que Estados Unidos ve como enemigos? En el fondo, su pueblo no ha sufrido nunca, de parte de esos países, las ofensas que nos ha tocado soportar a mí y a mis hermanos de las *townships*".*

* *Townships*: Región en Sudáfica donde solamente les es permitido vivir a los negros o gente de color [N. del E.].

Es quizá la señal de un viento que ha ido cambiando en los nueve años transcurridos desde la caída del comunismo. Por primera vez, Estados Unidos, censurado desde hace seis años por las mociones de la asamblea general de la ONU por su boicot contra Cuba, ha quedado también abrumadoramente derrotado en Ginebra, donde, por enésima vez, trataba de condenar el régimen de Castro por violaciones a los derechos humanos. Durante todo este tiempo, Estados Unidos venía minimizando la tragedia de los desaparecidos argentinos y chilenos o el genocidio de los indígenas mayas de Guatemala en los años ochenta, con el fin de trocar el reconocimiento de estas desgracias que ocasionaron gobiernos que protegía, por el voto contra la Revolución. Era un auténtico mercado de derechos humanos lo que Estados Unidos pretendía, lo cual indujo una vez a Rigoberta Menchú a decir en la ONU:

> En mis años de exilio he seguido de cerca los problemas de la desigualdad de trato que se reserva a muchos países cuando se tocan temas delicados. He vivido, por ejemplo, el modo abusivo con que se trata el tema de los derechos del hombre si se refiere a ciertos países y no a otros y la impunidad con que se eluden las responsabilidades de ciertas naciones. Entre los países más afectados por esta hipocresía está Cuba. Sin embargo, nosotros los indígenas somos los primeros en comprender el valor profundo de la autodeterminación de los pueblos, el respeto que se debe a esta idea, dado que hemos sido el pueblo más humillado en la historia del hombre. ¿Por qué no habríamos de admirar, por tanto, la defensa orgullosa que Cuba, único país de América Latina, hace de su propia soberanía?

Pero muchos cronistas occidentales, sedicentes expertos en las jornadas de viaje del Papa a Cuba, no se han percatado de estas señales de renovada estima de un subcontinente frente a la experiencia cubana. No han sido los únicos. La misma Rigoberta Menchú me indicaba no hace mucho:

> Todas las instituciones de desarrollo, la inmensa mayoría de los organismos que deberían proteger los derechos del hombre en general, a nivel mundial, han perdido el contacto con buena parte de la experiencia de la humanidad, que es la experiencia de la población pobre. Por esto, los conceptos de desarrollo viven una crisis y uno de los puntos clave hoy es que comprender a los indígenas deberá ser, para los políticos del nuevo milenio, el comienzo de entender la pluralidad del mundo en que actualmente vivimos. Si no se comprende a los indígenas y a la parte más pobre del mundo, nos veremos obligados a pensar que no se entiende lo que vive y sueña la inmensa mayoría de la humanidad.

Los reportajes que se presentan en las siguientes páginas son el fruto, pues, de esta particular sensibilidad, de la convicción de algunos testigos creíbles de que el encuentro entre el Papa y Fidel no tuvo lugar por azar, su valor no se circunscribió a los medios de comunicación y no se agotó en el momento en que Juan Pablo II se despedía de los cubanos, bajo la lluvia, en el aeropuerto, expresando su pesar por la partida.

Este libro —que se abre con las reflexiones de un "viajero catalán", Manuel Vázquez Montalbán, y con las de un exponente de la teología de la Liberación, Frei Betto, reflexiones a las que dieron pie mis preguntas— trata de dar respuesta a dichas interrogantes, que no se refieren sólo a Cuba, sino a todo un subcontinente y quizá también a las esperanzas de la parte más inocente e indefensa del mundo.

Agradezco a Carla Tanzi la idea de hacer un libro de testimonios que se contrapusiera a la mediocridad de los temas que muchos periódicos, la radio y televisión italiana y europea escogieron para contar la primera visita de un pontífice a Cuba. Con ella tengo que agradecer también a Antonella Bonamici, que con su sensibilidad y paciencia me impide siempre que rehuya compromisos como éste. Andrea Scrosati, Umberto Chiaramonte y Marco Militello han vuelto menos cansada la transferencia de los reportajes televisivos a la página escrita. Roberto Girometti, Giovanni Brescini y Lucio Granelli me brindaron —como lo hacen desde hace más de diez años, con la primera larga entrevista a Fidel Castro, las bellas secuencias, las voces y la atmósfera justas para poder narrar un suceso histórico, tanto con las imágenes como con la palabra. Giorgio Mari y luego Oscar Moccia me ayudaron a transformar estas sugerencias en documentación adecuada a la pequeña escala de este libro. Jesús Montané, Caridad Diego, Pedro Álvarez Tabío, los embajadores Hermes Herrera y Mario Rodríguez, y Frank González, que controlaba las ansias y ambiciones de tres mil periodistas obsesionados por detalles más que por contenidos, me permitieron vivir "desde dentro" un suceso que casi todos los cronistas enviados sólo han tocado por encima. Les estoy, pues, agradecido.

Por fin, dedico este libro a las cuatro maravillosas mujeres de casa: a mi mujer Loredana y a mis tiernísimas hijas Marianna, Francesca y Paola, que acaba de nacer pero respetó mis noches mientras trataba de armar este trabajo.

Introducción

Una mirada desde Europa

GIANNI MINÀ: *¿Según usted, hemos asistido a un gran evento de los medios o a un gran suceso político?*

MANUEL VÁZQUEZ MONTALBÁN: Yo creo que ha sido político, precisamente porque ha sido muy de los medios. Ha sido la gran oportunidad del castrismo de aparecer en todas las pantallas del mundo —hacía muchos años que no lo conseguía— y con un presentador que era nada menos el papa de Roma. Era imposible, por más que se quisiera, dar una visión negativa de la visita. La simple presencia del Papa se convertía en elemento de legitimación: el Papa puede estar en Cuba, puede hablar en Cuba, puede criticar a Cuba. Había muestras de religiosidad por la calle, lo que —a mi manera de ver— es un mensaje positivo para Castro. No ha sido del todo una apología, ni siquiera indirecta, pero ha servido al menos para mostrar que todo esto se ha podido realizar.

¿Ha sido por voluntad de Castro o éste no podía hacer otra cosa en este punto de la historia?

No sé si Castro tenía otra opción. Siempre le queda la posibilidad de transformar a Cuba en El Álamo, en una defensa de la última avanzadilla hasta las consecuencias extremas y convertirla en lo que en España se llama "la defensa de Numancia" o el búnker. Castro, en este momento, tiene necesidad de sustituir la imagen de una revolución armada por la de una revolución cultural, lo que le puede permitir echar puentes hacia otros movimientos que vayan en la misma dirección: podría ser el neoindigenismo crítico latinoamericano, Chiapas, la nueva izquierda latinoamericana que surge de las ruinas del periodo que comprende los años sesenta y ochenta. Castro no puede permitirse ya proponer un Vietnam, dos Vietnam, tres Vietnam, etapas de la Tricontinental del Che. Debe, por lo mismo, constituir un frente cultural común contra el neoliberalismo y el capitalismo salvaje. En este sentido, le viene como anillo al dedo apropiarse del extravagante pensamiento del papa polaco, que en los últimos tiempos se manifiestan en términos que parecen más propios de la teología de la Liberación que del Vaticano.

De estos cinco días que usted ha pasado aquí en Cuba, ¿cuál es el que le ha parecido más interesante?

Interesantes lo han sido todos, porque cada día ha tenido su propia interpretación y todos los observadores han estado atentísimos a los signos, tanto del lenguaje como del metalenguaje. Me parece que Fidel ha actuado de veras bien en hablar muy poco. En efecto, ha hablado sólo al inicio, y después ha dejado que se expresaran los obispos y el Papa. Pero siempre tiene la posibilidad, en unos días más, de presentarse en televisión y hablar durante horas*; en suma siem-

* Como luego lo ha hecho. [N. del A.]

pre puede permitirse hacer el comentario final de la visita. Hasta ahora su actitud ha sido muy hábil y en ningún momento se ha metido a hacer polémicas ideológicas. Ha dejado que el Papa hablase y se ha limitado a subrayar los puntos de coincidencia con su pensamiento, sobre todo la afinidad en el rechazo del neoliberalismo y del capitalismo salvaje, que se podría convertir casi en santo y seña.

A algunos, como a Frei Betto, no les gusta hablar de capitalismo salvaje porque, como él dice: para nosotros el salvaje es una persona simpática, digna y amiga.

Sí, claro, el lenguaje debería corregirse del todo, pero la palabra "salvaje" ha sido acuñada por el racismo, la colonización, la conquista y se ha convertido en referencia semántica a la que se recurre comúnmente. Es sólo una de las muchas palabras que se deberían repensar. Sin embargo, si nos pusiéramos a corregir el lenguaje nos tendríamos que quedar mudos, porque está del todo corrompido y ya no tiene una equivalencia verdadera con la realidad.

Usted ha dicho que las imágenes han hablado por sí mismas y éste es el éxito de la Revolución. Sin embargo, los reportes en la mayoría de las televisiones y periódicos han sido los de siempre sobre Cuba. ¿Es una incapacidad del mundo moderno de la información, en ciertas ocasiones, de ver lo nuevo, lo diferente, o se trata de arrogancia de parte de los medios?

Se trata, una vez más, de la mirada del colonizador. En segundo lugar, la mercancía cubana que vende es la anticastrista; por tanto, si alguien llega al mercado con una mercancía neutra, no suscita interés alguno. Pero, como la realidad es más tenaz que la hipnosis mediática, poco a poco la realidad acabará por imponerse, según se desenvuelva la situación cubana. Si el gobierno cubano ha aprovechado sólo la visita del Papa para hacer propaganda durante cinco días y luego no ocurre nada nuevo, está claro que los hechos se volverán en su contra. Si se da principio a una evolución, no quedará más remedio que cambiar el tono de la información referente a Cuba. En realidad, era demasiado pensar y pedir que en cinco días la mirada extranjera fuera distinta: es la misma. Lo que se esperaba era que cuando el Papa litigara con Castro qué habría significado cierta frase, cuál habría sido la respuesta. Todos esperaban un combate de boxeo, pero éste no se ha dado.

¿Por qué Cuba es un fastidio?

Cuba es un fastidio a muchos niveles. Hay quienes critican la realidad cubana porque es criticable; porque no aceptan ciertos aspectos de una dictadura, como la violación de algunos derechos humanos que no se respetan como debieran, la libertad de reunión o de expresión. Pero se critica a Cuba también porque representa la diferencia, o sea, lo que falta para conseguir el discurso único, el pensamiento único, el ejército mundial único, el gendarme mundial único; es, en suma, la excepción lo que fastidia. Es lo que sucede, según la teoría de la información, en un canal de comunicaciones: la circulación perfecta del mensaje va del polo emisor al polo receptor; cuando se interpone algo en el canal se produce ruido y Cuba es el ruido dentro del mensaje de unificación del mundo según los criterios del capitalismo.

Pero, ¿por qué es un fastidio también para la izquierda o la ex izquierda europea?

Porque la izquierda europea está en un periodo catártico: quiere que se le perdonen los nexos que ha tenido, en algunas etapas de su vida, con el comunismo soviético y quiere también que se le perdone el momento en que no fue lo bastante sagaz para percibir que el comunismo soviético se estaba hundiendo. Mas hay que reconocer que no lo percibió ni la CIA. Creo que los únicos informados eran Andrópov, Yeltsin y Gorbachov: ellos sí sabían que la situación era pésima; los demás, no. Por lo tanto, ni siquiera tiene sentido arrepentirse. En todo caso, el problema de la izquierda es que no ha encontrado un sustituto estratégico para el comunismo en la interpretación del mundo, ni siquiera ha dado con un nuevo lenguaje, y aun sabe menos de las multinacionales; ahora bien, en este momento el saber, el conocimiento de la realidad social, de la realidad del mundo, los datos informativos, están más en manos de las multinacionales que de la izquierda. Mientras la izquierda no recupere la capacidad de saber, de interpretar —y mientras incluso no se haga de un nuevo lenguaje— permanecerá en una crisis más bien seria.

¿La izquierda no sabe lo que está ocurriendo económicamente en el resto del mundo, no sabe de la miseria que no cesa de crecer?

Sí, pero la izquierda que aún forma opinión es la europea, que tiene un mercado electoral muy semejante al de la derecha. Busca la mayoría electoral; por ende, quiere un voto de centro, de los sectores más establecidos de la sociedad. De hecho, lo que está en disputa es un tejido social muy similar al del centro y de la derecha y, por lo mismo, su discurso no puede ser radical, porque de serlo quedaría condenada a ser una izquierda de oposición y a serlo por años. Ésta es la gran dificultad: la izquierda no puede crear una alternativa, un programa realmente progresista, porque esto significaría perder las elecciones sistemáticamente. Así pues, debería recurrir a un doble juego: por un lado, la batalla por las instituciones y, por el otro, la atención a los movimientos sociales; algo semejante a la fórmula de Berlinguer de "partido de lucha y de gobierno". Aceptar esto es muy difícil, porque uno de los elementos históricos de la izquierda, los militantes (aquellos que perdían horas, tiempo, años de su vida, dedicándolos a grupos que trabajaban en los barrios), estas personas ya no existen. Hoy prefieren ver la televisión, el Inter contra el Barcelona o el Inter contra el Milán o Barcelona-Real Madrid, y por esto ya casi no existe aquella mano de obra de acción social capaz de crear energía histórica de cambio. Es muy difícil la situación de la izquierda: los objetivos continúan siendo válidos, pero el problema es el instrumento.

¿Y cómo es que el Papa no ha tenido miedo de esta realidad? Creo que pocos jefes de Estado europeos habrían venido con tanta tranquilidad a Cuba como lo ha hecho Juan Pablo II.

Si hasta el representante de Dios en la tierra tuviera esta clase de miedo, entonces su cometido estaría desprovisto de valor. Teniendo este mandato se puede ser muy valiente, desde el momento que se ha ganado ya la batalla de la historia, la batalla de la eternidad. Es necesario comenzar a analizar este encuentro yendo más allá de Castro, más allá del Papa y hasta incluso más allá de Clinton. El problema del después consiste en la pregunta: ¿cómo se situará la Iglesia católica vaticana? ¿Qué hará? Juan Pablo II podría morir la semana próxima, Dios no lo quiera, pero entonces esta alteración del rumbo, esta visita del Papa, este cambio de imagen, el proporcionarle el aval de los medios a Castro, ¿ha sido hecho sólo porque al Papa le faltaba Cuba en su colección? No, ha sido hecho porque existe realmente una estrategia vaticana. Hay que comenzar pensando, por un lado, en el Vaticano, en la "nomenklatura"* que presumiblemente está en contacto con Castro, los hombres que harán de puente entre Castro y el mundo que vendrá después; y, por otro lado, hay que pensar en el Departamento de Estado, en quién representará la estrategia del futuro de Estados Unidos, además de que es preciso tener presentes también los cabildeos, sobre todo los de carácter económico. Es necesario saber qué es lo que piensan estas personas, qué esperan y qué harán. Porque tanto Castro como el Papa o Clinton son contingencias y no pueden garantizar el futuro; por lo mismo, hay que comenzar pensando qué hay detrás de ellos y qué esperaban al organizar este encuentro.

Según usted, ¿qué intenciones lleva esta estrategia?

*Nomenklatura: nombre que recibía la burocracia en la Unión Soviétia; la nomenklatura vaticana, a la que aquí se refiere con ironía el entrevistado, recibe propiamente el nombre de "curia". [N. del T.]

Creo que está el gran problema de la inserción de Cuba en el sistema mundial, que no es sólo un objetivo de Cuba sino de todos los países del Tercer Mundo que han llegado tarde a la subdivisión del mercado. Hay que reflexionar sobre cómo estos países pueden insertarse en la economía globalizada, encontrar un puesto en la subdivisión mundial del trabajo, en suma, su lugar en el mundo. No creo que en estos momentos se trate de encontrar una alternativa al capitalismo, sino de hallar un modo digno de insertar a estas naciones dentro del sistema, acogiendo incluso sus propuestas sociales y culturales para corregir el capitalismo salvaje y más depredador. En este momento, los economistas de los países más pobres están enzarzados en el debate sobre cómo lograr una economía de mercado donde el capitalismo no tenga la hegemonía. Este proyecto es muy difícil de inventar, porque en teoría la hegemonía debería tenerla el Estado, pero esto implica para los gobiernos necesariamente un control y acumulación a base de disciplinar la producción de manera tan rígida que fatalmente conduciría al autoritarismo. Encontrar una alternativa es muy difícil, pero en realidad el gran problema actual de los países que antes se llamaban del Tercer Mundo y que, como Cuba, estaban a favor de la Revolución, no es ya proponer un modelo subversivo de cambio, sino buscar un espacio dentro del sistema.

Hablemos de la misa en la Plaza de la Revolución: ha sido de verdad espectacular. El mejor director de escena, el mejor coreógrafo, no habría podido pensar en esta mezcla increíble de elementos.

Yo en Broadway he visto espectáculos musicales mejores. Recuerdo el último, *El fantasma de la ópera*, que fue magnífico; pero hay que reconocer que la escenografía de la plaza ha sido extraordinaria. Sobre todo han logrado hacer que se encontraran tres cabezas: Juan Pablo II, Fidel Castro y Gabriel García Márquez.

Y, a propósito de la plaza, ¿qué le ha llamado la atención?

Había un símbolo muy bello: Cristo frente al Che Guevara, que lo miraba con mala cara; quizá era una metáfora de la situación. Me ha parecido que la Iglesia, con este acto, ha tratado de dar a la visita un final que contentara a todos. No obstante el conflicto, no obstante todo lo que se ha dicho, había allí un "final feliz". Incluso en la decisión de Castro de estar en primera fila con García Márquez ha habido un elemento muy interesante, e incluso la presencia misma de García Márquez. ¿Por qué Gabo estaba allí? No hay que olvidar que este gran intelectual se las ha arreglado con Clinton para hacer de embajador oficioso en dos ocasiones, una en compañía de Carlos Fuentes y la otra, solo. Su presencia era una especie de guiño, una señal que significaba: aquí hay un intelectual, no un político, que ha mostrado voluntad de diálogo y posibilidad de acercamiento.

La congregación en la Plaza de la Revolución ha querido subrayar también otras cosas. En primer lugar, todos los gritos lanzados, las consignas, eran la traducción religiosa de los gritos que se podrían haber escuchado en las manifestaciones a favor de la Revolución hace algunos meses, y el comportamiento del público mostraba cierta necesidad de ritos semejantes, lo que es lógico si se toma en cuenta que era la primera gran concentración de este tipo de muchos años a esta parte. Creo, sin embargo, que se trató de un espectáculo preparado para que todos quedaran contentos. Escuché decir a Wayne Smith, encargado de los asuntos de Estados Unidos bajo la presidencia de Carter, que todos han ganado. Su análisis ha coincidido con una pregunta que me dirigió un periodista de una radio argentina: "¿Qué le parece? ¿Ha terminado en empate?" Y yo le respondí: "No, usted se imagina un partido entre el River Plate y el Boca Junior que termina sin goles, pero con una victoria para ambos. Yo creo que es evidente que los dos han ganado"

¿Los discursos pronunciados en el aeropuerto en el momento de la partida del Papa han sido la confirmación de lo anterior?

Sí, tanto el discurso como la actitud de ambos, por ejemplo el modo de moverse de Castro, todos los signos no verbales que tenían una gran importancia. Mientras el avión comenzaba a desplazarse, Castro empezó a hacer ademanes de saludo. Si bien los adioses en los aeropuertos no son nunca tan emocionantes como los de las estaciones de tren, fue una despedida bien lograda.

¿Qué pensarán en Miami después del último discurso del Papa, tan claro contra el boicot, al que calificó de "injusto y éticamente inaceptable"?

La gente de Miami que está aquí, a la que conozco y con la que he podido hablar, comienza a pensar que quizá su actitud debe cambiar. Hablo de los que están aquí. Cuando regresen a sus casas, no sé qué harán. Ésta es una de las cuestiones abiertas, sobre todo qué harán ahora que ya falleció Mas Canosa, que estos años había sido el elemento más agresivo, el ariete: ¿qué harán sus secuaces?, ¿qué posición adoptarán en Miami? Depende mucho también de lo que ocurra en Cuba: hasta qué punto la Iglesia obtendrá espacios sociales concretos, en qué medida la Iglesia contribuirá a formar lo que se llama la sociedad civil, hasta qué punto querrá dar señales al exterior? Porque, al final de cuentas, todos tienen necesidad de coartadas, todos han de salvar las apariencias y encontrar un pretexto para justificar una nueva actitud. En Estados Unidos, en este momento, el gran problema es evidentemente la ley vigente, que vuelve las cosas muy difíciles. Además, creo que para la Revolución lo importante ahora no es conquistar Estados Unidos, sino América Latina y Europa. La visita del Papa, en efecto, ha sido una especie de aval, de carácter incluso comercial, para la Cuba de Castro.

¿Cuba puede sentirse orgullosa de su diferencia social respecto de los demás países de América Latina, o ésta es una tesis que no vale la pena sostener?

Si contraponemos el nivel real de vida del pueblo cubano y, por ejemplo, el del pueblo colombiano, peruano o brasileño, a un sociólogo le sería fácil demostrar que el proletariado vive mejor en Cuba. Sin embargo, sería sólo el análisis de un sociólogo. En suma, la gente que vive aquí y tiene un nivel cultural superior al de otras realidades latinoamericanas, no está contenta, comoquiera, con esta situación; quiere más porque desde hace 40 años vive en el racionamiento y las estrecheces. Desde el exterior, el modelo cubano puede ser visto como una manera equitativa de distribuir la riqueza o la pobreza, pero para quien sufre tal situación, máxime si las personas tienen un alto nivel de especialización profesional, la frustración es grande, en especial si se piensa cómo podrían vivir teóricamente en un país capitalista. El hecho de que se haya derrumbado el socialismo es otro factor psicológicamente negativo. El gran problema aquí, más que la presión de Estados Unidos, es reconstruir el consenso social, o bien hacer aceptar necesariamente a la gente otras estrecheces. ¿Cómo? ¿Por qué? En un comienzo estuvo la fiebre revolucionaria, la fiebre de la conquista; luego vino la expansión imperial y la ayuda soviética que, por lo menos, permitió crear un socialismo con una capacidad de distribución digna, aunque no extraordinaria; pero desde el periodo del boicot, en Cuba la gente ha tenido que aceptar renunciar a niveles bajísimos de consumo, situaciones de difícil supervivencia. Este último periodo, en el que han comenzado a insinuarse diferencias sociales entre quienes logran acumular dólares y quienes no lo consiguen, ha sido deletéreo y en parte ha puesto en crisis el consenso social y político. ¿Cómo superar este atolladero? Creo que el régimen está esperando el momento justo para elevar las condiciones de vida y ganar de nuevo el consenso social; pero por ahora, si se habla con la gente en la calle, una vez superada la barrera de la prudencia, la actitud es más bien crítica. Luego, si se hace un análisis atento de la literatura cubana actual —no la del exilio, sino la de Cuba— se descubre que todos los escritores expresan melancolía y pesimismo. Sin entrar en conflicto político o en ningún tipo de confrontación con el gobierno, todos están dominados por la sensación de que viven en una isla, con todo lo que esta condición comporta. El poder debería mostrarse muy sensible a estos fenómenos; en cambio, a menudo tiende a seguir su lógica interna, haciendo caso omiso de estos humores exteriores.

Después de años de ausencia de Cuba, ¿qué idea se ha hecho de Fidel Castro? ¿Cómo evaluaría su trayectoria en este particular momento?

Ha adelgazado y esto le da una nueva imagen. Una vez, el antiguo presidente del gobierno español, Felipe González, me dijo una frase muy atinada: "Para mi partido, yo soy la solución y el problema". Creo que, de igual manera, Castro es la solución y el problema de Cuba. Como sea, representa aún más elementos de solución que de problema. La verdadera incógnita, sin embargo, es saber qué ocurrirá cuando salga de escena y cómo se comportará el grupo de poder intermedio que un régimen de este tipo crea, lo que llamamos la "nomenklatura". La interrogante es legítima, sobre todo si se observa el comportamiento de tal clase en los países del socialismo real: cómo se ha comportado en el momento crucial, cómo ha abierto las puertas del sistema, propiciando su propia descomposición. Visto ese ejemplo, imagino que aquí habrán tomado medidas para que eso no suceda. De todas formas, insisto en decir que se trata de una incógnita a la que, por ahora, nadie puede responder.

¿Qué impresión le ha hecho la Iglesia cubana? ¿Qué parte de la misma está alineada con las posiciones del Santo Padre?

Esto no es posible evaluarlo. En la Iglesia cubana hay un personaje clave bajo muchos puntos de vista, que es Carlos Manuel de Céspedes. Constituye una sensibilidad muy peculiar que, en el momento oportuno, podrá quizá desempeñar un papel bastante importante. Me explico: la opción ideológica de la Revolución en el periodo posterior a la caída del comunismo se ha basado en el nacionalismo, que aquí siempre ha estado teñido de antiimperialismo y que puede interpretarse con bastante razón como un discurso de izquierda. Este neonacionalismo se revela ahora en los textos de las revistas especializadas, donde trabajan los intelectuales, con un regreso a José Martí, el padre de la patria, al padre Félix Varela (verdadero artífice de la cultura cubana), a Mariátegui como pensador marxista americano, no europeo, o con un regreso a Gramsci; serie de hitos de interpretación muy aptos para el momento. En este panorama creo que construir una ideología renovada puede ser uno de los objetivos que contribuyan al proceso de que hablaba al comienzo: en suma, la necesidad de darse tiempo y sustituir una revolución armada exportada, por una revolución cultural. ¿En qué medida la Iglesia puede ayudar a la realización de este proyecto? Creo que una personalidad como monseñor Céspedes, precisamente porque pertenece a la élite cultural, podría comprender esta transformación. Desde luego, otro sector de la Iglesia católica de Cuba, a la inversa, puede ser revanchista y sus reivindicaciones podrían apuntar a la recuperación de la constitución de los años cuarenta...

Como ha sostenido el obispo de Santiago de Cuba en un discurso más bien discutible...

Sí, y estoy seguro de que al día siguiente del eventual cambio, otra batalla inevitable será por el poder dentro de la Iglesia cubana y quién sabe qué tendencia se impondrá. Además, se ha verificado una extraña circunstancia: la Iglesia se ha posesionado de elementos de la teología de la Liberación, después de que el Vaticano durante años trataba de aplastarla en toda América Latina, remplazando en muchos casos a jesuitas y dominicos por representantes del Opus Dei. Ahora, en cambio, es precisamente la Iglesia la que encabeza el discurso contra el neoliberalismo y el capitalismo. ¿Cómo se metaboliza todo esto? Para responder hay que hacerse otra pregunta: ¿qué piensan los teólogos de la Liberación de lo que ha sucedido en La Habana en estos cinco días?

Se lo preguntaremos a Frei Betto.

De parte de América Latina

Frei Betto

Era inevitable que la visita del Papa a Cuba, con sus implicaciones religiosas, sociales y políticas en el tejido de la Revolución misma y de todas las contradictorias realidades de Latinoamérica afectase la teología de la Liberación y a los pensadores cristianos que han optado por esta interpretación social de la fe en el modo de vivir su apostolado en el subcontinente y dar una respuesta concreta a las instancias insolutas de una humanidad obstinadamente olvidada.

Frei Betto, uno de los exponentes señeros de la teología de la Liberación, en un ensayo reciente ha descrito con acuciosidad el viaje de Juan Pablo II a la tierra de la Revolución como "un huracán sobre Cuba". Es una definición apropiada, no sólo por los efectos que las palabras pronunciadas por el Papa en sus once discursos tendrán inevitablemente sobre la dialéctica interna de la única revolución que sobrevive en América Latina, sino también por la atención que los medios de comunicación, a menudo evasivos, parciales y sesgados contra Cuba, han tenido que dar, obligatoriamente, a realidades indiscutibles de la vida del país, como la protección a la infancia, el cuidado de la salud y del sistema educativo, las conquistas culturales, sociales y deportivas.

En su ensayo, Frei Betto hace constar que la visita del Papa era la conclusión de un proceso iniciado en 1979 cuando, en el mes de febrero, aprovechando la presencia de Juan Pablo II en la Conferencia Episcopal de Puebla, en México, Gabriel García Márquez, a la sazón aún no premio Nobel de Literatura, fue portador de una invitación de Fidel Castro a Su Santidad para que siquiera hiciera una escala técnica en Cuba en su camino de regreso. Desde entonces, la visita quedó mucho tiempo en el aire como una posibilidad, tironeada por diversos sucesos políticos contradictorios. En algunos casos, como la participación de los cristianos en la revolución sandinista o el afianzamiento de la teología de la Liberación, la posibilidad de un encuentro entre el Papa y Fidel parecía aproximarse, porque los acontecimientos citados atenuaban los prejuicios antirreligiosos de la Revolución; en otros, como la permanencia de tropas cubanas en África o el exacerbamiento de las medidas contra disidentes verdaderos o falsos, el delgado hilo diplomático, nunca interrumpido con el Vaticano, se volvía más precario. La teología de la Liberación ha contribuido sin duda a mitigar las aprensiones de muchos sectores de la sociedad cubana respecto de la Iglesia, precisamente porque esta nueva lectura teológica había hecho propios ciertos elementos del análisis marxista para la interpretación de la realidad latinoamericana y había señalado que muchos militantes cristianos estaban listos para comprometerse en la lucha social. La religión no se podía interpretar ya como opio de los pueblos. En fin, las declaraciones de Fidel Castro, que había formado su carácter en su juventud, primero con los hermanos de las escuelas cristianas y luego con los jesuitas, nunca habían sido extremosas cuando se tocaba el argumento de la fe, como en Chile en 1971 o en Jamaica en 1977. En 1980, la Revolución había de hecho establecido un diálogo con los cristianos sandinistas y en 1984 Castro había acompañado al líder negro norteamericano Jessie Jackson en una ceremonia en la iglesia metodista de La Habana. El sorprendente libro-entrevista Fidel y la religión, *publicado ese año, fruto de una larga y profunda conversación del líder cubano precisamente con Frei Betto, subrayó la sinceridad de esta nueva actitud y la solidez de la apertura. El libro fue un éxito mundial y sólo en Cuba, país de once millones de habitantes, se vendieron más de un millón de ejemplares. Se puede decir, por tanto, sin exagerar, que estos antecedentes y las repercusiones de esta entrevista descongelaron las relaciones entre la Iglesia y el Estado cubano. Después de 17 años de incomunicación, Fidel y los obispos locales retomaron una relación directa. Se dieron más pasos, después, con el Encuentro Eclesial Nacional, organizado por la Conferencia Episcopal cubana en 1986, donde la Iglesia reconoció por primera vez aspectos positivos en la Revolución y rechazó el bloqueo impuesto a la isla por el gobierno de Estados Unidos.*

El largo y fatigoso camino hacia el diálogo tuvo aún algunos tropiezos, como cuando en 1990 el cardenal Law, de Boston, en un viaje a la isla, convenció al episcopado a retomar los tonos de crítica en contra del régimen. Entonces, por desgracia, incluso en algunos ambientes del Vaticano se pecó de miopía, no comprendiendo la diversidad cubana, y se dio espacio a la convicción de que también el socialismo cubano tenía los días contados. "La Iglesia

—ha escrito con sinceridad Frei Betto— se atribuía una parte fundamental en la posible fase de transición." Por fortuna, en aquella ocasión el Partido comunista cubano no se dejó influir por las actitudes de la Iglesia católica o por las apariencias.

Así, en 1991, durante el IV Congreso del Partido Comunista de Cuba se eliminó de los estatutos el carácter ateo del partido mismo y al año siguiente fue cancelado incluso de la Constitución. Se permitió a los cristianos entrar en el partido y para muchos militantes fue tranquilizante poder por fin hacer evidente la fe religiosa que nunca habían perdido. La readopción de una actitud crítica contra la Revolución en un documento de los obispos en 1993, El amor todo lo espera, *frenó momentáneamente el proceso iniciado con el encuentro eclesial nacional. Fue fundamental, a este respecto, para no echar a perder lo avanzado, la inteligentísima labor diplomática llevada a cabo durante años por Hermes Herrera, embajador cubano ante la Santa Sede, intelectual antes que fino político. La invitación oficial de Fidel Castro al Papa, en ocasión del coloquio en el Vaticano habido en 1996, inmediatamente después de la conferencia de la FAO sobre el hambre en el mundo, permitió superar por fin cualquier titubeo. Las palabras pronunciadas por Castro y Juan Pablo II para señalar las causas y condenar los efectos de la miseria de la mayor parte del mundo habían sido tan parecidas que volvían inaceptable cualquier ulterior obstáculo.*

Frei Betto, que con otros teólogos ha vivido con gran participación las jornadas del Papa en Cuba, advierte los lados positivos de la efeméride en la explícita condena del pontífice al boicot de Estados Unidos; en la crítica al neoliberalismo capitalista; en la visibilidad que Cuba ha recabado de la ocasión y en la inevitable apertura de mayores espacios de tolerancia en la sociedad cubana. Al mismo tiempo, subraya como aspectos discutibles la insistencia de Juan Pablo II en las críticas a la sociedad socialista (que divide las familias y reduce la libertad de expresión y los espacios de acción pastoral), frente a una ingrata indiferencia frente las conquistas sociales de la Revolución. Tratándose de un representante de la teología de la Liberación no menos fuera de tono le han parecido las palabras de monseñor Pedro Meurice, quien en el discurso que pronunció en Santiago el sábado 24 de enero, aprovechando su papel de obispo de la diócesis, declaró: "Nuestro pueblo es respetuoso de la autoridad y amante del orden, pero debe aprender a no confundir los falsos mesianismos", y al final de su homilía, recalcó: "un número creciente de cubanos confunden la patria con el partido, la nación con el proceso histórico que hemos vivido en las últimas décadas y la cultura con la ideología".

El objetivo teológico y pastoral de la visita del Papa, por otro lado, era reforzar la Iglesia local. Para esto, según Frei Betto, el Papa cedió incluso a la tentación de apropiarse semánticamente de los símbolos nacionales, luego de haber evitado pronunciar, siquiera una vez, la palabra "revolución". "Plaza de la Revolución" se convirtió así en su discurso en La Habana en "Plaza José Martí" y la Virgen de la Caridad del Cobre fue coronada "Reina de la República de Cuba", al son del himno nacional.

Ha sido demasiado para una cristiandad latinoamericana de base, profundamente ecuménica, que rechaza el principio del primado de la Iglesia sobre los propios Estados y que está convencida de que la vida es absolutamente el don más grande de Dios. Y el único país de América Latina que garantiza a toda la población los derechos esenciales de la vida, como la alimentación, el cuidado de la salud y la educación es Cuba. ¿Cómo olvidarlo?

La entrevista con Frei Betto, que presentamos como prefacio a los demás testimonios, ofrece una particular clave de lectura para interpretar el "huracán" Wojtyla en Cuba: la de un teólogo que poco más que adolescente fue el coordinador nacional de los jóvenes brasileños de la Acción Católica y, tras su entrada en la orden de los dominicos, sufrió con otros hermanos las persecuciones de la dictadura y fue salvado por intervención del papa Paulo VI, convirtiéndose en el discípulo predilecto del cardenal Arns, figura profética de la Iglesia de Sao Paulo en Brasil y de toda Latinoamérica.

Su labor en las favelas, en las comunidades de base, en la defensa de los derechos hollados, en especial de los niños de la calle, le ha conferido, además, la autoridad para tratar de manera anticonvencional temas que a menudo lo colocan frente al difícil dilema de escoger entre sus convicciones sociales y la disciplina religiosa. Por esto quizá, recientemente ha sentido la necesidad de narrar en el libro Hombre entre los hombres, *a un Jesús profundamente humano, "interesado más por el amor que por la culpa, más por la justicia que por la ley, más por la libertad que por la disciplina, más por la solidaridad que por la autoridad, más por la alegría que por las asperezas del 'valle de lágrimas'".*

GIANNI MINÀ: *Ahora que Juan Pablo II ha regresado a Roma, ¿qué juicio se ha hecho de su visita a Cuba?*

FREI BETTO: Creo que la visita del Papa ha creado dos expectativas en el mundo: según una hipótesis, el Papa habría venido a Cuba para condenar la Revolución; otros, en cambio, pensaban que el Papa canonizaría la Revolución. Y ahora podemos decir que el Papa no ha canonizado la revolución cubana, pero tampoco la ha condenado. El Papa ha venido a realizar su objetivo, que era reforzar la Iglesia católica en Cuba. En la isla, oficialmente, el Papa tenía que hablar de cuatro temas: en Santa Clara, de la familia; en Camagüey, de los jóvenes; en Santiago de Cuba, de la patria; y en La Habana, de la misión de la Iglesia. Como consecuencia de la visita, creo sin embargo que se pueden subrayar tres aspectos positivos; en primer lugar, Fidel ha encontrado en el Papa a un fiel aliado en la lucha contra el boicot de Estados Unidos; en segundo lugar, el viaje de Juan Pablo II ha dado visibilidad a Cuba. Había más de tres mil periodistas de todo el mundo que no se han interesado sólo por el pontífice, sino también por la vida cotidiana de la isla: la escuela, la salud, la vida de la gente en el trabajo, en casa, en el interior de la familia. Por fin, el Papa ha hecho por primera vez una condena explícita del neoliberalismo capitalista. Hasta el día de su partida, Karol Wojtyla había preferido decir que no le gustaba el capitalismo salvaje. ¡Como si existiera un capitalismo civil! Por primera vez, la noche del 25 de enero empleó, en cambio, el término de "neoliberalismo capitalista". Creo que éstas son las tres consecuencias positivas de la visita.

¿Desde cuándo Cuba no gozaba de una visibilidad tan grande?

Desde la crisis de los misiles en 1962, la atención mundial no se había concentrado tanto sobre Cuba como ahora y muchos periodistas de Estados Unidos se han dado cuenta de que en Cuba la gente se puede mover, se puede hacer cualquier pregunta, ir a donde se quiera sin control alguno, sin policía. Esto ha sorprendido a muchos reporteros, sobre todo de Estados Unidos. Además, el Papa ha reconocido que su visita ha sido la mejor organizada, la que más ha vivido el pueblo y la menos militarizada de todos sus viajes. No había ejército, ni marina, ni aviación, como los había en Brasil en octubre de 1997, donde en Río de Janeiro se veían helicópteros y carros blindados por la calle y los policías en servicio sólo ocasionalmente habían renunciado a las armas de fuego.

¿Qué ventajas ha obtenido Cuba de esta visibilidad?

Este suceso ha favorecido la principal industria remunerativa de Cuba, que es el turismo, un mal necesario, porque junto con los dólares introduce en la isla los vicios del capitalismo; pero mientras no se supere el boicot no hay muchas alternativas, porque la isla es un país que, dados sus recursos naturales, sólo produce "postres", o sea, azúcar, tabaco, ron. En otras palabras, la producción agrícola del país es insuficiente y faltan materias primas. Esto crea una innegable dificultad de supervivencia para este pueblo heroico que, no obstante el boicot y a pesar de todas las agresiones, tiene los mejores niveles de vida de toda

América Latina. Por ejemplo, mientras según la ONU en Cuba mueren nueve niños de cada mil en los tres primeros años de vida, en Brasil mueren 41 y no hay ningún otro país en el subcontinente con menos de 20. Éste es un resultado de la Revolución.

Así, el Papa ha venido a Cuba para restablecer las relaciones entre dos de los más pequeños países del mundo: el Estado Vaticano y el Estado de Cuba, los cuales en el transcurso de los años de la Revolución nunca han roto relaciones y, por el contrario, siempre han mantenido un diálogo positivo. El problema con la Iglesia católica de Cuba surgió del ateísmo científico profesado por la Revolución, en suma, a causa del ateísmo oficial a nivel de Partido y de Estado y, sobre todo, por la influencia que ejercía la Unión Soviética. Pero los problemas también han sido causados por la actitud de la Iglesia frente al Partido y el Estado, porque era una Iglesia franquista, que tuvo que enfrentarse a la Revolución antes del sacudimiento que produjo el concilio Vaticano II y que, por ende, no tenía claves de interpretación de las reformas introducidas por el nuevo régimen, consideradas por muchos sectores católicos sólo como sometimiento al comunismo y amenaza a la libertad. Por esto, la Conferencia Episcopal se opuso a Castro y por esto en la invasión de Bahía de Cochinos, junto con los mercenarios hubo tres sacerdotes. No por casualidad, una vez vencidos los mercenarios, el cardenal de La Habana, monseñor Manuel Arteaga, se autoexilió en la embajada argentina y hasta hoy nadie ha sabido explicar el porqué, dado que no existe acusación alguna contra este hombre. Sin embargo, precisamente en el momento en que fracasaba la invasión de Bahía de Cochinos, el cardenal se acogía en la embajada argentina. Fue casi una declaración pública de complicidad, porque si no hubiera sabido, de alguna manera, de aquella invasión, no habría tenido razón para huir.

Así, el Papa ha venido casi 40 años después, a hablar de temas que son propios de la doctrina cristiana, pero sin claves de lectura para reconocer la originalidad del socialismo cubano. Ha venido con sus lentes polacos: para él, Cuba es aún un país del este europeo. Sin embargo, Cuba es por completo distinta del este europeo por innumerables razones y es el único país socialista de toda la historia de Occidente, uno de los pocos que sobreviven en el mundo. Quizá esto ha impedido que Juan Pablo II reconozca por completo las conquistas sociales de la revolución cubana. Es cierto que, al visitar el mundo del dolor del santuario de San Lázaro, en La Habana, dijo que la sanidad era de verdad una importante conquista en medio de las dificultades económicas que se viven en este país.

¿Le han faltado quizá a Juan Pablo II algunos elementos de juicio?

Carente de claves de lectura de la realidad cubana y coherente con el catolicismo polaco, el Papa ha expuesto en Cuba una visión que yo llamaría de neocristiandad. No hay sociedad, no hay valores, no hay virtudes, no hay Iglesia, no hay la luz de Cristo. Sólo la Iglesia, que está por encima de las ideologías, de los proyectos sociales y que no se identifica con ninguna cultura, es capaz de iluminar de verdad a la gente y dirigirla. Éste es un concepto que para los teólogos de la Liberación presenta muchos problemas. En primer lugar, porque es un concepto que no reconoce las conquistas de la modernidad, la autonomía del Estado, de la escuela, de la sociedad y la posibilidad de que las instituciones laicas mantengan una buena convivencia con las estructuras religiosas, sin que las unas quieran ejercitar la hegemonía o el control sobre las demás. El otro problema de la visión teológica de Wojtyla es, como he señalado, la convicción de que la Iglesia está por encima de la sociedad. La Iglesia no es una institución de ángeles, sino de hombres y mujeres que se han formado y viven en las condiciones ideológicas, económicas y políticas propias de una sociedad y, por esto, las contradicciones presentes en la sociedad misma se reflejan en el interior de la Iglesia. La Iglesia tiene muchos pecados, es una sociedad de pecadores, y por esto pide la misericordia de Dios. Fidel, de modo muy inteligente, ha hecho lo que el Papa debería haber hecho, es decir, pedir una penitencia pública por los pecados cometidos por la Iglesia en América Latina, sobre todo durante la colonización. Y además ha recordado el perdón pedido por Juan Pablo II en relación con temas clave de la historia de la Iglesia, como la Inquisición, las cruzadas y el caso Galileo. Por lo mismo, nos habría gustado que el Papa hubiera reconocido que la Iglesia es portadora del mensaje de Jesús, pero que está muy lejos de encarnar dicho mensaje. Entre el Evangelio y la Iglesia, por desgracia, hay distancia y la Iglesia debe compartir las esperanzas, los deseos, los dolores, las alegrías y los sufrimientos de la gente, porque la Iglesia está encarnada en la gente. Por el contrario, según el concepto del Santo Padre, la Iglesia coincide fundamentalmente con los obispos, no con el pueblo de Dios. Esto explica por qué Wojtyla, en el concilio Vaticano II, votó siempre con los más conservadores. Salió derrotado del Concilio, pero luego fue elegido Papa y no cambió mucho su manera de entender la Iglesia: para él la Iglesia son los obispos, como acabo de decir, y nunca ha hecho suyo el concepto de la Iglesia como pueblo de Dios en la historia. Karol Wojtyla sigue fiel a la concepción anterior al concilio Vaticano II, según la cual la Iglesia es una sociedad perfecta. En sus discursos, esta idea es toral y, por ende, Cuba no es aún una buena sociedad, al no haber creado espacio suficiente para que el catolicismo proyecte su luz sobre las instituciones públicas y sociales. Pero, al mismo tiempo, otra idea fuerte del Papa ha sido la condena del neoliberalismo capitalista, expresión que ha usado mientras estaba dejando la isla. Además, en Santa Clara habló de la atracción hacia la sociedad de consumo en tono de censura: en Camagüey mencionó los problemas que esta sociedad egoísta trae a la gente, como el alcohol, la explotación de la sexualidad, la pornografía. En La Habana deploró la política de los países ricos que pesan sobre las espaldas de los países pobres, cada vez más pobres. Y al partir, en el aeropuerto, dijo que son injustas las imposiciones restrictivas de un país para con la economía de otro y que el boicot es éticamente injustificable. En este sentido, Juan Pablo II ha seguido una línea de crítica contra el socialismo, pero también contra el capitalismo, y ha propuesto como punto de referencia para una sociedad libre y justa la doctrina social de la Iglesia.

¿Por qué los representantes de la teología de la Liberación no están por completo de acuerdo con esta posición?

Para nosotros, teólogos y cristianos latinoamericanos, nos parece el último ejemplo de un concepto de neocristiandad que sueña con la hegemonía de la Iglesia sobre la sociedad. Esto no significa, sin embargo, que seamos partidarios de una Iglesia entendida como una institución encerrada en sus templos, indiferente e irrespetuosa de lo que ocurre en la vida social. Absolutamente, no. Según nosotros, la Iglesia debe ser el fermento en el interior de las masas. Nuestro deber, pues, no es mantener la hegemonía cultural sobre la sociedad, sino hacer una labor en la base para influir, con nuevos valores, nuevos conceptos y nuevas actitudes, en todo el conjunto de la sociedad; mas no con un predominio institucional, antes bien con un predominio de los valores evangélicos, lo que significa que queremos una Iglesia capaz de reconocer, por ejemplo, valores evangélicos en los jóvenes que combaten por la justicia, aun si no tienen la fe; deseamos reconocer estos valores incluso en los militantes zapatistas, que luchan por una sociedad nueva, contra la pobreza y la miseria. Porque Jesús no vino a predicar que debemos, sobre todo, tener fe, sino que debemos tener amor, y esto resulta muy claro en el Evangelio de Mateo (capítulo 25), cuando habla de los que se salvarán: no los que van a misa, que rezan el rosario, que se arrodillan, sino quien con obras concretas de amor encarna los valores fundamentales de la vida cristiana: "Tenía hambre y me diste de comer; tenía sed y me diste de beber; estaba en la cárcel y me visitaste; estuve enfermo y me curaste". La fe es una luz que se proyecta sobre estas acciones, pero hay mucha gente que no tiene la fe y, sin embargo, tiene a Dios y amor en su vida. Aquí está la diferencia.

Quisiera profundizar la cuestión de la crisis iniciada hace 40 años entre la Iglesia católica y la Revolución.

En un comienzo, la intención de la Revolución era la liberación nacional y participaron en aquélla también los cristianos. Entre éstos se distinguieron Frank País, en Santiago de Cuba, y José Antonio Echevarría, en La Habana: ambos muertos por la dictadura de Batista. Muchos conocen a Camilo Torres y su trágica aventura en Perú. En realidad, Camilo no fue el primer sacerdote guerrillero de la segunda mitad del siglo XX en América Latina. El primero fue Guillermo Sardiña, que se fue a la cordillera de Sierra Maestra con el apoyo de los obispos de Cuba. No tuvo que romper con la jerarquía, como ocurrió en cambio con Torres, para abrazar la lucha de liberación de su país. Así pues, los problemas comenzaron con la victoria de la Revolución, cuando se iniciaron las reformas, como la agraria, la educativa, la urbana y al expropiar los bienes de Estados Unidos en Cuba. Esto llevó a que la Iglesia católica, fuertemente influida por el franquismo y aún no pasada por el concilio Vaticano II, no tuviera las claves de lectura de la nueva realidad y adoptara una posición anticomunista y antirrevolucionaria.

Luego vino el episodio de Bahía de Cochinos en 1961 y de inmediato se declaró el carácter socialista de la revolución cubana; luego, con la Guerra Fría, Cuba tuvo que acercarse a la Unión Soviética para poder sobrevivir junto al imperialismo de Estados Unidos. Fue entonces cuando en la Revolución se introdujo el ateísmo científico, incluso como asignatura en las escuelas. Y esto creó discriminaciones, problemas, no obstante que jamás haya habido una persecución sistemática de las Iglesias cristianas y de los creyentes. No se cerró ninguna iglesia, no se fusiló a ningún obispo o sacerdote. En Cuba, la religión siempre ha sido respetada, entre otras cosas porque no es un país católico y porque la fe tiene raíces en los cultos afrocubanos y los ritos predominantes son los de la santería. Es más correcto, por tanto, decir que las relaciones entre la Iglesia y el Estado estuvieron congeladas mucho tiempo; al menos hasta que al inicio de los años ochenta, bajo la influencia de la participación de los cristianos en la revolución sandinista y con la afirmación de la teología de la Liberación, que incorporaba elementos del análisis marxista en su comprensión de la realidad latinoamericana y que animaba a los cristianos a la lucha de liberación, la revolución cubana comprendió que debía abrirse al fenómeno religioso. Desde ese momento se ha puesto en movimiento un proceso que ha culminado en la visita del Papa.

¿Qué quedará en Cuba de esta "campaña espiritual" promovida por Juan Pablo II?

El viaje de Wojtyla a Cuba ha sido como un huracán sobre la isla y ha dejado huellas profundas. Por primera vez en 40 años, el pueblo cubano ha salido a la calle en masa para participar en una manifestación religiosa, para participar en las liturgias católicas. Yo diría que por primera vez, el pueblo de Cuba ha encontrado un espacio de identificación simbólica fuera de los esquemas del socialismo, del marxismo, del partido comunista. En otras palabras, las liturgias de Juan Pablo II han creado un espacio de debate crítico y no sólo por lo que se refiere al socialismo, al capitalismo y a la situación actual del mundo, y seguramente este pueblo continuará teniendo esta posibilidad, lo que es un gran desafío para la Revolución: ¿cómo mantener espacios de debate crítico dentro de Cuba, pero transformándolos en ocasiones de consolidación del socialismo? Porque la alternativa me parece muy preocupante: si el pueblo no encuentra este espacio en la vida social, muchas personas se volverán hacia la Iglesia católica y en poco tiempo ésta podría transformarse, incluso contra su voluntad, en una trinchera de contrarrevolución virtual en Cuba y podrían volver las confrontaciones entre creyentes y no creyentes, entre Iglesia y Estado.

Otro reto para el gobierno de Cuba es cómo administrar todo este privilegio de la Iglesia católica frente a las demás Iglesias cristianas, la Sinagoga y sobre todo la santería. Un Estado no puede favorecer a una Iglesia, máxime una Iglesia a la que no considera muy representativa. En Cuba, según las estadísticas oficiales, sólo 5% de la población es católica; en cambio, según las estadísticas de la Iglesia católica, 60% lo es. No quiero discutir quién tiene la razón. En todo caso, las demás Iglesias tienen todo el derecho, si no de reivindicar espacios igualmente importantes, porque carecen de figuras simbólicas, carismáticas, fuertes, como Juan Pablo II, al menos de celebrar sus liturgias y sus procesiones.

Por fin, otro reto, otro signo dejado por Juan Pablo II, ha sido durante todo el viaje el intento de compensar de algún modo las expropiaciones que realizó la Revolución en el principio, cuando triunfó. El nuevo gobierno expropió escuelas, edificios, muchas cosas que eran símbolo de las capas privilegiadas del país. El Papa ha llegado y ha tratado de expropiar el lenguaje, ha realizado de hecho una expropiación semántica fantástica. Algunos detalles: no ha pronunciado nunca la palabra revolución, al punto de llamar Plaza José Martí a la Plaza de la Revolución. Hay gente que ahora se pregunta cómo se llama la plaza: ¿Plaza de la Revolución, Plaza José Martí o Plaza del Sagrado Corazón de Jesús? Ha bastado levantar una imagen del Sagrado Corazón de Jesús mucho mayor que la cara del Che. El Papa ha coronado a la Virgen del Cobre como Reina de la República de Cuba. Es el primer caso en la historia de la humanidad en que una república tiene una reina. Hay gente convencida de que ahora Fidel puede estar tranquilo porque finalmente tiene su primera dama. El Papa, al coronar a la reina y apropiarse de todas las luchas independentistas de Cuba y afirmando que son legítimas sólo las luchas de quienes se arrodillan frente a la Virgen, por un lado ha legitimado la Revolución y, por otro, ha pedido que también la Revolución se ponga de rodillas frente a la Virgen. ¿Y quién habla por la Virgen? ¿Quién interpreta la voz de la Virgen? Es la Iglesia católica y, por tanto, esta apropiación semántica ha sido un instrumento para introducir en la sociedad cubana la voz de la Iglesia católica con una fuerte coloración de sacralidad y hasta de divinización. No se puede olvidar que el obispo Fernando Prego de Santa Clara, al saludar al Papa durante la misa, dijo: "Dios está entre nosotros; hablará la voz de Dios", y esto a la luz de la teología más tradicional es una herejía ya condenada por la Iglesia. No se puede, en modo alguno, identificar la figura del Papa ni con la figura de Dios ni con la de Jesucristo o con el Espíritu Santo (aunque no siempre en la historia de la Iglesia se ha obedecido este principio).

En definitiva se puede admitir que en estos días de la visita del Papa ha habido una lucha ideológica sutil, muy diplomática, pero (por lo bajo) tenaz: Cuba ahora ya no será la misma, lo que no quiere decir que el socialismo cubano esté amenazado; por supuesto que no. El Papa es una amenaza muy pequeña para un pueblo habituado a enfrentarse a Estados Unidos, la mayor potencia de la tierra, y a todos sus misiles, armas atómicas, sabotajes y terrorismo. No será el Papa quien tumbe los plantíos de caña, porque aquí no está el muro de Berlín; al contrario, él deja signos que si se administran bien pueden ayudar a consolidar el socialismo en Cuba y crear una sociedad de gran atractivo, incluso un modelo para los demás países de América Latina. Por otro lado, si no se administran bien, dentro de la sociedad cubana se podrían crear tensiones que, en breve tiempo, llevarían a una identificación entre los discursos papales y las expresiones litúrgicas y pastorales de la Iglesia católica. Una última cuestión: es muy significativo que el Papa haya utilizado sólo una vez la expresión "derechos humanos" en Cuba; pero en realidad sabe bien que los disidentes, los contrarrevolucionarios, dentro de Cuba, se esconden todos detrás de la mampara de los derechos humanos y no quería apoyar, dar la voz, a ciertas personas. Por esto no ha hablado de derechos humanos, aunque sí de libertad, y apostaría que a partir de ahora esas personas hablarán también de libertad y hasta puede ocurrir que echen mano de fragmentos de los discursos papales, que serán como pequeños manifiestos que se pasarán de mano en mano. Expresiones que, sacadas de su contexto, se convertirán en arma para criticar la Revolución. Y como la Iglesia católica administrará junto al

Estado esta instrumentación de los discursos papales, habrá que ver en qué acabará el reto.

Muchos sostienen que usted ha sido uno de los protagonistas de este encuentro. ¿Nos puede decir algo más al respecto?

No, el protagonista de este encuentro ha sido el Espíritu Santo. Mucha gente ha participado en este intento y yo he sido uno de los pequeños engranes que ha ayudado a construir este proceso. Tengo conciencia del hecho de que el libro *Fidel y la religión*, publicado en Cuba en 1985, del que en una población de 11 millones de habitantes se han vendido hasta ahora más de un millón de ejemplares y ha sido traducido en 33 países del mundo, ha ejercido cierta influencia. El Papa, por ejemplo, lo ha leído y ha dicho que se trata de un libro que ayuda a la Iglesia católica de Cuba. Mucha gente ha participado en este proceso y no se puede atribuir el mérito a esta o aquella persona. Creo que si hay verdaderos protagonistas son Fidel y Wojtyla; Fidel, por haber sido capaz de reconocer los errores que la revolución cubana ha cometido contra la religión y retomar las relaciones de una manera positiva; y Wojtyla, que es un hombre de formación fuertemente anticomunista, por el hecho de haber venido a Cuba con el corazón en la mano. El Papa no ha cambiado su modo de pensar, pero ha cambiado su actitud frente a los países socialistas. Ha reconocido que el socialismo de Cuba es diferente al del este europeo. Por esto no sólo ha sido muy respetuoso por lo que se refiere a la Revolución, sino que ha reconocido sus conquistas, como lo hizo en el santuario de San Lázaro en lo que concierne a la sanidad. Juan Pablo II, además, no me parece que haya estado de acuerdo con el discurso del arzobispo de Santiago de Cuba, monseñor Meurice, que ha sido la única intervención ajena al clima de la visita, o sea, el único fuertemente anticomunista y que ha creado en realidad una situación de desconcierto en un contexto siempre muy respetuoso.

¿Por qué está tan seguro de que el Papa no está de acuerdo con el discurso del obispo Meurice?

Porque su discurso en Santiago fue escrito y distribuido por la prensa con antelación; por tanto, quien lo conocía y escuchó al Papa por la televisión se habrá dado cuenta de que evitó pronunciar el pasaje previsto, una frase de un héroe de la independencia de Cuba, Antonio Macedo, quien afirmaba: "El verdadero patriota debe creer en Dios". El Papa no ha querido echar leña al fuego del discurso del obispo Meurice y se ha autocensurado.

¿Así pues, el Papa, al llegar, no tenía la clave para comprender la novedad y la peculiaridad de la revolución cubana, del socialismo cubano?

El Papa ha venido y se ha ido sin comprender hasta el fondo qué es lo que ocurre en el socialismo cubano. Pero cambió su actitud. Por ejemplo, en Nicaragua, en su visita de 1983, fue muy agresivo con los sandinistas; en Cuba, no.

¿Cómo se explica entonces la apropiación reciente por parte del Papa de algunas tesis de la teología de la Liberación?

Hay muchos temas de la teología de la Liberación que hoy forman parte de las declaraciones de los arzobispos, conferencias episcopales y hasta papales. Por tanto, cuando el Papa habla de neoliberalismo, cuando habla de los países ricos que echan pesadas cargas sobre las espaldas de los países pobres, cuando denuncia el hecho de que los ricos son cada vez más ricos y los pobres, cada vez más pobres, se remonta a temas que hace veinte años eran patrimonio casi exclusivo de la teología de la Liberación, pero que, gracias a Dios, ahora se han incluido —un poco tarde, según yo— en la doctrina social de la Iglesia. El cardenal Etchegaray acaba de publicar en nombre del Papa un documento muy importante y avanzado sobre el problema de la tierra, proponiendo la reforma agraria. Por desgracia, este documento no apareció hace cuarenta años, cuando habría ayudado muchísimo a evitar el choque entre Iglesia católica y revolución cubana sobre la reforma agraria. La Iglesia reacciona un poco tarde frente a las cosas, aunque como sea reacciona. El Papa ha venido a Cuba con una actitud respetuosa, sin intentos de forzar a la Iglesia católica. No se puede pretender que un Papa llegue también a comprender ciertos procesos. De manera particular, Juan Pablo II no tenía aún, por desgracia, las claves para comprender que los niveles sociales de Cuba son, con mucho, mejores que en el conjunto de los demás países de América Latina.

Frei Betto, ¿me puede explicar mejor este punto?

El Papa, ya lo he dicho, ha venido a Cuba con una teología de neocristiandad. Hasta el siglo pasado, la Iglesia dominaba la sociedad y el Papa coronaba a los reyes. En la neocristiandad, la Iglesia quiere tener la hegemonía sobre la cultura y sobre las instituciones públicas, quiere proyectar la luz de la doctrina cristiana sobre todo el conjunto de las instituciones educadoras. El Papa concibe la Iglesia —y esto en los discursos de Cuba ha resultado muy claro— por encima de las instituciones sociales; por esto, la Iglesia es libre de criticar, por un lado, el capitalismo y, por el otro, el socialismo. La Iglesia es la única que ostenta la verdad y no hay una verdadera sociedad sino bajo el manto de la Iglesia. Está claro que se trata de un concepto más que superado teológicamente, por cuanto que niega las conquistas de la modernidad.

La modernidad, que está presente en los documentos del concilio Vaticano II, exige que se reconozca la autonomía de las instituciones sociales, del Estado y también de la escuela, y si la Iglesia quiere evangelizar lo debe hacer desde abajo y no desde arriba, a través de cristianos que, partiendo de su testimonio, de su trabajo, de su amor, sean los fermentos del Evangelio de Jesús. Nosotros tenemos que hacer hincapié en la misericordia de Dios y no tener la pretensión de ser mejores que los demás.

El Papa, con todo, al llegar a Cuba no ha reforzado algunos temas que interesaban a los anticastristas de Miami. En Cuba se dice ahora que muchos católicos de Miami han quemado su fe de bautismo, indignados porque Juan Pablo II no demonizó a la revolución cubana. El Papa ha evitado hablar de la Revolución y ha evitado también hablar de derechos humanos (una sola vez empleó esta expresión, como he dicho). Para un latinoamericano como yo es casi una broma decir que en Cuba no se respetan los derechos humanos, aun dando a suponer que en los demás países de América Latina, en cambio, lo son. En Brasil, por ejemplo, nosotros no luchamos en pro de los derechos humanos, lo que sería —diría— un lujo; nos batimos aún por derechos que yo llamaría animales: comer, educar a los hijos, protegerse del frío y del calor; éstas son necesidades animales de las que la mayoría de la población de América Latina aún no goza. Cuba, de manera excepcional, es un país pobre que no conoce la miseria: no hay niños por la calle, no hay vagabundos quemados en las esquinas, no hay favelas. Hay pobres, hay dificultades, desde luego, mas no se trata de fenómenos de masa y estructurales, como en los demás países. El Papa ha reconocido las conquistas de la Revolución, pero no lo bastante, porque partiendo del ejemplo de Cuba se podría crear, sin copiarlo, un nuevo modelo de sociedad en América Latina.

Cuando usted dice que entre el Evangelio y la Iglesia hay distancia, por desgracia, y que la Iglesia debe compartir las esperanzas, los deseos, los dolores, las alegrías, los sufrimientos del pueblo porque la Iglesia está encarnada en este pueblo, ¿qué quiere decir concretamente?

El Papa ha venido a Cuba invitado por los católicos y la Iglesia cubana esperaba que la visita se transformase en su propia afirmación, pero Fidel ha tratado de explotar simbólicamente la visita a favor de la Revolución. Ha aparecido en televisión invitando a toda la gente a ir a las misas y ceremonias públicas. De este modo, el viaje papal se ha transformado de visita a la Iglesia local en visita al pueblo cubano. Con todo, en el intento de reforzar a la Iglesia, el

Papa ha adoptado una posición muy poco ecuménica, porque ha pasado por alto las Iglesias evangélicas, protestantes y, si bien se reunió con un grupo de pastores, excluyó las religiones afrocubanas y también a los hebreos. En momento alguno ha tratado el fenómeno religioso como una realidad que va mucho más allá de los límites de las instituciones católicas. De todos modos, como he dicho, la visita ha sido un huracán sobre Cuba. Ahora bien, a qué conclusiones llegará la Revolución, a todo esto, es una interrogante y un reto. En todo caso, la gente de Cuba ha encontrado en el lenguaje religioso un nuevo canal para manifestar sus deseos, sus dolores, sus expectativas. Se trata de un nuevo proceso para la Revolución y quizá el Papa ha venido a completar el descongelamiento entre Estado e Iglesia, dando al pueblo la posibilidad de hacer una síntesis entre su sentimiento religioso y su apoyo a la Revolución. En el corazón de cada cubano, esta división no puede existir si la Revolución quiere consolidarse y si la nación quiere encontrar su unidad.

¿Se pasará, pues, de una revolución ideológica a una revolución cultural?

Una revolución cultural dentro de la revolución socialista. Creo que esto se ha alcanzado de veras, sobre todo porque el pontífice ha subrayado mucho la contribución histórica a la Revolución del padre Félix Varela y de José Martí, dos figuras que imprimen en el socialismo de Cuba un carácter muy distinto al del este europeo, por tratarse de figuras fuertemente éticas y espirituales.

Usted se ha visto con Fidel Castro después de la partida del Papa. ¿Estaba contento?

Sí, Fidel estaba muy contento porque el Papa le ha fascinado. Siente mucho respeto por Juan Pablo II y lo admira. Estaba también satisfecho por el modo como la gente de Cuba ha demostrado al mundo ser un pueblo fiel a la Revolución, la que por lo mismo tendrá un futuro. Ahora es preciso, a toda costa, superar el boicot de Estados Unidos, que impide que Cuba mantenga relaciones comerciales normales con los demás países del mundo y se integre a la Organización de los Estados Americanos y, como ha subrayado el Papa, se abra al mundo.

De parte de la Iglesia

Roger Etchegaray

En el histórico viaje de Juan Pablo II a Cuba ha representado un papel fundamental un vigoroso vasco francés, hijo de un relojero: es Roger Etchegaray, cardenal desde 1979, 75 años llevados con gran energía, el ministro pontificio más empeñado en ocuparse de las heridas del mundo actual.

La víspera de acompañar al Papa a Cuba acababa de regresar de Níger, uno de los países más desheredados del mundo, donde la Iglesia católica trata de establecer un servicio hospitalario para afrontar los dramáticos problemas de supervivencia de la gente, aun antes de pensar en objetivos de evangelización. Etchegaray, doctor en teología y en Derecho canónico, secretario general de la Acción Católica en Francia hace 44 años y luego, en dicho país, secretario general de la Conferencia episcopal de 1960 a 1970, ha ido a Cuba nueve veces para hablar con Fidel Castro y procurar el equilibrio entre el orgullo y las estrategias del gobierno cubano y el deseo de la Iglesia católica de retomar un camino interrumpido incluso por propia culpa cuando se afianzó la Revolución.

Obispo auxiliar de París en 1969 y luego arzobispo de Marsella entre 1970 y 1984, año en que Juan Pablo II lo llamó para que presidiera el Pontificio Consejo de la Justicia y la Paz, o sea, el ministerio de asuntos sociales de la Iglesia, Etchegaray tiene un gran conocimiento de los puntos álgidos del mundo, desde Irán a Iraq, del Líbano a Sudáfrica, de Mozambique a Angola, de Centroamérica a Birmania, de la ex Yugoslavia a Liberia, Ruanda e Indonesia. Si Agostino Casaroli ha sido el hombre de la Ostpolitik y del diálogo con lo que fue el mundo comunista del este europeo, el cardenal de Espelette, ordenado sacerdote en 1947 en Bayona, en los Pirineos, es el diplomático vaticano de la época en que, desaparecido el comunismo, la Iglesia se ha puesto en pie de guerra abiertamente contra la miseria, la indigencia y los sufrimientos de los pueblos olvidados, rehenes de las leyes deshonestas de la economía, o que salen de una larga tragedia política y han de ser auxiliados para sobrevivir y tener esperanza.

No por casualidad, precisamente en vísperas del viaje del pontífice a Cuba, Etchegaray hizo público el documento de Justicia y Paz, Por una mejor distribución de la tierra, que lleva por subtítulo "El reto de la reforma agraria" y que no concede cuartel a los grandes latifundistas de países como Brasil y México en lo que se refiere a la interpretación del mensaje bíblico y eclesial sobre la propiedad de la tierra y el desarrollo agrícola. Documento durísimo que es continuación de otros por el mismo tenor: el histórico de 1986, en que se proponía una actitud ética al problema de la deuda internacional (de lo que entonces hablaba sólo Fidel Castro); el de 1987, en el que se preguntaba ¿Qué has hecho del hermano que no tiene techo?; el de 1988, La Iglesia frente al racismo y, por fin, el de

1994, consistente en una reflexión ética sobre el comercio internacional de las armas y las responsabilidades de los Estados exportadores.

Hombre de Iglesia, Etchegaray es creíble también a los ojos de un marxista como Fidel Castro.

Cumplida la misión relacionada con el diálogo iniciado en Cuba entre el Papa y Fidel, Etchegaray (que es también presidente del Comité Central para el Jubileo del Año 2000) inició en el mes de junio una nueva operación encaminada a romper otro muro de desconfianza y olvido que condena al hambre a miles de civiles inocentes. El cardenal de Justicia y Paz ha ido a Iraq para verse con Terek Aziz, plenipotenciario de Saddam Hussein, y preparar para 1999 una visita de Juan Pablo II al último país al que Occidente declaró la guerra, conflicto que el Papa había condenado. Es la búsqueda de una nueva frontera para reafirmar el principio de que nadie puede permanecer por siempre enemigo y que incluso con el dictador más execrado se puede hablar de paz.

Precisamente por la particularidad de su experiencia, creo que los recuerdos y reflexiones de Etchegaray sobre su trato con Castro y el futuro de Cuba constituyen un testimonio fundamental.

GIANNI MINÀ: *Cardenal Etchegaray, usted ha sido el ministro del Vaticano que preparó, por así decir, el encuentro histórico de fin de milenio entre el Papa y Fidel Castro. ¿Qué problemas obstaculizaban este encuentro?*

CARDENAL ROGER ETCHEGARAY: No he sido el único que ha preparado este viaje del Papa, pero es cierto que desde hace nueve años he estado varias veces en Cuba y, por tanto, he visto y seguido el largo camino que ha conducido a este suceso que, como usted acaba de decir, es verdaderamente histórico. Un camino largo, que se explica cuando se sabe todo lo que lo precedió. Se ha requerido tiempo para preparar las mentes y hacer madurar las conciencias. Porque en el encuentro no hubo nada improvisado, usted lo sabe, sobre todo en el contexto tan particular de Cuba. En cuanto a las dificultades... no diría que han sido tan serias, por cuanto que el encuentro era deseado tanto de una como de otra parte. Ha sido pues necesario que el camino abierto quedara libre de ciertos obstáculos menores. Por consiguiente, lo que ha ocurrido en Cuba es el final de un camino por el que unos y otros deseaban avanzar y encontrarse. ¿Sabe qué dijo el Papa a los periodistas en el avión que volaba rumbo a Cuba? "Son dos hombres los que se encontrarán, no un jefe de Estado y un jefe de la Iglesia". Humildemente, son dos hombres que tienen responsabilidades diferentes.

¿Qué buscaba la Iglesia en Cuba?

La Iglesia católica de Cuba es una Iglesia que, como se sabe, ha sido hecha a un lado, una Iglesia que no tenía, y de hecho no tiene aún, plena libertad para el ejercicio de su propia liturgia. En todos mis viajes he podido escuchar a los obispos, pero también al pueblo, porque una Iglesia está conformada también por el pueblo, y esto es muy importante. Y el pueblo, desde hace mucho tiempo —es normal—, deseaba acoger al padre, al obispo de Roma, el obispo de toda la Iglesia. Así pues, la primera vez que pude anunciar, en la Navidad de 1988, en la catedral de La Habana, la posibilidad, la eventualidad, de una visita del Papa aquí, de inmediato surgió el grito espontáneo: "¡que venga, que venga!"

¿Qué había causado la dificultad de diálogo entre el gobierno cubano y el Vaticano? ¿El gobierno, que había escogido el ateísmo científico, o la Iglesia cubana, que no había comprendido la peculiaridad de la revolución castrista?

No creo que las cosas se puedan separar tan netamente. El caso es que la Iglesia vivía situaciones difíciles: ya lo he dicho. No se podía, de un día a otro, preparar un encuentro tan complejo, porque no era posible medir la puesta en juego y el riesgo que se podía correr de una parte y otra al poner en marcha un suceso semejante. Por ende, hemos tenido que esperar a que de una y otra parte se tomara plenamente conciencia de este riesgo y hubiera disposición para aceptarlo. Y de ambas partes se ha requerido mucho valor y confianza para hacer que el Papa fuera a Cuba, con todo lo que el viaje representa y habría podido provocar.

Perdone si insisto. ¿Qué había frenado el diálogo entre la Iglesia cubana y la Revolución: el ateísmo científico adoptado por la Revolución o la incapacidad de la Conferencia episcopal local para comprender la novedad de la revolución cubana, que era distinta en muchos aspectos de la de los demás países comunistas?

Hay que comprender que una revolución como la que se ha realizado en Cuba ponía a la Iglesia católica en una posición, vale decir, un poco incómoda. Pienso que la Iglesia habría debido comprender también lo que ustedes llaman "una cierta modernidad", pero puedo probar que ha hecho esfuerzos enormes en esta dirección: no se ha replegado en sí misma. A veces se ha visto obligada a vivir como en una sacristía. Pero, no obstante esto, su preocupación constante ha sido estar al servicio de la sociedad cubana. Este país socialista no es el único en el que la Iglesia ha vivido en una situación no favorable. Han ocurrido, sin embargo, sucesos en los últimos años que han permitido avanzar: pienso en particular en el ENL, el Encuentro Nacional de los Laicos, que representó para muchos, y por tanto también para los responsables del gobierno, una toma de conciencia del deseo de la Iglesia de no ser considerada como un ejemplo de privilegio, una entidad que persigue un interés particular, porque la Iglesia está por naturaleza al servicio del pueblo, al servicio de los demás. Y así, el progreso logrado por ambas partes ha sido, precisamente, el tomar conciencia de este sentido de servicio, en el que los hombres de la Iglesia no reivindican ningún privilegio, salvo el espacio necesario para expresar su propia fe, no sólo en las sacristías y las casas, sino también públicamente, porque la religión no puede ser un hecho privado.

Antes de que Juan Pablo II llegara a Cuba había dos teorías sobre este viaje: el pontífice va a dar el tiro de gracia a la revolución cubana o el Papa va a dar una ayuda a Cuba que desde años sufre el boicot. En realidad, el Santo Padre no ha hecho ninguna de las dos cosas...

Cierto. El Papa, adondequiera que va, acude en primer lugar como mensajero del Evangelio, o sea, como mensajero de un Cristo que antes que nada busca el amor, que busca la paz, pero en la justicia. Las palabras pronunciadas por Su Santidad han sido muy fuertes, porque son las palabras del Evangelio, sin propósito político de cambiar nada. No es éste el papel del Papa. Es el papel, por el contrario, de los cubanos, los cuales han de tomar en sus manos su destino. Lo que más ha llamado la atención en el gran mensaje del Papa es la exhortación al pueblo para que tome el destino en sus propias manos, porque no corresponde a la Iglesia, desde afuera, decir cómo debe ser o cómo debe cambiar una sociedad. La Iglesia propone una perspectiva, grandes principios que se dirigen a las conciencias, pero en la libertad. Le toca al pueblo, así como es, respetando la propia historia, respetando el propio presente, determinar cuál puede ser su destino.

Recuerdo que el Consejo de Justicia y Paz, que usted preside, publicó hace diez años un documento fundamental sobre la deuda externa de los llamados países del Tercer Mundo y, después, un documento sobre el racismo. Ahora, poco antes de la visita del Juan Pablo II a Cuba, el Vaticano, que desarrolla una labor importante sobre los grandes temas del mundo moderno, ha propuesto el estudio: "Por una mejor distribución de la tierra", un documento muy valiente y muy duro que, en el momento de ser publicado, pareció un reconocimiento de las conquistas sociales de Cuba, que es distinta del resto de América Latina.

El documento publicado por nuestro Consejo de Justicia y Paz se dirige a todos los países y no específicamente a Brasil, por ejemplo, donde el problema de la estancada reforma agraria es en particular grave, ni se dirige específicamente a Cuba. Corresponde a cada país, a los responsables de cada país, evaluar hasta qué punto este documento puede constituir una contribución al mejoramiento de lo que llamamos la distribución de la tierra, porque la tierra, según los principios divinos, es de todos. Cada cual debe revisar con seriedad lo que se ha hecho y responder concretamente al mensaje expresado en este documento.

Le he hecho la pregunta anterior porque alguien, aun apreciando la labor intentada por el Papa en este viaje, ha afirmado que nunca ha habido un reconocimiento explícito de las conquistas sociales de Cuba.

Creo que el Papa lo ha hecho. Me refiero a la entrevista concedida en el avión, donde ha reconocido también la labor hecha en Cuba en el campo de la educación y de la sanidad. No hay que pensar, con todo, que Juan Pablo II haya ido a La Habana a dictaminar a ojo: esto está bien y esto está mal. Al dirigirse a todos, el Papa ha ofrecido un hálito de esperanza, una fuerza que permitirá a unos y otros, a un pueblo y a quienes tienen la responsabilidad de este pueblo, evaluar lo que ha sido hecho y lo que aún hay que hacer para progresar; porque el Evangelio no es algo que se detiene en determinado momento de la historia, sino que sigue adelante. No debemos contentarnos con reformas que se hicieron ayer o anteayer. Es preciso avanzar siempre, y el Evangelio en esto es un gran estímulo. Dice, en efecto, hay que avanzar, sin contentarse con lo que ha sido. El progreso está siempre delante de nosotros y la felicidad de los pueblos espera siempre algo más.

Continuando, le expreso una crítica. Muchos, en las palabras del Papa en Cuba, han vislumbrado una idea de sociedad, donde familia, valores, virtudes no existen sin la Iglesia, sin la religión. A alguien le ha parecido una negación de la modernidad.

No creo. Porque estos valores no son exclusivos de la Iglesia. Nosotros promovemos estos valores que sí son parte del Evangelio, pero también de un patrimonio más vasto, humano, y se refieren a la familia y a la libertad. Son convicciones de todo hombre digno, cualquiera que sea su religión. Y el Papa, al tocar estos temas, ha llegado al corazón de todos, no sólo de los cristianos y de los católicos.

¿Cómo convivirá la Iglesia católica con el sincretismo, la santería, que en este momento es la religión de 70% de los cubanos?

Es un problema particular, específico de Cuba, pero que se puede encontrar también en Haití. Les corresponde a los obispos locales afrontarlo; no se puede decir nada desde afuera. Es un problema para el que no existe una solución inmediata, pero sin duda no es el problema más grande en el futuro inminente para esta isla y para su Iglesia.

El Santo Padre, comoquiera, ha ayudado a Cuba, sea porque se ha expresado sobre el boicot sea porque, como usted ha señalado, ha invitado a los jóvenes a no dejar este país, sino a tratar de construir autónomamente el futuro de cada uno de ellos. Esto a los anticastristas más intransigentes de Miami y de Estados Unidos no les habrá complacido del todo.

Creo que no hay que arrojar la piedra contra nadie. Y además no se puede juzgar un momento sin recordar lo que sucedió ayer. La hostilidad de Miami data de hace 30 o 40 años. Es el momento presente lo que hay que vivir, mirando siempre adelante, como he expresado. Por esto el Papa ha dicho, en particular a los jóvenes: no se vayan, porque sea cual sea el malestar del país, sólo quedándose en esta tierra podrán construir un futuro.

¿Por qué la Iglesia está tan decididamente en contra de cualquier boicot?

El Papa y otros colaboradores suyos se han declarado en contra de cualquier boicot. Si hemos hablado de ello es porque Cuba es una de las víctimas, pero el Santo Padre responde a un principio más general que toca también a otros países, como Iraq o Libia... El boicot se puede justificar, pero nunca se podrá afirmar que sea una medida aceptable. Se puede justificar para favorecer ciertas negociaciones y por tiempo limitado, pero un boicot que dura desde hace más de 40 años, como en el caso de Cuba, carece de sentido. Es en realidad el pueblo el que, más que cualquier otro, sufre las consecuencias de este castigo. Es una medida intolerable. El Papa lo ha dicho claramente y no por diplomacia o por un juego de equilibrios. Y no lo ha dicho para que se acepten más fácilmente otros asuntos de carácter religioso. ¡No!, el boicot es un problema sobre todo humano.

¿Qué ha obtenido ahora la Iglesia en Cuba? ¿Cuál será su futuro?

Es difícil decirlo, porque en Cuba se han vivido momentos de intensidad extraordinaria y quizá aún no se pueden apreciar los cambios que se han verificado en los corazones, en los ánimos. Los cambios de estructura, de los modos de vivir, si van a darse, se darán con el tiempo. Quisiera citar, en cambio, dos episodios que me han llamado mucho la atención durante la visita del Santo Padre y que pueden preparar el futuro. Pienso sobre todo en lo acaecido en Santiago, la coronación de la Virgen del Cobre como Reina de Cuba. Para mí ha sido un momento extraordinario, porque allí he comprendido el nexo entre patria y valores religiosos. Me gustó el encabezado de un periódico de La Habana: "La Virgen patriótica", en el sentido de que la adhesión del pueblo cubano a su historia y a la Virgen del Cobre es un todo con su trayectoria social y humana. El himno de Cuba, la bandera, la visión de José Martí, todo lo que forma parte del patrimonio cultural de Cuba se ha mezclado con la historia religiosa de la Virgen del Cobre. Esto para mí es muy importante: me ha hecho pensar que la Cuba de hoy, como la Cuba del mañana, no puede olvidar su pasado religioso, unido al pasado nacional.

El otro gran suceso, para mí, ha sido la misa dominical en la Plaza de la Revolución, en La Habana: el gran retrato del Che Guevara, el gran monumento a José Martí y, entre la muchedumbre, en primer fila, el *líder máximo*, Fidel Castro, que de ordinario, en esta misma plaza, moviliza y arenga al pueblo durante horas y horas. Ver a Fidel en primera fila, silencioso, mientras escucha a quien, sin quererlo, en aquel momento era el verdadero *líder máximo*, me ha emocionado. Comoquiera, el Papa, sin querer dominar, sin querer dirigir, se ha dado a entender. No nos hemos dado cuenta cabal todavía de lo que ha sido este suceso para un pueblo que no tiene la costumbre de escuchar palabras como las que el Santo Padre ha pronunciado con fuerza en su homilía. He admirado su maestría en mantener bajo control a aquel gran auditorio. Porque todo podía escapársele de las manos y degenerar en prisas en cualquier dirección. En esto está el sentido de la visita papal. He admirado a Juan Pablo II que, con mucha sabiduría, ha sabido lanzarse lo más lejos posible, sin ir más allá. Ha sabido respetar a este pueblo. Y he admirado también a la gente que se ha mostrado responsable, dueña de sí: no ha habido excesos, no ha habido percances. En esta visita, todo ha sucedido dentro del entusiasmo, pero también con gran dignidad, con gran sentido de responsabilidad. De todos.

¿Por qué Fidel Castro ha escogido esta línea de sumisión, esta discreción?

Porque tiene mucho respeto por Juan Pablo II y por su parte ha mostrado mucha generosidad al dejar que el Papa dijera lo que sentía que debía decir al pueblo cubano.

¿Qué idea tiene de Fidel Castro? Lo ha conocido bien; sé que ha cenado también con él y que ha hablado durante horas con este ex alumno de los jesuitas...

Es cierto, he visto muchas veces a Fidel Castro y tengo un recuerdo del que he hablado ya en una entrevista para *Granma*, el día mismo de la llegada del Papa, y que quisiera contárselo también a usted. Después de haber presidido en el Rincón de San Lázaro la gran fiesta popular que siguió a la procesión, Fidel Castro en la noche me preguntó: "¿Qué le pareció?" ¿Sabe? Es un hombre muy interesado por los detalles. Le he contado mi experiencia en aquel mundo de dolor y de devoción. Entonces, un poco emocionado, me respondió: "Mi madre me hablaba a menudo de esta peregrinación que usted ha hecho hoy". Y luego, en larga conversación, me preguntó, curioso de todo (incluso de los santos representados en las iglesias, como la de San Lázaro): "¿Cómo se hace a los santos? ¿Cómo es el proceso de canonización?" Le expliqué las cosas como pude, pero comprendí que para él no era la información más importante. Así que le dije: "Comandante, lo importante es saber que actualmente en el cielo hay una multitud, un gran número de testigos que son santos anónimos". Y en ese momento, añadí: "Antes me ha hablado de su madre que, devota como era, venía a San Lázaro, y quién sabe si mientras estamos hablando, en el cielo su madre está al lado de la mía y ambas están glorificando a Dios". Entonces sentía que entre nosotros pasaba una fuerte emoción: dos hombres tan distantes entre sí, unidos por el recuerdo de sus madres que quizá juntas oraban ante Dios.

Tras haber sido un laboratorio de revolución o de subversión, Cuba, una vez partido el Papa, ¿puede ser un laboratorio cultural para la búsqueda de una solución a la miseria de América Latina?

A mi modo de ver, eso vale para cualquier lugar. Nadie puede renunciar a buscar cómo mejorar el destino de los hombres y de los pobres en particular. Así pues, Cuba debe ser, como usted dice, un laboratorio. Y no me corresponde a mí decir a través de qué condiciones políticas o estructuras sociales. No hay un único tipo, un modelo único de sociedad. Lo esencial es que cualquier hombre que esté al frente de un Estado y todos cuantos tienen responsabilidades sientan, antes que nada, la preocupación del hombre, de todos los hombres, y la sientan —como dice el Papa— en la libertad y en la justicia. De este punto en adelante, todo es posible.

Le he hecho esta pregunta porque, después de la caída del comunismo, asistimos a la caída del neoliberalismo, aquello que el Papa llama capitalismo salvaje.

Por fortuna, no puede haber ningún ídolo, ningún modelo ideal en política. Siempre hay algo que buscar o que rehacer: nunca podemos estar satisfechos de la estructura que se ha construido.

Carlos Manuel de Céspedes

Para comprender la particularidad y las contradicciones de la Conferencia episcopal cubana he considerado fundamental buscar como testimonio de la Iglesia local a Carlos Manuel de Céspedes García-Menocal, y no sólo por su prosapia y el prestigio que su nombre suscita incluso en la época de la Revolución.

Monseñor De Céspedes es el único prelado cubano que se habla de tú con Fidel desde la época de la universidad, institución que Fulgencio Batista, el dictador apoyado por la mafia y Estados Unidos, cerró en 1956 por considerarla, no sin motivos, un laboratorio de revoltosos, y de la que, en efecto, nacería la Revolución. Carlos Manuel de Céspedes hoy tiene 62 años, diez menos que Fidel, el cual ya era un punto de referencia para los estudiantes que se oponían a la política de Batista, cuando el joven Carlos Manuel se dividía entre la facultad de derecho y el seminario del Buen Pastor. Un pasado y un conocimiento que le permitieron declarar, en el verano de 1997, tras la serie de atentados en La Habana urdidos para espantar a los turistas y hasta disuadir al Papa de su viaje a Cuba: "Estas bombas vienen de Miami". Declaración que revela una gran autonomía intelectual, pero que no le agradaron al arzobispo ni a los anticastristas de Miami, lo que obligó a De Céspedes a hacerse poco visible durante la visita papal. No sorprendió pues a los periodistas que, la noche de la partida de Juan Pablo II del aeropuerto José Martí, Fidel, mientras se despedía de los obispos, se apartara ostentosamente de su séquito para detenerse algunos minutos bajo la lluvia con monseñor de Céspedes, saludándolo como de costumbre con un alegre: "¡Hola, Carlos Manuel! ¿Cómo estás? ¿Qué te pareció el asunto?"

De Céspedes es el verdadero intelectual de la Iglesia cubana, con un camino de gran entrega eclesial y cultural, tanto que sorprende que aún no haya sido nombrado obispo. Hijo de un abogado, funcionario del Ministerio del Estado (que en los años 30 era el Ministerio de Exteriores), y de Carlota García-Menocal —la cual, al igual que el marido, provenía de una familia presente en la historia de la isla desde el comienzo de la colonización, pasando por todo el periodo republicano— frecuentó el colegio de los Hermanos Maristas y la Universidad de La Habana, antes de seguir su vocación sacerdotal.

Por línea paterna es descendiente directo del Padre de la Patria, el cual lleva su mismo nombre y que en 1868 inició la Guerra Grande, de diez años, por la independencia de España y fue el primer presidente de la República en Armas. Un tío abuelo, también homónimo, fue presidente de la república en 1933, después de la dictadura del general Machado y antes del golpe de Estado de Fulgencio Batista. Otro tío abuelo, esta vez materno, Mario García-Menocal, fue presidente de la república en dos periodos, entre 1913 y 1921.

Monseñor de Céspedes, actualmente vicario general en La Habana, miembro del Departamento de Ecumenismo de la Conferencia Episcopal Latinoamericana y del grupo de reflexión teológico-pastoral, es también párroco de la iglesia de San Agustín del barrio de Miramar. Un apostolado que en otras etapas de su vida ha llevado a cabo en diversas zonas de la isla después de haber sido ordenado sacerdote en Roma en 1961 y haber obtenido el doctorado en teología en 1963 en la Universidad Gregoriana.

Ya para entonces había triunfado la Revolución, pero el joven intelectual de la Iglesia no tuvo particulares problemas con el gobierno de Castro. Con 27 años, tomó con mucho empeño el cargo de vicerrector del seminario donde había estudiado y luego el de rector del seminario de San Carlos, donde hasta ahora sigue siendo profesor de varias asignaturas. De la dificultad de diálogo con la Revolución en algunos momentos, habla él mismo en la entrevista, en la que se transparenta cierto pesar por la falta de una trayectoria común, fallida, entre Iglesia y gobierno cubano sobre cuestiones sociales, trayectoria que podría haber comenzado hace tiempo.

Es una impresión personal que he recabado entrevistando a monseñor de Céspedes bajo los retratos de sus abuelos y mientras me expresaba sus consideraciones sobre los momentos de incomunicación entre ambas partes, que él ha vivido durante años incluso como secretario general de la Conferencia episcopal de su país y luego como canciller del arzobispado. Inconveniente hoy superado, gracias al empeño de este fino prelado, amigo de intelectuales como Gabriel García Márquez, pero al mismo tiempo profundamente ligado a la vida cotidiana de su gente.

GIANNI MINÀ: *Un presidente, Menocal, llamado "El Mayoral", y Carlos Manuel de Céspedes, símbolo de la independencia de Cuba. Monseñor, tener dos personajes de esta talla entre sus antepasados, ¿cuánto le ha pesado o cuánto le ha ayudado en su magisterio religioso en Cuba?*

CARLOS MANUEL DE CÉSPEDES: Antes de ser sacerdote, sobre todo de niño, era una carga algo pesada. No me gustaba ser Céspedes García-Menocal. En el colegio me obligaban a recitar poesías, a pronunciar discursos durante las fiestas patrias y esto me fastidiaba. Cuando llegaba a casa, lamentándome del hecho de llamarme Carlos Manuel de Céspedes García-Menocal, mis padres me decían siempre: "Tienes razón: son cosas que pueden parecer un peso, un sacrificio, pero es preciso aceptarlas; no se pueden negar". Con los años he logrado que estos antepasados compartan mi vida y hoy me doy cuenta de que la fama, naturalmente, es de ellos, de Carlos Manuel de Céspedes, de Mario García-Menocal y de los demás de la familia. Por lo que a mí respecta y al resto de mis familiares, los pocos que han quedado en Cuba, tenemos todos el deber de portar este nombre con la máxima dignidad posible. Por lo que respecta a la vida sacerdotal, no hay duda de que el solo nombre de Carlos Manuel de Céspedes llama siempre la atención y a veces provoca una actitud de respeto, de curiosidad, de atención. No sé si me ha ayudado; creo que son los demás quienes lo deben decir.

Estas raíces, sin embargo, no le han impedido ser uno de los hombres de la Iglesia, digamos, más queridos y, como sea, más respetados incluso por la Revolución. ¿Cómo ha conciliado sus raíces nobles y esta buena relación con la Revolución?

Yo no diría con la Revolución; diría con las personas. Muchos de aquellos que hoy ocupan puestos importantes en el gobierno cubano eran amigos míos antes del triunfo de la Revolución en los años cuarenta y cincuenta, cuando éramos jóvenes. Con algunos, la amistad se remonta al tiempo del colegio; con otros, al de la universidad.

También con Fidel Castro...

Claro, también con él. Sin ser amigos íntimos, nos conocemos prácticamente desde cuando éramos niños. Yo soy mucho más joven: tengo diez años menos. Esta diferencia de edad, ahora no cuenta; pero entonces se notaba. Cuando yo tenía 7 u 8 años, Fidel andaba ya por los 18: yo era un niño; él, un joven. Ahora somos los dos casi ancianos y la edad ya no cuenta. De todos modos, es cierto que lo conocía ya en la secundaria y también a muchos otros. La Revolución y las divergencias ideológicas que surgieron después no me alejaron, desde el punto de vista personal, de ninguno de ellos; siempre he cultivado estas amistades que se han mantenido con el tiempo. Lo cual no quiere decir que no haya habido controversias, muchas veces discusiones, sobre cuestiones muy concretas, pero la relación personal siempre ha sido buena.

¿Ha tenido usted, como otros miembros de la Iglesia cubana, días de arresto, algunos días de cárcel?

De cárcel, no; de detención durante algunas horas, sí. Por lo que recuerdo, sucedió al menos en 15 ocasiones. Cuando yo era muy joven, en los años sesenta, los años de mayor dificultad, yo era profesor del seminario, más aún, vicerrector del seminario, pero era también párroco de algunos pueblos cerca de La Habana —eran tiempos de gran escasez de sacerdotes— y en Santa Fe y en Punta Brava, que eran dos de esos pueblos, fui detenido en varias ocasiones pero siempre por pocas horas. Al arresto seguía siempre un proceso por proselitismo religioso, pero siempre salía absuelto.

¿Esta falta de comunicación inicial entre la Revolución y la Iglesia se debía, digamos, al hecho de que la Revolución hubiera optado por un ateísmo científico o a una Iglesia franquista, donde predominaban los curas españoles, y claramente incapaz de comprender la Revolución?

Se mezclaban muchos factores. No hay duda de que la experiencia de la guerra civil española había condicionado a muchos sacerdotes y monjas españoles que estaban en Cuba; los había influido negativamente. Pero creo que, en última instancia, esto representó un elemento secundario, porque los laicos cubanos, los sacerdotes y monjas cubanos no sufrieron ese condicionamiento, al menos no en forma tan neta, y todos, incluido el obispo de La Habana, eran simpatizantes de la Revolución, al menos en los primeros tiempos (hablo de los años 1959-60). Incluso hicieron declaraciones y escribieron cartas pastorales que apoyaban las primeras medidas de la Revolución; por ejemplo, la reforma agraria. Luego, si hubo dificultades (repito, sin negar que pudo haber habido condicionamientos debidos a cierta mentalidad que difícilmente podía comprender la novedad de la Revolución), creo que nacieron sobre todo por el ateísmo sistemático, militante, propio del marxismo de la época. No hay que olvidar que en los años sesenta estábamos aún muy cerca del stalinismo y que entre comunismo y stalinismo había casi identificación. Bien conocidos eran los problemas de la Iglesia en los países europeos donde el comunismo estaba en el poder: en Polonia, en Hungría, en Checoslovaquia... Por tanto, la Iglesia, que en aquellos países tenía tantas dificultades, evidentemente preveía que se repetirían también en Cuba. La desconfianza que mostró a partir de finales de los años sesenta nació de estas preocupaciones.

¿Por esto, el obispo Arteaga, me parece, se autoexilió en la embajada argentina tras el fallido desembarco de Bahía de Cochinos?

A este propósito hay una larga historia que reconstruir: el cardenal Arteaga, que era arzobispo de La Habana en aquel momento, era un hombre al que respeté mucho y por el que aún siento un grandísimo afecto. Creo que ha sido una de las figuras eclesiásticas más importantes de este siglo en Cuba y el principal artífice de la "cubanización" de la Iglesia local. Era un cubano, con raíces plantadas profundamente en su tierra y fue un gran promotor de vocaciones, creador del apostolado secular, un hombre de grandes méritos. En aquella época era ya muy mayor y al fracasar la invasión americana, en aquellos momentos de gran confusión, fue quizá influido por algunos jóvenes sacerdotes que temían por sus propias vidas e incolumidad; por esto se acogió a la embajada argentina, pero sólo por algunos días. Cuando luego la situación se normalizó, monseñor Arteaga regresó a su vida de siempre y terminó sus días aquí en La Habana, ya muy viejo, en el hospital de los Hermanos de San Juan de Dios, donde fue asistido por los religiosos hasta su muerte.

La historia ha dicho que la revolución socialista de Cuba ha sido diferente respecto de la realidad de los regímenes del este europeo. Tenía una peculiaridad que ahora podemos definir como un mayor humanismo. ¿Puede haberse dado que la Iglesia cubana no tuviera todavía, antes del concilio Vaticano II, las claves de lectura para comprender este intento en un subcontinente miserable y desesperado?

Es cierto sólo parcialmente: la Iglesia cubana, como cualquier Iglesia de la época, en los años 1959-60, no tenía aún aquellas claves de lectura propias del concilio ecuménico Vaticano II, que facilitaron la comprensión del mundo contemporáneo, los problemas sociales y económicos y la misión de la Iglesia en ciertas circunstancias. Esto es indiscutible. Pero, por más que la Revolución, el gobierno, el marxismo cubano tuvieran características peculiares, debidas en parte a la personalidad de Fidel Castro, en parte a la situación del país y a su misma cultura, el comunismo cubano era sustancialmente un comunismo análogo al soviético, sobre todo a partir de 1965, cuando el partido se transformó en Partido Comunista de Cuba y cuando, después, el país entró en el Comecon —la comunidad económica de los países del este— que lo obligó a aceptar una serie de reglas típicas de aquellos gobiernos comunistas, no sólo en el terreno económico, sino también en el ideológico.

Cuando Juan Pablo II anunció el viaje a Cuba surgieron dos corrientes de pensamiento. Una afirmaba: "el Papa, como hizo en Polonia, va a Cuba para poner fin a la trayectoria de la Revolución"; la otra: "el Papa va, en cierta manera, a legitimar la Revolución de Castro". ¿Cómo debemos leer esta visita?

De ninguna de esas dos maneras. Antes que nada habría que discutir si el Papa fue a Polonia con la intención de poner fin al comunismo. Juan Pablo II lo ha negado y Fidel Castro ha dicho estar de acuerdo. Deberíamos creerles, dado que la interpretación de esos acontecimientos por parte de ambos coincide.

Fidel Castro ha dicho que el comunismo de los países del este europeo cayó por sí solo por la ley de Newton.

Recuerdo que un ruso, que en aquella sazón era funcionario de la embajada soviética en Cuba y con el que había entrado en confianza, me decía lo mismo, o sea, que el comunismo de los países del este había caído por sí solo, no porque alguien hubiera llegado de afuera para darle el golpe de gracia, pero éste es otro asunto. Por lo que se refiere al viaje del Papa a Cuba, creo que es correcto atenerse a lo que el propio pontífice ha declarado y a lo que ha dicho el gobierno cubano. Se ha tratado de una visita pastoral, con la que ha querido apoyar a la Iglesia local, sostenerla, manifestarle su solidaridad, porque con el tiempo se ha confirmado como una Iglesia fiel, una Iglesia viva, no obstante ser muy pequeña y no obstante las difíciles situaciones vividas. Ésta ha sido la primera razón. Luego, el Papa ha venido a visitar al pueblo cubano, a sostener sus valores espirituales y morales, propios de esta nación, algunos bien presentes, otros quizá algo olvidados. En definitiva, repasando sus intervenciones, desde las homilías en las misas a los discursos pronunciados en varias circunstancias, como el importantísimo dirigido al mundo de la cultura, se ve claramente cuál era su propósito: apoyar, sostener, alentar los valores propios de la cultura cubana que, según Karol Wojtyla, pueden constituir un punto de encuentro entre cristianos, marxistas y personas de pensamiento independiente. Son los valores de la historia de la nación, de su rescate, en parte encarnados por el padre Félix Varela, el fundador de la cultura cubana y de quien el Papa ha hablado largamente en estos días.

Alguien ha dicho que en el discurso en la universidad, el pontífice ha olvidado que en Cuba la cultura no se ha detenido en la época de José Martí y que, por el contrario, en los años de la Revolución, con el cine, la música, la biotecnología, la literatura y la Casa de las Américas, el laboratorio cultural más prestigioso de todo el subcontinente, mucho se ha hecho a pesar de tantos problemas y limitaciones económicas.

No creo que el Papa lo haya olvidado porque conoce perfectamente estas conquistas, pero creo que en el encuentro en la universidad con el mundo de la cultura, el Santo Padre ha preferido expresarse en términos generales. Desde tal perspectiva no hay duda de que todo parte de la visión de la cultura cubana que tuvieron Félix Varela, José Martí, José de la Luz Caballero, José Antonio Saco, Carlos Manuel de Céspedes, etcétera. Más aún, las recientes y concretas conquistas del cine, la literatura, la música, son de un modo u otro referencias a aquellas históricas corrientes de pensamiento. No por casualidad, por ejemplo, en un póster del festival de cine latinoamericano de este año estaba Martí y en el otro Varela y otros pensadores cubanos de la época, porque incluso los directores de cine piensan que su cometido es realizar todos los deseos de Martí en relación con la belleza, el bien y la verdad.

¿Me puede decir la opinión de un intelectual de la Iglesia respecto del hecho de que Cuba continúa resistiendo nueve años después del ocaso del comunismo?

Creo que se debe precisamente a los elementos característicos que distinguen la realidad cubana. En primer lugar, por el elemento geográfico: Cuba no sólo se encuentra en América y no en Europa, sino que además es una isla y, por tanto, no posee fronteras como los países del este europeo. En segundo lugar, por su historia y por la de la Revolución. No hemos de olvidar que la dirigencia de la Revolución es aún la histórica. Fidel Castro es el líder que llevó a cabo la Revolución y que colocó al gobierno socialista en el poder, a diferencia de lo que estaba sucediendo en los países del Este, donde los gobernantes eran burócratas del partido que, en el caso de la Unión Soviética, no tenían nada que ver directamente con la Revolución de 1917. En el caso de los países del este europeo no hubo siquiera una revolución socialista; sabemos cómo el socialismo llegó al poder en aquellos países.

Una mañana, los habitantes de los distintos países de Europa del este prendieron la radio y se enteraron de que se habían vuelto comunistas.

Esto no fue lo que, ciertamente, ocurrió en Cuba. Fidel Castro ha sido un líder amado y si bien su popularidad hoy no es evidentemente la del año 1959, continúa siendo apreciado y muy respetado. Incluso personas que no están de acuerdo con el proyecto socialista y desean cambios en Cuba, reconocen la autoridad de la figura de Fidel y sostienen que tiene méritos históricos indiscutibles.

Ahora le pido que analice dos aspectos de la visita del Papa a Cuba, de los cuales uno me parece positivo para la Revolución y el otro menos aceptable. El primero: el Papa ha regalado a Cuba una visibilidad mundial y la fuerza de la imagen era hasta tal punto grande que todos los prejuicios y los servicios discutibles y grotescos hechos sobre Cuba han quedado pulverizados por las tomas en directo.

Estoy del todo de acuerdo.

Éste ha sido un regalo del Papa a la Revolución. Pero el Papa, ¿se ha dado cuenta de ello?

Creo que sí. El pontífice es muy inteligente y conoce bastante bien la fuerza de los actuales medios de comunicación y la realidad cubana. Pienso que sabía que al venir a Cuba habría ocurrido esto.

Pero algunos en Miami no le perdonarán este regalo a la Revolución.

Esto habría que preguntárselo a los grupos anticastristas de Miami, no a mí. Como sea, ha habido un gran silencio en Miami después de la visita del Papa, al menos hasta este momento. He hablado con amigos de Miami que me telefonearon para congratularse por el éxito de la visita.

¿Pero estaban contentos?

Quien me llamó estaba muy satisfecho por el éxito de la visita, porque lo había previsto. Y me decía, precisamente, que no había habido comentarios de parte de quienes se oponían al viaje del Papa, porque las imágenes hicieron caer una serie de acusaciones.

¿Porque la Iglesia estaba en la plaza, porque las ceremonias se desarrollaron sin incidentes?

Sí, porque el Papa ha dicho lo que quiso y nadie se lo impidió, porque todo fue transmitido en directo a la gente, que por lo tanto ha podido formarse una opinión.

Vayamos ahora al aspecto que no ha sido halagüeño para una parte del socialismo cubano. El Papa ha insistido en una visión neocristiana de la sociedad: nada existe autónomamente, ni la familia, ni los valores civiles, ni las virtudes, si no tiene como fundamento la Iglesia, si falta la luz de Cristo. Es como negar la modernidad.

Esto habría que preguntárselo al Papa directamente. Yo sólo sé que esta visión es actualmente motivo de discusión en Cuba.

Se lo pregunto al teólogo.

Prefiero no ahondar en el análisis. Sé que en Cuba hoy se debate mucho en torno a esta actitud del Papa. Esta temática merecería una reflexión particular. Cuando se afirma que en Cuba no todos son cristianos, yo respondo que es cierto, pero no hay duda de que la cultura cubana tiene una raíz cristiana. Y muchos no cristianos que defienden valores ligados a la familia, a la persona, a la defensa del ecosistema, por más que tengan una visión no cristiana de la vida, porque son ateos, librepensadores o agnósticos, se reconocen e identifican con una cultura cubana cuyas raíces son cristianas. Es en este terreno donde nos podemos encontrar. En tal sentido pienso que el lenguaje del Papa es del todo aceptable. También usted se encontraba en la universidad el día de su discurso. El Papa ha recalcado estas tesis, mas todos los intelectuales y los artistas presentes, la mayoría de los cuales no es católica, al final, en pie, han aplaudido con entusiasmo y parecía que no querían parar. Sólo 10% de los presentes en el aula magna eran católicos practicantes; los demás, no, y sin embargo la aprobación ha sido unánime. La lectura que el Papa ha propuesto, particularizando estos elementos cristianos en ciertos valores de la familia, de la sociedad, de la política y de la economía cubana, ha sido aceptada por todos, porque no proviene de un catolicismo institucional, sino de una raíz cultural impregnada de valores cristianos reconocidos por la gente que venera desde siempre a Félix Varela, cuyos restos se hallan allí, en la universidad, o a José Martí, poeta y padre de la patria revolucionaria, cuyo pensamiento fue, de todos modos, cristiano.

Pasemos a otro tema que ha llamado profundamente la atención: el Papa ha subrayado la inaceptabilidad de la miseria de los seres humanos que viven en América Latina o en lo que llamamos Tercer Mundo, donde los ricos son cada vez más ricos y los pobres, cada vez más pobres. Éstas han sido las batallas de la teología de la Liberación y es como si, después de tanta desconfianza e incomprensión para con los seguidores de esta teología, la Iglesia se hubiera apropiado de sus tesis.

Si se consideran los dos documentos sobre la teología de la Liberación, hay que admitir que de parte del Vaticano no ha habido nunca una condena de los análisis de esta corriente teológica, sino de cierto modo de expresarse y del empleo excesivo de conceptos típicos de la tradición marxista en el examen de los problemas de la pobreza, de la explotación de los seres humanos y de la lucha de clases. El hecho de advertir en la realidad estos elementos estructurales negativos es común en la sociología contemporánea, trátese de cristianos y no cristianos y, en el interior de la Iglesia, es común tanto entre los seguidores de la teología de la Liberación como entre los partidarios de otras corrientes de pensamiento. No veo, por ende, aquí contradicción alguna. El Papa, que ha criticado algunas formas de la teología de la Liberación —no todas—, ha encarado siempre estos temas sociales con gran energía.

Una duda todavía: quien ha quedado perplejo frente a la afirmación del Papa sobre el papel central del cristianismo en la construcción de cualquier sociedad ha observado que él no evocó que si bien la Iglesia es portadora del mensaje de Jesús, está lejos de encarnarlo siempre.

Pienso que el Papa conoce bien el mundo en que vive y aún más esta realidad. Por experiencia personal sabe que la Iglesia desea predicar el mensaje de Jesús, mas sabe que no es Jesús.

¿Cuál es su impresión después de este viaje papal? ¿Es posible que de este encuentro entre Iglesia y Revolución nazca en Cuba el intento de buscar una tercera vía en un mundo donde también el capitalismo, después del comunismo, ha fracasado?

Es previsible, mas no puedo saber si encontrarán o no esta tercera vía. Creo que sería hermoso que naciera una vía más humana, de inspiración cristiana o como se la quiera llamar. Pero no puedo garantizar que la visita del Papa ponga en movimiento este proceso.

Como teólogo y como ciudadano cubano, ¿cómo explicaría a la gente lo que ha sucedido en esta isla durante las cinco jornadas del suceso que ha marcado el año 1998 y seguramente la historia de este fin de milenio?

La cosa evidente que todos han percibido, aun las personas más humildes, como los fieles de mi parroquia, es que hemos vivido cinco días de gran fiesta, una fiesta como nadie recuerda otra igual y en la que han participado todos los cubanos, creyentes y no creyentes y los seguidores de otras religiones. Y esto ha sido un bien. Creo, en efecto, que una fiesta organizada en torno a hechos como las celebraciones y los mensajes del Papa no puede tener más que consecuencias positivas. Ha sido, además, un momento de alegría, precisamente por la presencia del pontífice. El pueblo cubano se ha echado a la calle y el domingo por la mañana había una gran multitud para festejar al Santo Padre que predicaba todos los valores de que hemos hablado. Y el hecho de que la gente haya participado con gran intensidad en todas las celebraciones es de por sí un acto importante que deja una huella positiva en el alma cubana. Qué consecuencias tendrá este suceso cuando con posterioridad sea repensado, interiorizado, no lo sé. Creo que es demasiado pronto para aventurar previsiones, para hacer un balance. El resultado podría ser el que usted pronostica: quizá de la reflexión sugerida por esta fiesta de católicos y no católicos, socialistas y no socialistas, podría nacer poco a poco esa tercera vía que no es ni el marxismo-socialismo que antes hemos conocido, ni el neoliberalismo que trata de imponerse y preocupa al Papa, además de al gobierno cubano. Podría ser el desarrollo natural de esta experiencia lo que permitiera una mejor comprensión en Cuba entre las distintas corrientes de pensamiento, las distintas posturas políticas, las diferentes religiones. Quizá esta última eventualidad es más fácil, por representar una meta más accesible, más a nuestro alcance. Estoy seguro, en efecto, de que el Papa ha constituido un estímulo para esa comprensión, para la búsqueda de una convergencia de voluntades y proyectos y considero que ésta es una conquista a todas vistas positiva. La tercera vía es una aspiración mayor. Sería maravilloso que se pudiera realizar, que las condiciones internacionales la favorecieran, porque Cuba es rehén de fuertes presiones internacionales que vuelven difícil cualquier comprensión interna. Así, mientras espero que estos deseos se puedan realizar, creo realistamente que podemos aspirar a resultados inmediatos, fruto de la fiesta, o sea, a una convergencia de voluntades en torno a un hombre entusiasmante como Juan Pablo II.

El Papa, en el aeropuerto, en el momento de partir, hizo una declaración explícita sobre el boicot contra Cuba, definiéndolo como éticamente inaceptable. En definitiva, ha sido un acto incluso político.

Es un acto ético y político, naturalmente. Pero antes que nada es un acto ético y, en cuanto tal, puede tener evidentemente consecuencias sobre el plano político.

¿Tendrá consecuencias prácticas o también esta eventualidad está en las manos de Dios?

La señora Albright, secretaria de Estado de la Unión Americana, ha declarado en entrevista por la radio que cualquiera que fuera la actividad del Papa en la isla y la trascendencia de su visita, la política de Estados Unidos frente a Cuba no cambiaría, porque Cuba no lo merece. Éstas son las declaraciones oficiales; no sé si esta actitud responde a la realidad o a las órdenes de su gobierno. Como sea, es lo que ha dicho.

¿Cuál va a ser el siguiente paso de la Iglesia cubana? ¿Qué labor les espera?

Es difícil responder ahora. Creo que la visita del Papa, las homilías, las declaraciones, han indicado un verdadero y propio programa pastoral: todas las homilías sobre la juventud, la familia, la nacionalidad, la cultura, son un lineamiento de trabajo y pienso que ahora toca a la Conferencia episcopal reflexionar sobre todo esto, sistematizarlo y efectuar los pasos necesarios para realizar en lo concreto este programa. Además, creo que no sólo las cosas que el Papa ha dicho y ha hecho en estos días en Cuba, sino también la participación de la gente —que ha sido más numerosa, más cálida, más entusiasta de lo que nosotros mismos esperábamos— es también un reto para la Iglesia. En otras palabras, el hecho de gozar de la adhesión, del apoyo del pueblo cubano en mayor medida de lo que creíamos es un compromiso al que la Iglesia debe hacer frente y —diría— casi una provocación a la que ha de saber responder.

Es también un reto para el gobierno cubano, porque se ha arrojado una simiente. Si el gobierno cubano no sabe responder a estas exigencias de la sociedad, que la Iglesia ha subrayado, es posible que surja el fenómeno de una agrega-

ción muy fuerte en torno a la Iglesia católica y sería la primera vez en 40 años de Revolución.

Precisamente por esto es importante que el diálogo de que ha hablado el Papa en el encuentro con el mundo de la cultura se realice. Este reto, representado por la presencia entusiasta del pueblo cubano en torno al Papa, debe ser acogido no sólo por la Iglesia, no sólo por los obispos como verdadero y propio programa pastoral, sino también por los laicos con su participación en la vida social, política, cultural, y por el gobierno y las instituciones. Creo que la labor se ha de orientar en este sentido.

Monseñor de Céspedes, ésta es la última pregunta y si no quiere responder, no lo haga. Muchos piensan que en Santiago, el obispo Meurice en su análisis de la sociedad socialista cubana exageró las tintas, al grado de que al día siguiente el cardenal Ortega, en la Plaza de la Revolución, pareció querer frenar en su discurso esta huida hacia adelante. ¿La Iglesia católica quiere ser un elemento de equilibrio en esta sociedad, o no?

¿Un elemento de equilibrio? Un elemento dinámico, más bien. En primer lugar, la Iglesia quiere ser un puente, un instrumento de diálogo, de comprensión y de camino común.

De parte de Estados Unidos

Wayne Smith

Hubo un momento al final de los años setenta en que la histórica animadversión entre el gobierno de Estados Unidos y la Revolución estaba por resolverse. El presidente demócrata Jimmy Carter, político para quien la ética tenía un significado real, había ordenado a Wayne Smith —encargado de asuntos en La Habana y diplomático de larga experiencia en Cuba— que buscara un acercamiento honesto y digno entre ambos gobiernos. Con tal fin despachó a la isla, para que colaborara con Smith, a un alto funcionario del Departamento de Estado experto en cuestiones latinoamericanas.

Se dieron muchos pasos hacia adelante, hasta el grado de dar espacio a la esperanza, pero Zbigniew Brzezinsky, consejero de Seguridad nacional, condicionó las negociaciones al retiro de los cubanos de distintos frentes en los que operaban en ayuda de las luchas de varios movimientos africanos. Las negociaciones se detuvieron. Se perdió tiempo.

El inocente Carter perdió las elecciones (que ganó el republicano Ronald Reagan), entre otras cosas por los manejos que la CIA *urdió para que algunos ciudadanos estadounidenses secuestrados en Irán por los ayatolas no fueran liberados antes de las votaciones. El presidente Carter fue derrotado, pues, también por no haber sabido defender el orgullo de Estados Unidos. Años después se conoció la verdad. Dinero obtenido de la venta de armas a la nación entonces definida por el mismo Estados Unidos como "la más terrorista del mundo" sirvieron para subvencionar la "guerra sucia" contra la revolución sandinista llevada a cabo apoyando a los "Contras" que, en su mayor parte, eran milicianos del ex dictador de Nicaragua Anastasio Somoza. La política a menudo no conoce ni coherencia ni moral. Y ahora Jimmy Carter es una de las personalidades indiscutibles que Estados Unidos puede emplear cuando es preciso expedir algún observador creíble a alguna zona delicada del mundo o para que funja como mediador serio.*

Wayne Smith vivió aquellas vicisitudes en primera persona, después de haber presenciado en su juventud la increíble experiencia de ver el triunfo de la revolución cubana con la óptica, las dudas, las preocupaciones y los egoísmos de la política de Estados Unidos. En aquel histórico primero de enero de 1959 era, en efecto, tercer secretario de la embajada de Estados Unidos.

Desde hace algunos años, el ex diplomático, decepcionado por el cinismo de la política, abandonó esta carrera y hoy se dedica a enseñar ciencias políticas en la Universidad Johns Hopkins de Nueva York; pero durante las jornadas del viaje del Papa estaba en Cuba con un grupo de sus alumnos para que pudieran asistir de cerca a uno de los eventos políticos y de comunicación más significativos de este fin de siglo. Todos los periódicos, las radiodifusoras y las televisoras del mundo le pedían que reconstruyera una historia que bien pudo haber sido diferente.

También nosotros hemos recurrido a él para comprender por qué la revolución cubana nunca ha sido comprendida por Estados Unidos.

GIANNI MINÀ: *Usted, con 15 de sus alumnos de la Facultad de Ciencias Políticas de la Universidad Johns Hopkins de Nueva York, ha venido expresamente a La Habana por el viaje del Papa. Las interpretaciones de esta visita varían. Muchos expertos pretenden leer entre líneas los significados más profundos de las homilías de Juan Pablo II. ¿Qué juicio se ha hecho de este suceso, como estadounidense, como ciudadano del mundo y como ex diplomático que conoce bien la realidad cubana?*

WAYNE SMITH: Creo de veras haber asistido a un hecho extraordinario. Hemos visto, a mi parecer, a la revolución cubana en el intento, en lo posible, de reinventarse. En todo caso, ambos, el Papa y Castro, han ganado. Los únicos que han perdido han sido algunos extremistas de Miami y quizá de aquí que rehúsan cambiar. El objetivo de Castro, incluso antes de reinventar, como decía, la revolución cubana, ha sido asumir una nueva personalidad. Castro ha logrado, en efecto, presentar a Cuba como el dechado de los países pobres que se opone al modelo económico neoliberal, y que tiene como aliados al Papa y a la Iglesia católica. Juan Pablo II, por su parte, ha denunciado el capitalismo salvaje y ha mostrado que busca una tercera vía para solucionar los problemas del mundo. Además quería reforzar la Iglesia católica en Cuba y lo ha logrado. Ahora es evidente que la Iglesia desempeñará un papel fundamental o por lo menos significativo en el proceso de transición, de cambio, de reformas que Cuba ha emprendido. Obviamente, este proceso le ha parecido aceptable a Fidel Castro, que además ahora tiene, en cierta medida, un nuevo aliado, el cual no concuerda del todo con él —al contrario—, pero que ofrece distintos puntos de encuentro. Ya nadie podrá acusar a Castro de ser el último dictador marxista-leninista sin ideas nuevas o sin nuevos objetivos. Ahora se ha embarcado en una nueva aventura.

¿Esperaba usted que el Papa, después de haber sido bastante crítico en Santiago, hiciera una declaración tan firme y tan explícita contra el boicot en el momento de dejar Cuba?

No me ha sorprendido que Juan Pablo II se haya mostrado tan contrario al boicot. Por lo que respecta, después, a sus declaraciones y a las del obispo Meurice de Santiago en favor de la libertad y de los derechos humanos, pienso que si Castro no hubiera estado dispuesto a escuchar estas declaraciones, no habría invitado al Papa. Fidel estaba evidentemente dispuesto a escuchar este mensaje, hasta el grado de que, en el momento de la despedida, le dijo al Papa: "Le agradezco todas sus palabras, incluso aquellas con las que no estoy de acuerdo". Creo que la visita del Papa implica que Cuba aspira a ser una sociedad más tolerante, con mayor libertad religiosa y de expresión; pero será un proceso lento.

Quizá para tratar de evitar la desesperación rusa, los estragos que tienen lugar en ese país...

Exacto. Los cubanos no quieren que suceda lo que ha acaecido en Rusia, que se ha precipitado en el caos, en la degeneración, sin ley alguna y con el enseñoreamiento del crimen y todo lo demás. Porque aquí desean evitar esta degradación han decidido controlar el proceso de transformación. Será lento, pero con el tiempo llevará a Cuba a una sociedad nueva.

En estas circunstancias, ¿reconoce al Fidel Castro que le es familiar, o a un hombre flexible, no obstante que muchos piensen que no lo ha sido nunca?

Conozco a Fidel Castro bastante bien. Es un hombre muy autoritario, esto sí, pero es también un hombre muy pragmático y creo que ha comprendido perfectamente que Cuba debe cambiar, que ha de adaptarse a un mundo en transformación y que no adaptarse equivaldría a suicidarse.

Ha habido un momento en la historia en que Estados Unidos y Cuba habrían podido construir un diálogo capaz de producir incluso un intercambio de embajadores. Fue a comienzos de los años ochenta. ¿Qué ocurrió y por qué esa posibilidad fracasó?

Como usted sabe, en 1977, durante el gobierno del presidente Carter, iniciamos un diálogo con Cuba, pero surgieron obstáculos referentes a cuestiones como la presencia de tropas cubanas en África y en otras regiones políticas específicas.

Creo que en el caso fue fundamental el parecer de Brzezinsky.

Sí, en efecto, el consejero del Presidente para cuestiones relacionadas con la seguridad no tuvo nunca interés en normalizar las relaciones con Cuba. En todo caso, pronto se interpusieron algunos obstáculos a aquel proyecto. Pero es cierto que en 1980, en medio del éxodo desde el puerto de Mariel de 100 mil cubanos rumbo a Estados Unidos en barcos de pesca y otras pequeñas embarcaciones, intensificamos el diálogo con Cuba. En septiembre, un funcionario del Departamento de Estado, responsable de la política en América Latina, y yo fuimos a visitar al presidente Castro y nos vimos también con algunos funcionarios del Ministerio de Asuntos Exteriores. Después de algunas reuniones llegamos, en efecto, a un acuerdo informal. Los cubanos cerrarían el puerto de Mariel e interrumpirían el éxodo (que nos había convenido como propaganda política, mas no desde el punto de vista migratorio y de orden público). Por nuestra parte, si Carter hubiera sido reelegido en noviembre, habríamos iniciado las negociaciones, tocando paso por paso y un tema por vez todas las cuestiones controvertidas existentes entre los dos países. Estuvimos de acuerdo en que el objetivo de tal negociación sería la normalización de las relaciones entre ambos Estados. Por desgracia, Jimmy Carter perdió y fue elegido Reagan, para quien Cuba era la peor parte del Imperio del Mal; así desapareció todo interés en el diálogo de parte de Estados Unidos. Comoquiera, casi habíamos llegado al punto de firmar un acuerdo. De haber sido reelegido Carter, hoy existirían relaciones normales entre Estados Unidos y Cuba, y el boicot no existiría.

¿Cuánto tiempo después dejó usted el cargo?

En 1982. No renuncié sólo a mi puesto de encargado de asuntos aquí en La Habana, sino también a mi carrera diplomática por desacuerdos profundos con la política de la administración Reagan y me convertí en profesor: ¡un hombre honesto, espero!

Su carrera diplomática, en cambio, por ironía de la suerte se había iniciado precisamente aquí, en Cuba, con un cargo de segundo o tercer secretario de la embajada. ¿En qué época y cómo?

Sí, es cierto; vine a Cuba por primera vez en 1958 como tercer secretario de la vieja embajada estadounidense y permanecí aquí hasta la ruptura de las relaciones diplomáticas entre ambos países. En 1960, yo era un funcionario de la embajada, responsable de los contactos con la Iglesia católica y vi, casi desde dentro, el conflicto inicial entre el gobierno y la Iglesia, cuando los sacerdotes extranjeros fueron expulsados, algunas iglesias se cerraron y Castro hacía frecuentes alusiones a la Iglesia falangista, identificándola con el gobierno de Franco en España. Ahora que ha ocurrido la visita del Papa y el cardenal Ortega, en la víspera, habló durante media hora en la televisión estatal, de todo aquello no queda nada. ¡Todo esto es absolutamente extraordinario!

¿Piensa usted que en aquella época la Iglesia católica estaba en contra de la Revolución?

Hubo problemas porque la Iglesia era considerada, al menos hasta cierto momento, muy cercana a las clases altas de Cuba. Además, cuando Castro comenzó a identificarse cada vez más con el Partido comunista y con los soviéticos, o sea, con el marxismo-leninismo, que es una ideología atea, los conflictos se volvieron inevitables y el desacuerdo entre la Conferencia episcopal y el gobierno se hizo más hondo. Según pienso, sin embargo, esto sucedió más por motivos políticos que religiosos. De todas formas no es cierto que se cerraran todas las iglesias; algunas sí, mas no todas, y en Cuba continuó existiendo tanto la Iglesia católica como las protestantes.

¿Por qué los protestantes mantuvieron con la Revolución un diálogo más estrecho que los católicos?

Las Iglesias protestantes no fueron identificadas nunca con las clases altas de Cuba y, además, en aquel periodo abrigaban cierto resentimiento contra el mundo católico, porque el catolicismo era considerado, sin razón, el culto de la mayoría. Creo que algunos protestantes tenían la impresión de que la Iglesia católica, cuando fue atacada por el gobierno, recibía lo que merecía.

¿Se acuerda usted del cardenal Arteaga que se autoexilió en la embajada argentina cuando el fallido desembarco contrarrevolucionario de Bahía de Cochinos y dijo abiertamente que estaba en contra de la Revolución?

Sí, recuerdo el episodio, pero nosotros rompimos las relaciones diplomáticas con Cuba precisamente en el momento de la invasión a Playa Girón, la Bahía de Cochinos.

¿Me puede contar en detalle, por cuanto recuerda, del momento de la ruptura de las relaciones entre Cuba y Estados Unidos?

Todo se precipitó cuando Cuba o, mejor, Fidel Castro optó por aliarse con la Unión Soviética. Estoy seguro de que el presidente Fidel Castro diría que lo hizo para protegerse de Estados Unidos, pero el resultado fue el mismo.

En aquel momento, la Revolución había decidido sólo una reforma agraria, pero al parecer el boicot fue proclamado precisamente por este motivo.

No, el boicot no ocurrió por la reforma agraria, sino en 1960 después de la nacionalización de las propiedades estadounidenses. Estados Unidos estaba reaccionando a la evolución que tenía lugar en la revolución cubana. Abrigaba dudas y cierto resentimiento respecto a la reforma agraria y la nacionalización de las áreas urbanas. Castro, por su parte, para reaccionar a la creciente hostilidad de Estados Unidos, se estaba acercando cada vez más a la Unión Soviética, imagino que para buscar protección. La idea era que los soviéticos lo ayudarían a defender la isla contra los norteamericanos. Pero la elección de esta estrategia hizo que Estados Unidos reaccionara de manera aún más resuelta. Diría que a finales de 1960, la situación era tal que volvió inevitable la ruptura. El 2 de enero de 1961, Castro pronunció un discurso en la Plaza de la Revolución en el que tachó a la embajada de Estados Unidos de nido de espías y dijo que el gobierno cubano pretendía que el personal se redujera a once funcionarios. Aquella noche llamamos al Ministerio de Asuntos Exteriores para aclarar qué había querido decir el comandante cuando se refirió a los funcionarios. Si la idea era reducir a once diplomáticos nuestra representación, dejaríamos abierta la embajada, pero si la amenaza significaba que en la embajada podían quedar en total once personas, comprendidos los empleados, sería inevitable cerrarla. Recibimos la respuesta la mañana siguiente: se reafirmaba la restricción a once personas en total. Ésta era la intención de Fidel Castro y, por tanto, nos vimos constreñidos a notificar al gobierno cubano que las relaciones entre Estados Unidos y Cuba se interrumpían.

¿Quién era el embajador en aquel momento?

En realidad no estaba, porque había sido llamado meses antes cuando la situación comenzó a ponerse tensa. El embajador era el señor Philip Bansel, diplomático de carrera, un hombre muy competente, muy distinguido, que hablaba español perfectamente. Era miembro de la Academia en España. Un hombre excelente, que hizo todo lo posible por mantener relaciones aceptables con el gobierno cubano, aun sin recibir gran ayuda de Washington y de las circunstancias.

¿Piensa usted que habría sido posible llegar a consecuencias extremas? ¿Cometió errores también Fidel Castro en aquel momento?

Creo que sí; creo que hubo errores de ambas partes. Pero pienso también que, dadas las circunstancias y la historia, una ruptura inicial entre los dos países era casi inevitable. Después de la crisis de los misiles de octubre de 1961 pensé, sin embargo, que se estaba presentando una posibilidad para remediar las cosas. El presidente Kennedy envió un emisario a Castro señalándole su intención o el interés de reiniciar el diálogo con Cuba, preguntándole al comandante si estaba de acuerdo. La respuesta de Castro fue positiva. Por desgracia, durante la segunda conversación con aquel emisario, que era el periodista francés Jean Daniel, llegó la noticia de la tragedia de Dallas (Kennedy había sido asesinado) y Castro le dijo a Jean Daniel que aquella noticia significaba el fin del proceso de distensión y lo fue en efecto. Creo que de no haber sido por la muerte de Kennedy, habríamos logrado tener relaciones normales con la Revolución quizá ya en los años sesenta.

¿Es sensato pensar que Kennedy fue asesinado también porque quería restablecer las relaciones con Cuba?

Sí, existe esta tesis.

¿Y la sostenida por el director de cine Oliver Stone en la película JFK?

En realidad, Kennedy no fue asesinado por un solo hombre, Lee Oswald, que le disparó por la espalda. Yo no sé, nadie sabe quién mató realmente a Kennedy, salvo los asesinos mismos, pero estoy seguro de que Kennedy no fue matado por un hombre solo. Hubo un complot y el hecho de que el caso haya sido archivado es una verdadera desgracia.

Después de 36 años de aquellos sucesos, el Papa ha venido a Cuba. ¿Qué significado le da usted a esta visita? ¿Ha sido conveniente para Cuba o se ha tratado sólo de un suceso emocionante y entusiasmante?

Creo que ha sido un momento importante. Precisamente ayer un taxista cubano me comentaba: "Sí, señor, ha sido un momento histórico; la visita ha representado algo prestigioso para la historia dc Cuba, pero no le sé explicar por qué, pues ni resolverá nuestros problemas económicos, ni hará cambiar la política de Estados Unidos y probablemente tampoco habrá cambios sustanciales en el interior de Cuba. Además, de seguro los cubanos no se convertirán todos al catolicismo. No obstante todo eso, no dudo de que se ha tratado de un momento histórico". Estoy de acuerdo con este taxista. Creo que la visita ha sido relevante porque indica que el Papa estaba en disposición de dar la mano a Fidel Castro, subrayando que el modo más serio para promover en la isla un proceso de cambio o, para decirlo mejor, de transición es favorecer el diálogo, esforzarse por incluir a Cuba en la comunidad internacional. Opción que es la antítesis de la estrategia de Estados Unidos, basada sobre una política de presiones y de esfuerzos para aislar la Revolución, esfuerzos inútiles, pero no exentos de consecuencias.

Usted ha sido diplomático, funcionario de la administración Carter, pero ahora está a la cabeza de un comité constituido por intelectuales y representantes de la sociedad civil que en Estados Unidos se opone al boicot contra Cuba. ¿Cómo logra conciliar su militancia en el Partido Demócrata con la política de Clinton respecto de Cuba?

Hablando con absoluta franqueza debo admitir que la administración Clinton ha sido una gran, verdaderamente una gran desilusión para nosotros. Hemos combatido durante años las administraciones republicanas y su política dura respecto de este problema y con alivio vimos que Clinton ganaba las elecciones. Pero a veces me parece que también este presidente es un republicano y que la política respecto de Cuba es la peor de la historia, porque la Guerra Fría hace tiempo que terminó. Cuando Clinton fue elegido en 1992 estábamos convencidos de que, con el fin de la Guerra Fría, había llegado el momento más oportuno e indicado para iniciar una política de apertura hacia Cuba. Por desgracia, Clinton aceptó 300 mil dólares de aportes electorales de los exiliados más extremistas de Miami y ha emprendido una política aún más dura que la de Reagan y Bush. No existe ninguna lógica ahora en la política de Estados Unidos: es obsoleta y humillante, además de que no responde a los intereses de la nación. Lo último que Estados Unidos se puede permitir es el enésimo flujo de refugiados cubanos u otro éxodo de balseros. En cambio, nuestro país persiste en una política que tiene como objetivo, precisamente, empeorar las condiciones económicas de Cuba, fomentando de tal manera una situación que empuja a los cubanos a irse de la isla.

Es una estrategia muy cínica, porque Estados Unidos desde hace tiempo no tiene ningún deseo de dar hospitalidad a esta gente que deja Cuba siguiendo un sueño y así los manda a Panamá o a la base de Guantánamo...

No, desde el tratado firmado en 1995 ya no los aglomera en Guantánamo, la base de Estados Unidos en tierra cubana. Si alguien, después de escuchar Radio Martí —que denuncia a la Revolución por las pésimas condiciones de vida de los ciudadanos y por la escasa libertad y promete una generosa acogida en Estados Unidos— trata de llegar a la Florida en una balsa, vivirá el desencanto de ser capturado por los guardacostas estadounidenses y ser reexpedido de inmediato a Cuba. Desde luego es una política cínica que no responde a los intereses de Estados Unidos y que es contraproducente, porque es rechazada por completo por el resto de la comunidad internacional. No hay un solo gobierno que apoye esta actitud de Estados Unidos y si todos los jerarcas religiosos y defensores de los derechos humanos en Cuba nos dicen que nuestra política está macroscópicamente equivocada e impide, en vez de favorecer, un proceso de transformación de Cuba, no hay duda de que nuestro país debería escucharlos, pero no lo hace.

Perdone, pero no comprendo cómo 300 mil dólares pueden condicionar tanto la política del presidente del país más fuerte del mundo.

Deje que lo explique mejor que antes: Clinton, cuando era candidato por primera vez, fue a Florida a abrazar a Jorge Mas Canosa, cabeza de la Fundación Cubano-Americana. En aquella visita aceptó 300 mil dólares y no fueron los únicos aportes económicos recibidos de la Fundación; se trató, por así decir, de la primera donación. En el curso de los años recibió otras muchas ayudas de los exiliados extremistas de Florida. Por esto les he dicho a menudo a los cubanos que, para ellos, la crisis económica es una verdadera desgracia, porque si tuvieran disponibilidades podrían hacer donaciones de fondos para las campañas electorales de los presidentes de Estados Unidos y comprar una nueva política de Estados Unidos en favor de ellos. ¡Pero no tienen dinero suficiente para hacerlo!

Pero, ¿cuál es la lógica en la línea seguida por la política estadounidense para con Cuba desde 1959 hasta hoy?

Podría decir que no hay una lógica: se trata de una política del todo contraproducente que, como le he dicho, no responde ni siquiera a los intereses de Estados Unidos. Pero prefiero responder a su pregunta explicando que todo está calculado: los políticos de Estados Unidos se basan en el hecho de que la mayoría de la población no pide un cambio en la política exterior ni la eliminación del boicot contra Cuba. En otra palabras, esta isla no es algo que pese en sus vidas y no cambiarán sus preferencias electorales por el hecho de que se vaya a modificar o no determinada política exterior. No hay mucho que ganar en política interna si se cambia la actitud frente a Cuba. Hay, en cambio, una pequeña minoría, el grupo de los exiliados extremistas de Miami, que ha ejercitado o puede ejercitar determinada influencia en el Congreso. Éstos sí podrían crear problemas. Así pues, no habiendo nada que ganar, pero sí algo que perder en política interna y además no siendo Cuba —al contrario de China— un mercado irrenunciable (no tiene petróleo ni riquezas), no existen factores capaces de pesar tanto que contrarresten la influencia negativa de los exiliados anticastristas.

Pero estos exiliados, en distintas épocas, han organizado a grupos armados que han realizado acciones incluso en Cuba y matado a personas, sin que hayan sido acusados explícitamente de terrorismo por el gobierno de Washington, el cual en cambio siempre está listo para dirigir esta acusación a Irán, Iraq y otros países. ¿Cómo es que Estados Unidos tolera este tipo de contradicciones?

Oficialmente, el gobierno de Estados Unidos dice oponerse a estas acciones de terrorismo de los exiliados y no estar dispuesto a tolerarlas, pero en el pasado lo ha hecho sin remordimientos. Estos grupos no han cambiado con el transcurso del tiempo ni con la existencia de nuevas circunstancias. Por ejemplo, hacia finales de 1997, los guardacostas de Estados Unidos detuvieron cerca de Puerto Rico una embarcación con cuatro cubanos-americanos a bordo. Durante la inspección encontraron fusiles, balas, dinamita y uno de los dos cubanos-americanos confesó que se dirigían a la isla Margarita de Venezuela para matar a Fidel Castro. Después de una pesquisa preliminar resultó que la embarcación pertenecía a un miembro del consejo de la Fundación Nacional Cubano-Americana y que los fusiles pertenecían al presidente de la organización, Pepe Hernández. Éstos dijeron que no tenían nada que ver con el terrorismo, que eran un grupo pacífico, etcétera, pero de hecho hay mucho más detrás de las apariencias.

¿Por esto el gobierno de Estados Unidos no ha insistido en pedir sanciones contra La Habana cuando recientemente fueron abatidos dos aviones deportivos de Hermanos al Rescate, que habían violado varias veces el espacio

aéreo cubano, porque en Washington sabían que si se hubiese abierto este capítulo habrían salido a la luz todos los actos de terrorismo cometidos en territorio cubano por comandos adiestrados en Florida?

El episodio de Hermanos al Rescate fue un caso desgraciado. De hecho, la administración Clinton no hizo nada para controlar y mucho menos por impedir estos vuelos ilegales. Hermanos al Rescate, durante un par de años, invadieron varias veces el espacio aéreo cubano y hasta llegaron a sobrevolar la isla y cada vez los cubanos escribieron una protesta a Estados Unidos. Por fin, en enero de 1996 sobrevolaron La Habana a baja altura y el gobierno cubano perdió la paciencia y anunció públicamente que si se introducían otra vez en el espacio aéreo cubano serían abatidos. Se lo comunicaron a la administración Clinton, la cual respondió a los cubanos, parece, que Estados Unidos tomaría las medidas necesarias para controlar e impedir estos vuelos, pero en concreto nada hizo. El mismo mes de enero, Radio Martí, que es una radioemisora oficial en Estados Unidos, entrevistó a Basulto, el líder de Hermanos al Rescate, el cual admitió que dos veces habían sobrevolado la capital de Cuba y que lo volverían a hacer. Además, un comentador de Radio Martí se burló de la aviación cubana, diciendo que la situación económica había producido un deterioro tan grave de la fuerza aérea y de sus capacidades de patrullar el espacio aéreo que no habría podido ni siquiera impedir el vuelo de aquellos pequeños aeroplanos. Esto no fue por cierto una prueba de inteligencia, dado que la siguiente vez, el 24 de febrero, dos aviones que de nuevo traspasaron el espacio aéreo cubano fueron abatidos. Puede ser que los dos aviones no estuvieran en el espacio cubano cuando cayeron, pero habían entrado antes y otro avión estaba aún dentro de la línea de demarcación cuando los otros dos fueron abatidos.

Éste es un triste episodio que revela el rechazo de todo diálogo; es una actitud en verdad antipolítica. ¿Cuál era la línea que Jimmy Carter le había indicado que siguiera cuando usted, a finales de los años setenta, estaba encargado de los asuntos de Estados Unidos?

Diría que el presidente Carter y el secretario de Estado, Cyrus Vance, manifestaron ambos un sincero interés por dialogar con Cuba y trataron de resolver los problemas entre los dos países, normalizando las relaciones. Pero Brzezinsky, consejero de Seguridad Nacional, se opuso, como ya he recordado, tras la intervención cubana en el Cuerno de África y logró frenar y con el tiempo paralizar el diálogo entre ambos países.

La política de intervención en África no fue siempre aceptable; sin embargo, en una ocasión, en Namibia, fueron precisamente los cubanos quienes pusieron en fuga las tropas sudafricanas después de 30 años de ocupación del país. Es mérito suyo que ahora Namibia sea un Estado libre y haya podido reconquistar una soberanía y una independencia negada tantos años por las grandes potencias que se autodefinen civiles y democráticas.

Estados Unidos se lamentaba de la intervención de las tropas cubanas en Angola, subrayando que era ilegal, una violación del derecho internacional. Pero el gobierno de Washington no había protestado cuando las tropas sudafricanas entraron en Angola mucho antes de que llegaran los cubanos. Por el contrario, según cuenta un diplomático amigo mío, había un agente de la CIA con las tropas sudafricanas cuando éstas atravesaron la frontera e invadieron la ex colonia portuguesa. Naturalmente, no desaprobamos sino que aplaudimos aquella acción militar; sin embargo cuando llegaron los cubanos, que dispersaron a los sudafricanos, entonces nos echamos a gritar por la violación del derecho internacional. También en el caso de la guerra en el Cuerno de África fueron las tropas somalíes las que atacaron Etiopía y no al revés: Siad Barre quería retomar el desierto de Ogaden e invadió Etiopía. Los cubanos y los soviéticos apoyaron el gobierno de Addis Abeba y, una vez más, derrotaron a las tropas invasoras. Estados Unidos montó una protesta internacional, pero en ninguno de los casos se trató de intervenciones irresponsables o sin razón.

¿Fue por esto que usted dejó la política y se desempeña como profesor universitario? ¿La política es sucia e hipócrita?

Sí, entonces consideré hipócrita aquella política, que no respondía ni siquiera a los intereses de Estados Unidos y era, por tanto, contraproducente además de deshonesta.

Por su evidente corrección y honestidad intelectual usted tuvo problemas con Jorge Mas Canosa. ¿Me puede contar el episodio para comprender cómo un fiel funcionario de

Estados Unidos puede verse en una situación difícil si opta por la transparencia?

Ocurrió que la Fundación Cubano-Americana, de la que era jefe Mas Canosa, en cierto momento trató de asustarme y hacerme callar. Me citó a juicio ante el tribunal de Miami por difamación, sosteniendo que los había acusado de conducta criminal, pero no era verdad. En realidad, sólo había señalado que era interesante notar cómo la Fundación recibía dinero de la National Endowment for Democracy [Dotación Nacional pro Democracia] y cómo, mediante su comité de acción política, la misma Fundación daba dinero a su vez a los legisladores, algunos de los cuales formaban parte precisamente de la Dotación Nacional pro Democracia.

Expliquemos qué es la Dotación Nacional pro Democracia. Es una agencia de la CIA...

Es un organismo que otorga fondos a varias organizaciones para el desarrollo de la democracia. Algunos de estos grupos son los mismos que sostienen a la CIA en sus políticas, mas no todos. De todas formas, yo no había dicho que se tratase de una conducta delictiva. Señalé que se podía someter a discusión, desde el punto de vista ético. Por otro lado, no habían sido tan estúpidos de depositar el cheque recibido de la Dotación en sus cuentas. El caso es que la Fundación se sostuvo en sus acusaciones y me citó ante los tribunales. Cuando se vio claro que no iba a ser posible evitar el proceso en el tribunal de Miami, comprendí que perderíamos la primera batalla, pero que venceríamos en el proceso de apelación, en el que todavía estamos. Como sea, no me han ni asustado ni hecho que me calle; más bien creo que ellos son los decepcionados.

¿La Fundación Cubano-Americana continúa recibiendo dinero de la Dotación Nacional pro Democracia?

Sí, creo que sí.

Se lo pregunto porque en todos los países europeos, incluida Italia, existen comités pro los derechos humanos en Cuba, los cuales, como está probado, reciben ellos también dinero de la Dotación. Es sorprendente porque no existe este tipo de comité para ningún otro país del mundo, ni siquiera para la China comunista, que desde hace 40 años viola todos los derechos de las poblaciones del Tibet. Existe sólo para Cuba y vale pensar que esta estructura es uno de los instrumentos para combatir la Revolución...

Muchos piensan que la Dotación es una sucursal de la CIA. No lo es en realidad, pero a menudo tiene los mismos objetivos, y quisiera subrayar que su director todavía es un funcionario de la administración Reagan.

¿Por qué el presidente Clinton nunca lo ha llamado en calidad de experto en cuestiones cubanas para pedirle ayuda o consejo? Al fin y al cabo, usted es un demócrata, como Clinton.

Ahora ya no lo soy; retiré mi adhesión al Partido Demócrata al año siguiente de las elecciones. Me convencí de que Clinton no era ya demócrata, sino republicado. Ahora soy independiente.

Precisamente por su sinceridad me atrevo a preguntarle: ¿Fidel Castro es un tirano? El escritor italiano Alberto Moravia dijo: "Es un tirano iluminado". ¿Usted qué piensa?

No creo que Fidel Castro sea un tirano. Pienso que es un líder muy autoritario, pero también iluminado. No es un líder democrático, creo que Castro no quiere ser democrático, pero es un hombre pragmático, un hombre capaz de comprender que, tras la caída del marxismo-leninismo y de la Unión Soviética, el mundo se ha transformado dramáticamente. Así, también a Cuba le ha llegado el tiempo de adaptarse a este mundo tan modificado. Creo que Cuba ha iniciado ya este proceso. Es un proceso lento que, en mi opinión, debiera recorrer con mayor rapidez; pero, a pesar de todo, el proceso está en marcha y pienso que es inevitable. En otras palabras, no tiene otra opción: Cuba debe realizar cambios y pienso que, de aquí a diez años, el país manifestará una sociedad muy diferente, si quiere incluso salvar los principios del igualitarismo: justicia social, sanidad pública, instrucción gratuita para todos. Espero que pueda hacerlo.

¿Tiene razón Castro cuando afirma: "A ustedes les parece que nuestra democracia es muy discutible, pero ¿qué democracia hay en los países de América Latina, a los que se considera democráticos porque conviven distintos partidos políticos, mas donde en realidad la mayor parte de la población vive sin tutela ni dignidad"?

Yo estoy totalmente de acuerdo con esta observación, que al fin y al cabo es una de tantas observaciones. En Estados Unidos se pone demasiado énfasis en las elecciones: si un país llama a elecciones, le otorgamos de inmediato la patente de democracia. No, las elecciones representan sólo el primer paso. Son aún pocos los países de América Latina que se pueden enumerar como democracias.

¿Usted se considera conocedor, amigo o adversario de Castro?

Somos adversarios muy cordiales. Diría que hemos sido socios durante todos estos años en el esfuerzo por restablecer las relaciones entre Estados Unidos y Cuba, que hemos acabado por tener una relación amistosa. Sí, somos adversarios amigos.

Assata Shakur

Se llama Johanne Chesimard, pero en Estados Unidos es una especie de enemigo público número uno, conocida con el nombre de Assata Shakur. Nombre escogido en la época en que muchos de los militantes de los movimientos negros en rebeldía contra el sistema quisieron recuperar la raíz africana o musulmana. El boxeador Cassius Clay escogió llamarse Muhammad Alí; el escritor y ensayista LeRoi Jones, autor del mítico libro sobre el jazz, El pueblo de los blues, *se convirtió en Imamu Amiri Baraka.*

Johanne Chesimard, en cambio, estudiante universitaria, desde hacía tiempo comprometida con las luchas pro derechos civiles de su gente y contra la guerra de Vietnam, no sólo tuvo que cambiar de nombre, sino desaparecer en la clandestinidad. Años después, precisamente en el proceso en que fue condenada por un delito que técnicamente no había podido cometer porque fue herida en un pulmón por la policía cuando se entregaba con las manos en alto, descubrió que había sido fichada desde la época de la universidad. Habían sido los propios profesores quienes pasaron al FBI los datos sobre el comportamiento de los alumnos. Capturada y condenada en 1977, pero nunca reo confesa, como incorrectamente afirma la nota del

The New Herald *de Miami, que se ha insertado al final de esta presentación, huyó en 1979 de una cárcel de máxima seguridad de Estados Unidos y en 1987 reapareció en Cuba, donde vive como exiliada política.*

Su fuga es el episodio que hizo condenar a 44 años de cárcel a nuestra connacional Silvia Baraldini, que estaba en el comité de defensa de Assata Shakur, y fue acusada de haber procurado uno de los coches en los que la militante negra dejó la cárcel. El único testigo del FBI se equivocó incluso en el color de los ojos de Baraldini, profundamente azules, inolvidables, pero esto no sirvió para absolverla de la acusación.

Esta historia sirve para comprender el clima que marcó a Estados Unidos en los años en que parecía que los movimientos de los negros, de los puertorriqueños y de los chicanos estaban por soldarse en el primer y verdadero gran partido antagónico de todo el sistema político del país. Hubo quienes pensaron que todo esto habría subvertido el orden constituido, un modelo de democracia que tiene muchas lagunas pero que en Estados Unidos se considera indiscutible. La política contra Cuba ha estado durante años condicionada por el miedo de que la Revolución pudiera influir, ayudar o hacer que hicieran explosión todos estos movimientos de minorías oprimidas que trataban de afirmarse hacia el fin de los años sesenta y durante todos los años setenta.

Como he dicho en el Prólogo, el famoso Cointelpro, el programa nacido con la contribución del famoso Edgar Hoover y que sólo se puso en acción bajo la presidencia del republicano Nixon, resolvió con métodos perentorios y a menudo muy poco democráticos el problema de la pavorosa insurrección de las minorías.

Pero más de 25 años después, evidentemente, en el Estados Unidos de Clinton, que no ha logrado lanzar una ley social adecuada, esas sombras regresan a juzgar por el hecho de que la policía de Nueva Jersey llegó al punto de escribirle al Papa para que intercediera ante Fidel Castro y lo convenciera de que expulsara a Johanne Chesimard, exiliada política, hoy abuela quincuagenaria.

Es una visión obcecadamente punitiva contra quien ha osado rebelarse, pero es también signo de las dificultades que incluso el Papa encontrará en su empeño por averiguar las razones del boicot contra Cuba y por llevar al diálogo a dos países desde hace 40 años irreductibles adversarios.

26 de diciembre de 1997
Desde la isla
La policía de Nueva Jersey pide la intervención del Papa

La policía del estado norteamericano de Nueva Jersey ha pedido al papa Juan Pablo II ayuda para obtener la extradición de una reo confesa del homicidio de un policía, huida a Cuba después de haber escapado de la prisión en 1979.

Un alto cargo de la policía envió al Papa una carta para que La Habana devuelva a Johanne Chesimard a Nueva Jersey para someterla a juicio.

Chesimar, quincuagenaria, escapó de la cárcel en 1979 y al cabo de ocho años reapareció en Cuba, donde vive gozando de asilo político.

Un portavoz de la oficina del Papa ha dicho ignorar si el pontífice recibió la carta.

Chesimard era miembro militante del Ejército Negro de Liberación.

"Es una posibilidad remota, pero decidimos intentarlo de todos modos —declaró Al Della Dave, portavoz de la policía estatal, a la edición del miércoles del *Philadelphia Inquirer*—. Al menos sería una manera de conseguir la atención del presidente Fidel Castro."

Chesimard, conocida como Assata Shakur, es culpable de haber matado al agente de la policía en servicio de patrullaje, Werner Forester, y de haber herido a otro agente en un tiroteo el 2 de marzo de 1973 en una autopista de Nueva Jersey. Fue condenada a cadena perpetua en 1977.

[LAC NEWS/LATAMCOM INC. - END]

GIANNI MINÀ: *Assata, el viaje del Papa a Cuba ha tenido una repercusión también en su vida privada. ¿Cuál?*

ASSATA SHAKUR: La policía de Nueva Jersey envió una carta al Papa pidiéndole que interviniera para que Fidel Castro aceptara la solicitud de mi extradición a Estados Unidos.

¿Cuántos años han pasado desde que usted dejó Estados Unidos?

Huí de la cárcel en 1979.

Y por esa fuga, Silvia Baraldini está en prisión, acusada de haber procurado uno de los coches. Pero usted siempre ha sostenido que Silvia no participó...

Yo no hablo de la gente que me ayudó, pero Silvia actuaba de modo absolutamente legal en el comité de defensa que se ocupaba de mi caso. Según creo, Silvia ha sido víctima de una estrategia de represión contra los activistas políticos.

¿Para usted qué significado reviste, después de tantos años, casi veinte, el hecho de continuar siendo para Estados Unidos el peligro público número uno?

Ellos saben que yo trabajo, que no realizo ningún tipo de actividad contraria a la ley, que no estoy haciendo nada malo.

Su hija se ha casado en Estados Unidos y ha tenido una niña. Se siente ahora sólo una joven abuela...

Sí, soy una abuela muy orgullosa de serlo y si no soy tan joven físicamente, lo soy en el alma y en el espíritu. De todas formas, considero esta iniciativa de la policía de Nueva Jersey como un acto de propaganda. Están tratando de perpetuar la política que pinta a quien lucha por la justicia social como criminal o terrorista, y esto es inaceptable.

Pero en la sentencia que la condena se cita que en el tiroteo en el que usted resultó herida y capturada murió un agente de la policía, además de un amigo de usted.

Sí, es cierto, pero yo no maté a nadie. Me dispararon cuando tenía las manos en alto y luego también por la espalda. Quedé paralizada y me dejaron en el suelo para que muriera. De vez en cuando regresaban y preguntaban: "¿Está muerta? ¿Está muerta?" Al cabo me llevaron a un hospital donde me pegaron, me torturaron y donde cada día habría podido ser el último para mí. Fue horrible. La policía de Nueva Jersey habla de justicia, pero yo pregunto: ¿qué justicia? ¿Justicia para quién? Yo no he recibido nunca ni una brizna de justicia en Estados Unidos. Pasé más de dos años en cárceles de hombres, sola, sin poder hablar con nadie, en una celda subterránea. Mi proceso fue un oprobio jurídico, en el que el tribunal fue utilizado como instrumento de represión. Entre los jurados no había ni un negro. No fue un proceso: fue una especie de persecución hecha con medios legales.

Cuando se enteró de esta iniciativa de la policía de Nueva Jersey, ¿qué hizo?

He pasado algunos días en medio de embates de tristeza y rabia.

¿Ha recibido recortes de los periódicos de Filadelfia?

Sí, la gente me ha llamado y me ha mandado artículos. Al leerlos, pensé: ¡No, no es posible! No tengo nada particular que decirle a la policía de Nueva Jersey, porque no me escucharon, nunca trataron de que se me hiciera justicia. Así, decidí mandar una carta al Papa explicando mi caso y qué les había ocurrido en mi país a muchos activistas políticos. [La carta se reproduce al final de la entrevista. N. del A.] He sido víctima, como muchas otras personas de mi generación, de una política de represión estudiada por el FBI para acabar con todas las organizaciones que combatían por la justicia social y contra el racismo.

¿Cómo se llamaba este plan?

Era el Cointelpro, un programa de contraespionaje.

¿Ideado por quién?

Por J. Edgar Hoover, quien en aquella época, en los años setenta, era el jefe del FBI.

De este personaje se vino a saber después que se vestía de mujer y que tenía algunas costumbres perversas, pero en aquel momento tenía un cargo muy delicado.

Hoover utilizó este cargo no para hacer que la justicia prevaleciera, sino para eliminar cualquier oposición verdadera a la política del gobierno de Estados Unidos.

¿Del gobierno Nixon?

Sí, y fueron asesinadas y acusadas injustamente muchas personas...

¿Se dio incluso espacio a muchas sectas religiosas para que neutralizaran a la Iglesia de base, que a menudo era progresista?

Así es. De hecho, este Cointelpro destruyó la vida de muchas personas.

Negros, puertorriqueños, chicanos...

Negros, puertorriqueños, chicanos, indios, blancos progresistas. Contra todos aquellos que adoptaban posturas netas frente a la política de Estados Unidos, se utilizó este plan del Cointelpro, sin hacer distinciones entre socialistas, comunistas, progresistas o personas que sólo quisieran combatir el racismo. En el caso, por ejemplo, de Martin Luther King recurrieron a este plan para tratar de convencerlo de que se suicidase. Era una estrategia tan cruel y criminal que aún hoy no se conocen todas las acciones sucias cometidas en el caso del Cointelpro.

¿Existen elementos para sostener que usted cometió actos violentos durante el tiempo en que anduvo en la clandestinidad?

He sido acusada de robo, secuestro de persona, venta de droga y de muchas otras cosas. Pero en el momento del veredicto siempre fui juzgada inocente, salvo en el episodio de Nueva Jersey, donde hubo el tiroteo. El tribunal utilizó testigos a los que no sé qué se les prometió. Tratamos de entender qué habían ofrecido los del FBI para convencerlos de que testificaran, pero los jurados dijeron que no podían responder porque no estaban incriminados. ¿Qué clase de justicia es ésta?

¿Usted le ha contado todo esto al Papa?

No le he expuesto los detalles, pero le describí mi vida, el racismo de Estados Unidos, el plan Cointelpro, el caso de la policía de Nueva Jersey, que es de verdad una de las organizaciones de policía más racistas y brutales de Estados Unidos.

Nueva Jersey, después de Florida, es el estado donde más fuerte es el anticastrismo, la aversión a la Revolución.

El prejuicio contra Cuba se utiliza para captar votos.

Torricelli, autor de una de las leyes restrictivas del boicot contra Cuba es un diputado demócrata por Nueva Jersey.

En ese estado no hay una población muy numerosa, pero útil para atacar a la Revolución. Hay un grupo de cubanos reaccionarios y entonces los políticos se aprovechan no por auténticas cuestiones de principio, sino para ganar votos, para propaganda.

Me parece que en la carta al Papa usted habla también de las condiciones de las cárceles de Estados Unidos.

Oficialmente, en las prisiones de Estados Unidos hay un millón 700 mil personas. Pero hay más, sobre todo jóvenes, que no entran en esta cifra. En realidad hay más de dos millones de personas detrás de las rejas. Por ejemplo, en el estado de Nueva Jersey 78% de la población es blanca; sin embargo, la población carcelaria es 75% hispana y negra. En las cárceles femeninas, 80% de las mujeres privadas de libertad son negras o hispanas. ¿Qué clase de justicia es ésta?

Usted le ha mencionado también al Papa la plaga de las cárceles para niños.

Hay muchos niños encerrados en cárceles para jóvenes y muchos de ellos están condenados como si fueran adultos. Hay también adolescentes, con menos de 18 años, condenados a muerte. ¡Esto es un crimen!

¿Tiene usted pruebas de lo que afirma?

¡Está escrito en todas partes! Además, usted sabrá que fue elegido un encargado de las Naciones Unidas para indagar la situación de los derechos humanos en Estados Unidos. Esta persona, después de haber visitado las cárceles y examinado la cuestión de la pena de muerte, declaró que en el país se registran numerosas violaciones a los derechos humanos.

¿Y esta documentación se puede encontrar en la ONU?

Sí.

¿Por qué los medios internacionales no la publican?

Porque, según pienso, Estados Unidos domina los medios de comunicación de manera masiva y manipula la información a tal nivel que la gente del mundo entero hace caso de las películas, que son siempre una propaganda de Estados Unidos, y pierde de vista la realidad del país.

¿Me está diciendo que en Estados Unidos, los derechos civiles conquistados en los años sesenta se están perdiendo?

Así es. Los ricos se vuelven cada vez más ricos y los pobres siempre más pobres.

Lo dijo el Papa el otro día, en la Plaza de la Revolución.

Hay también una política cada vez más racista que echa la culpa de todos los problemas sociales a los negros y a los hispanos. Además, han sido recortados los recursos para la sanidad y la educación, por lo que se ha creado una situación en que muchas personas no pueden permitirse la curación, no tienen casa y viven por la calle, como inmundicia. Al mismo tiempo, hay gente que tiene todo, incluido avión privado y yate y concentra la riqueza impidiendo que sea redistribuida.

¿Se da usted cuenta de que con estas denuncias está haciendo que aumente el riesgo de persecución contra usted?

Cuando opté por luchar a favor de mi gente fue porque me había dado cuenta de que la situación era de veras espantosa y porque sentía en mi piel ese sufrimiento. Hoy veo un sufrimiento aún mayor y si tengo que dar la vida, la daré.

Assata, ¿cuándo comenzó su militancia?

Comencé a dedicarme de manera constante en la universidad y para mí esa experiencia fue positiva porque, viviendo en un país donde hay tanta injusticia, me sentía orgullosa de mi lucha.

¿Descubrió que estaba siendo vigilada cuando todavía estaba en la universidad?

Sí, porque tomé parte en una manifestación estudiantil para garantizar a todos el derecho al estudio y, con mis compañeros, descubrí que la Dirección había mandado una documentación sobre nosotros a la policía. Entonces el haber sido fichados nos lo tomamos a broma, porque cuando se es joven no se piensa en la importancia de los detalles.

¿La misma escuela, los profesores, denunciaban a sus estudiantes?

No eran los profesores, era la Dirección. En mi caso, siempre estaban sobre mis calificaciones, esperando que fueran bajas y así tener un pretexto para expulsarme.

¿Qué universidad era?

El Manhattan Community College y luego el New York City College.

¿Y no lograron expulsarla?

No, pero lo intentaron.

Y cuando, años después, ocurrió el proceso por el tiroteo, ¿apareció también la documentación de la universidad?

No, no pudimos utilizar nada, ni siquiera señalar la ilegalidad del plan Cointelpro. No pudimos mencionar el haber sido fichados en la policía y ni siquiera exhibir como pruebas la actitud y la práctica racista de la policía de Nueva Jersey. La fiscalía pudo decir todo lo que quiso, pero nosotros no pudimos utilizar ni siquiera una página sobre la represión política y sobre el discutible plan de contraespionaje.

¿Y cuándo decidió entrar en la clandestinidad?

Yo era una activista de las Panteras Negras y el FBI decidió que aquella era la organización más peligrosa de Estados Unidos. Para demostrarlo amañaron pieza por pieza una situación y enviaron falsas cartas al líder de las Panteras Negras para producir escisiones dentro del movimiento. Yo estaba trabajando para obtener la liberación de 21 miembros de las Panteras presos y acusados no de cualquier delito, sino de conspiración: o sea, de haber colocado bombas por doquier, incluso en los jardines botánicos. ¿Quién iba a colocar bombas en un lugar semejante? Como sea, como yo estaba tratando de ayudar a estos compañeros, el FBI me acusó de esconder a algunos de los miembros del movimiento que eran buscados. Los policías entraron en mi casa, llevándose todas mis cosas como pruebas. En aquel momento tenía que decidir entre quedarme y colaborar con el FBI o bien desaparecer de la circulación. De ninguna manera habría colaborado con el FBI, así que decidí desaparecer, pensando que no me iban a perseguir de manera tan despiadada. Pero desde el día en que pasé a la clandestinidad, el mismo FBI y la policía comenzaron a lanzar falsas acusaciones contra mí en los periódicos, la radio y la TV y lograron crear una psicosis tal que la gente comenzó a pensar que yo era de verdad una terrorista.

Usted habla de una clara violación a los derechos humanos de parte de Estados Unidos. ¿Cómo puede sostenerlo viviendo en exilio en Cuba, donde los derechos políticos, según los valores de Occidente, son indiscutiblemente violados?

Para mí, Cuba es un país libre. No es perfecto, pero respeta los derechos humanos más que Estados Unidos. La gente tiene derecho a la asistencia sanitaria y a la educación gratuitamente y vive con dignidad y en paz. En Estados Unidos es preciso convivir en todo momento con la violencia física, mental y psicológica. La gente cree ser libre, mas no lo es. Algunos confunden la cuestión de los derechos humanos y piensan que en Estados Unidos son respetados, pero en realidad sólo quienes son ciegos o que no quieren ver lo pueden pensar.

En Cuba, según nuestra idea de democracia, hay prisioneros políticos y, por tanto, se violan los derechos humanos.

Aquí hay personas que trabajan para destruir la Revolución y la Revolución no puede permitir que lo logren, porque detrás de muchos de estos grupos que protestan por los derechos humanos está el dinero del gobierno de Estados Unidos. Se trata de gente que no tiene ningún ideal auténtico de lucha; son personas que añoran el gobierno de Fulgencio Batista. ¿Qué derechos humanos eran respetados bajo Batista? ¿Qué clase de libertad había en su tiempo? Los de Miami son grupos de contrarrevolucionarios que reivindican sus propiedades en Cuba, que quieren retomar sus villas y riquezas, pero los cubanos saben bien que lo que menos les importa son los derechos humanos.

¿Está usted convencida de que en Cuba los derechos humanos se respetan más que en Estados Unidos?

Claro que sí, no tengo ninguna duda. ¿Qué clase de derecho humano es el poder hablar, si no se tiene qué comer? Aquí todos tienen derecho a tener un médico, a estudiar a todos los niveles, a hablar: es una democracia del pueblo, no una democracia condicionada por los grandes *lobbies* financieros. Estoy convencida de que no hay sistema perfecto, pero los cubanos tratan continuamente de mejorar su democracia y de crear un país donde haya justicia social.

¿Qué piensa de la visita del Papa, usted que es una ciudadana exiliada aquí en Cuba?

Para mí esta visita ha sido importante y ha tenido un gran impacto en la gente, porque el Papa no les ha hecho el juego a los medios de comunicación ni al gobierno de Estados Unidos: no ha atacado a Cuba, no ha atacado a la Revolución, ha hablado de justicia...

Pero ha criticado algunos aspectos de la Revolución...

Sí, pero su crítica se ha referido a las fórmulas de la Revolución y, si bien no he escuchado todo lo que el Papa ha dicho, opino que el solo hecho de que Juan Pablo II hablara de justicia social, que tratara de comprender realmente el proceso cubano y que atacase el boicot, ha hecho que sus palabras ejercieran un notable efecto sobre la gente.

El Papa ha hablado también de reconciliación.

Es cierto. Hay que tomar en cuenta que el Papa es muy anciano y que se ha formado en otra época, pero todos, incluida yo, hemos tenido la impresión de que estaba haciendo un esfuerzo para ver la lucha por la justicia social como algo que no va en contra de la religión, sino al contrario, como algo que une Iglesia y pueblo.

¿Qué espera de su carta al Papa?

No he pedido nada para mí; sólo deseaba que el Papa estuviera informado sobre ciertas realidades de Estados Unidos. He pedido que profundizara en los temas del racismo y del dolor en ese país, de la lucha por los derechos humanos y la justicia social, económica y política, no sólo en Estados Unidos, sino en todo el mundo.

19 de enero de 1998
Su Santidad Juan Pablo II
Ciudad del Vaticano, Roma

Santidad:
Espero que al recibir esta carta se encuentre con buena salud, en buena disposición de ánimo y lleno de espíritu de bondad. Debo confesar que nunca me había pasado por la

cabeza la idea de escribirle y me siento emocionada y conmovida por esta oportunidad. No obstante las circunstancias que me han empujado a dirigirme a usted, me siento feliz de tener ocasión de superar los límites que normalmente nos separarían.

Es de mi conocimiento que la policía del estado de Nueva Jersey le ha escrito pidiéndole que intervenga para facilitar mi extradición a Estados Unidos. Creo que esa solicitud no tiene precedente en la historia. Como se han rehusado a hacer pública dicha carta, aunque no han titubeado en publicitar la solicitud, estoy por completo a oscuras en cuanto a las acusaciones que me dirigen. ¿Por qué, me pregunto, soy merecedora de tanta atención? ¿Qué represento que es tan peligroso?

Permítame que le hable de mí. Me llamo Assata Shakur; nací y crecí en Estados Unidos. Soy descendiente de africanos que fueron raptados y llevados como esclavos a las Américas. Pasé mi infancia en el sur, segregado y racista. Luego me trasladé a la parte norte del país y en seguida comprendí que también allí los negros eran víctimas del racismo y de la opresión. Con el tiempo me convertí en activista política y participé en las luchas estudiantiles, en el movimiento contra la guerra y, sobre todo, en el movimiento para la liberación de los afroamericanos en Estados Unidos. Más tarde formé parte de las Panteras Negras, organización que acabó en la mira del Programa Contrainteligencia, creado por el FBI para eliminar toda oposición a la política del gobierno de Estados Unidos, destruir el Movimiento Negro de Liberación, desacreditar a los activistas y liquidar a los líderes potenciales. Con el Cointelpro, muchos activistas fueron perseguidos, encarcelados, asesinados o, de cualquier manera, neutralizados. Como resultado del hecho de que me había convertido en blanco del Cointelpro, tanto yo como muchos otros jóvenes me encontré en riesgo de ir a la cárcel, de la clandestinidad, del exilio o de la muerte.

El FBI, con ayuda de las autoridades policiacas locales, sistemáticamente daba a la prensa acusaciones falsas y noticias inventadas, acusándome a mí y a otros activistas de crímenes que no habíamos cometido. En mi caso, las acusaciones terminaron o fui absuelta, pero los organismos de policía locales y nacionales crearon una situación tal que, por las falsas acusaciones, cualquier agente podía dispararme en cuanto me viera. Sólo a mitad de los años setenta, con la aprobación de la ley Libertad de Información, comenzamos a darnos cuenta del alcance de las persecuciones del gobierno de Estados Unidos contra los activistas políticos.

En este momento creo que es importante aclarar muy bien una cosa. He sostenido y continúo sosteniendo que debería haber cambios revolucionarios en la estructura y los principios que gobiernan a Estados Unidos. Sostengo la autodeterminación para mi gente y para todos los oprimidos en Estados Unidos. Apoyo el fin de la explotación capitalista, la abolición de las políticas racistas, la erradicación del sexismo y la eliminación de la represión política. Si esto es un crimen, soy plenamente culpable.

Para ser breve, en 1973 fui capturada en Nueva Jersey después de haberme disparado mientras tenía ambos brazos en alto y después incluso me dispararon por la espalda. Me dejaron en el suelo a que muriera y, como no moría, me llevaron a un hospital local donde fui amenazada, golpeada y torturada. En 1977 fui condenada después de un proceso que sólo puedo definir como linchamiento legal.

En 1979 logré escapar con ayuda de algunos compañeros. Lo consideré un paso necesario, no sólo porque era inocente de los cargos que me imputaban, sino también porque sabía que en el sistema legal racista vigente en Estados Unidos, jamás se me haría justicia. Además tenía miedo de que me mataran en la cárcel.

Después llegué hasta Cuba, donde vivo en el exilio como refugiada política.

La policía del estado de Nueva Jersey y otros representantes de las fuerzas del orden sostienen que desean verme "consignada ante la justicia". Me gustaría saber qué entienden por justicia. ¿La tortura es justicia? Fui mantenida aislada durante más de dos años, la mayor parte de las veces en penitenciarías para hombres: ¿esto es justicia? Mis abogados fueron amenazados con la detención o encarcelados: ¿esto es justicia? Fui procesada por un jurado por entero blanco, sin siquiera una ficción de imparcialidad y luego condenada a cadena perpetua más 33 años: ¿esto es justicia?

Quiero subrayar que no estoy hablando de justicia para mí: lo que está en juego es la justicia para mi pueblo. Cuando a mi pueblo se le haga justicia, estoy segura de que también se me hará a mí. Sé que Su Santidad extraerá sus conclusiones, pero me siento obligada a darle a conocer las circunstancias que acompañan la aplicación de la "justicia" en Nueva Jersey. No soy la primera ni seré la última víctima del sistema de "justicia" de Nueva Jersey. La policía del estado de Nueva Jersey es famosa por su racismo y brutalidad. Muchas son las denuncias presentadas en su contra y recientemente un proceso legal llevó a que fuera condenada por haber "oficialmente sancionado actividades *de facto*, mediante las cuales las minorías son objeto de detenciones y pesquisas". Si bien la población de Nueva Jersey es blanca en 78%, la población carcelaria está constituida en más de 75% por negros y latinos. Ochenta por ciento de las mujeres detenidas en las cárceles de Nueva Jersey son de color. En la sección de condenados a muerte de la prisión estatal se encuentran 15 personas y siete son negras. Un estudio de 1977 reveló que los ministerios públicos de Nueva

Jersey piden la pena de muerte en 50% de los casos en que el imputado es un negro o la víctima es blanca y sólo en 28% de los casos en que la víctima es un negro y el imputado un blanco.

Por desgracia, la situación de Nueva Jersey no es aislada, sino que refleja el racismo que impregna todo el país. Estados Unidos tiene el índice de encarcelamiento más alto del mundo. En las penitenciarías estadounidenses se encuentra más de un millón 800 mil personas. Esta cifra no comprende a aquellos —más o menos un millón— que están encerrados en cárceles municipales y de condado, ni el número alarmante de niños en reformatorios. La mayoría, con mucho, de quienes se encuentran tras las rejas está compuesta por personas de color y prácticamente todos los que están en las celdas son pobres. El resultado de esta realidad es devastador. Un tercio de los varones negros entre los 20 y los 29 años está en la cárcel o bajo la jurisdicción del sistema judicial penal.

Las cárceles de Estados Unidos son un gran negocio económico: construir, administrar y aprovisionar a las penitenciarías se ha convertido en la actividad de más rápido crecimiento del país. En el interior de las cárceles se han instalado fábricas enteras y los detenidos son obligados a trabajar por salarios de esclavos. Esta superexplotación de seres humanos ha comportado la institucionalización de una nueva forma de esclavitud. Quien no logra encontrar trabajo en la calle es obligado a trabajar en la cárcel.

Pero las cárceles no son usadas sólo como instrumentos de explotación económica: fungen también de instrumento de represión política. En Estados Unidos hay más de cien prisioneros políticos. Son afroamericanos, puertorriqueños, nativos americanos, asiáticos y progresistas blancos que se oponen a la política del gobierno de Estados Unidos. Muchos de quienes estuvieron en la mira del Programa Contrainteligencia están en la cárcel desde principios de los años setenta.

Ya la situación carcelaria es un índice de las violaciones a los derechos humanos en Estados Unidos, pero existen otros indicadores, más funestos. Actualmente, en las secciones de los condenados a muerte viven 3 365 personas y más de 50% de quienes esperan la ejecución son de color. Nosotros los negros representamos sólo 13% de la población, pero constituimos 41% de los condenados a muerte. El número de homicidios de Estado ha tenido un repunte: sólo en 1997 fueron ajusticiadas 71 personas. Una comisión encargada por la ONU ha comprobado graves violaciones de los derechos humanos en Estados Unidos, sobre todo en relación con la pena de muerte. Según sus averiguaciones han sido condenadas a muerte personas que padecen graves trastornos mentales o de aprendizaje y menores de edad. Han sido reconocidos graves prejuicios raciales entre jueces y ministerios públicos. El informe mencionaba en particular el caso de Mumia Abu-Jamal, el único detenido en la sección de los sentenciado a muerte condenado a ser ejecutado por ideas políticas y por su labor periodística donde denunciaba la brutalidad de la policía en la ciudad de Filadelfia.

La violencia de la policía es una experiencia cotidiana en nuestras comunidades. Los policías tienen virtualmente licencia de matar, y matan: niños, mujeres, cualquiera a quien consideren enemigo; primero disparan y luego averiguan. En las cárceles, la brutalidad es al menos igual a la que se ejercía contra los esclavos en las plantaciones. El número de detenidos que son hallados ahorcados en las celdas es cada vez más alto.

En Estados Unidos va creciendo la hostilidad contra los negros y demás poblaciones de color. El racismo impera y la xenofobia galopa. Se está llevando a cabo, de parte de los políticos, el intento de descargar la responsabilidad de los problemas sociales sobre los negros y demás poblaciones de color. Se asiste a un ataque prácticamente contra todos los programas y las iniciativas que buscan corregir los resultados acumulados en siglos de esclavitud y discriminación. El gobierno, además, parece resuelto a cancelar todo programa social que brinde asistencia a los pobres y el resultado es una situación en que millones de personas no tienen acceso a la asistencia sanitaria básica, a vivienda digna o a una enseñanza calificada.

Con gran alegría he leído el mensaje cristiano pronunciado por Su Santidad. A usted mi aplauso por haber acogido la causa de los pobres, de los que no tienen casa, de los desocupados. El hecho de que Su Santidad haga frente a las cuestiones del día —la desocupación, la falta de vivienda, la violencia contra los niños, los problemas de la droga— es importante para todo el mundo. Un tercio de los negros de Estados Unidos vive en la miseria y nuestras comunidades están invadidas por la droga. Tenemos toda la razón para pensar que la CIA y otras entidades gubernamentales están involucradas en el tráfico de la droga. Si bien vivimos en uno de los países más ricos y más avanzados en tecnología del mundo, nuestra realidad es igual a la de un país subdesarrollado del Tercer Mundo. Somos un pueblo que busca sinceramente la libertad y la armonía.

Durante todo mi vida he sido una persona espiritual. Comencé a conocer la lucha y el sacrificio de Jesús en las iglesias segregadas del sur. De niña me convertí al catolicismo. De adulta me volví estudiosa de las religiones y he estudiado el cristianismo, el islam, las religiones asiáticas y las africanas de mis antepasados. He acabado por formarme la convicción de que Dios es universal por su naturaleza, aunque se le llame con diferentes nombres y se le atribuyan muchos rostros. Creo que algunos, al hablar de

Dios lo pronuncian con una sola "o" [god], mientras otros usan dos [good, "bueno"]. Cómo lo llamemos no es importante, si seguimos su palabra.

Hay quienes quisieran ver que la cólera de Dios se abatiese sobre los oprimidos y no sobre los opresores. Yo creo que ha concluido el tiempo en que la esclavitud, el colonialismo y la opresión se puedan ejercer en nombre de la religión. En la más oscura de las celdas he sentido más cercana la presencia de Dios y ha sido mi fe en él y en la bondad de los seres humanos lo que me ha ayudado a sobrevivir. No me avergüenzo de haber estado en la cárcel y tanto menos me avergüenzo de haber sido una prisionera política. Creo que Jesús fue un prisionero político, ajusticiado porque combatía contra los males del Imperio romano, la codicia de los mercaderes del templo y los pecados e injusticias de su tiempo. Como verdadero Hijo de Dios, Jesús habló en nombre de los pobres, de los humildes, de los enfermos y de los oprimidos. Los primeros cristianos eran arrojados a las fosas de los leones. Yo me esforzaré por seguir el ejemplo de quienes han mantenido alta la frente ante la más aplastante opresión.

Si le escribo no es para pedirle que interceda en mi favor. Para mí no pido nada. Le suplico sólo que examine la realidad social de Estados Unidos y que se exprese contra las violaciones de los derechos humanos que están ocurriendo.

Hoy, aniversario del nacimiento de Martin Luther King, pienso en todos aquellos que dieron su vida por la libertad. La mayoría de los hombres y de las mujeres que viven en este planeta no son libres. Pido sólo que Su Santidad continúe trabajando y rezando por el fin de la opresión y de la represión políticas. Estoy profundamente convencida de que todas las personas de esta tierra merecen justicia: justicia social, justicia política y justicia económica. Creo que éste es el único medio que tenemos para alcanzar alguna vez la paz y la prosperidad sobre esta tierra.

Espero que la visita a Cuba sea de su agrado. Éste no es un país rico en bienes materiales, pero tiene una gran abundancia de riqueza humana, riqueza espiritual y riqueza moral.

Respetuosamente,
Assata Shakur
La Habana, Cuba

Charles B. Rangel

En Estados Unidos hay personalidades que siempre han combatido el inmoral boicot contra Cuba, por motivos éticos pero también por motivos prácticos, porque siempre es el pueblo el que paga las consecuencias de un bloqueo y casi nunca el gobierno al que se quiere afectar.

Charles B. Rangel —elegido 14 veces diputado al Congreso por el 15 distrito de Nueva York, que comprende la parte este y central de Harlem y un pedazo del West Side— es una de estas personalidades. Grande, corpulento, extrovertido, Charles, con su mujer Alma, de la que ha tenido dos hijos, ha estado siempre en primera línea de entrega social.

Tras haber sido condecorado durante la guerra de Corea, combatida entre 1948 y 1952, y haber obtenido el doctorado en leyes por la St. John's University, fue asistente del procurador, primero en el distrito sur y luego en la Asamblea del estado de Nueva York. Desde 1970 es uno de los congresistas más activos en la defensa de los derechos de las minorías oprimidas, en la búsqueda de financiamientos destinados a obtener oportunidades de trabajo para jóvenes, ex convictos y jubilados, y de créditos de vivienda para familias pobres; en suma, en todas aquellas iniciativas que tienen que ver con las batallas civiles y sociales.

Su actitud lo ha llevado inevitablemente a ocuparse, en el Congreso, de asuntos en los que están en juego los derechos hollados de cualquier pueblo. Así, desempeñó un papel vital en la lucha contra el apartheid en Sudáfrica y en la presión ejercida por el gobierno de Estados Unidos, en Haití, contra de las sangrientas dictaduras, encabezadas primero por la familia Duvalier, y luego, con el apoyo de la administración Reagan, por el general Raoul Cedras.

Su coherencia política lo ha llevado inevitablemente a enfrentarse con el recrudecimiento del boicot contra Cuba en los años noventa, por la ley del senador por el estado de Nueva Jersey, Torricelli, su compañero de partido, y luego, más recientemente, por la ley Helms-Burton. Cuando el Convoy de los Pastores de la Paz, expresión de la Iglesia protestante, fue bloqueado durante varios días en Texas porque las ambulancias y microbuses que pretendían donar a los hospitales cubanos constituían una ayuda tecnológica ilegal en favor del régimen, Charles Rangel estuvo al lado del reverendo Lucius Walker, quien en aquella ocasión se declaró en huelga de hambre. Al fin se permitió que el convoy pudiera seguir por México, desde donde pasó a Cuba.

Una de las tantas batallas de un "negro de Harlem", que tiene el valor de hablarle claro a Castro, pero no quiere pasar por alto los derechos a la autodeterminación del pueblo cubano. Por esta razón aquel día de enero, en la Plaza de la Revolución, después de la homilía del pontífice, Charles Rangel, asediado por periodistas de todo el mundo, estaba satisfecho, como quien siente que una injusticia histórica está en vías de encontrar solución.

GIANNI MINÀ: *¿Qué impresión le ha hecho la homilía de Juan Pablo II en la Plaza de la Revolución, atestada de gente apretada entre la imagen del Che Guevara y la de Jesucristo?*

CHARLES B. RANGEL: Nadie creería que estamos en esta plaza de La Habana. Por esto creo que hoy el Papa ha lanzado un mensaje no sólo a la buena gente de Cuba, sino al mundo entero. De una cosa estoy seguro: es un hecho que ha suscitado gran emoción en Estados Unidos.

¿Qué piensa de la denuncia del Papa sobre la riqueza exagerada de una parte del mundo frente a la indecente pobreza de la otra?

El problema está en que el mensaje del Papa a menudo no llega a muchos cristianos, a muchos hebreos y a muchos musulmanes. El pontífice habla claro y sus críticas son explícitas, pero en ciertos momentos la misma Iglesia ha gozado de la riqueza.

Sé que se ha visto con Fidel Castro. ¿De qué han hablado?

De todo. De la visita del Papa, de la Iglesia, de la forma de gobierno que ha escogido para Cuba y que está tan mal comprendida o mal entendida por una parte del mundo. Le he pedido explicaciones de por qué puede ser presidente de por vida, de por qué la gente de Cuba puede ser arrestada sin conocer la causa. Hemos hablado del boicot, del dolor de la gente pobre, mientras los poderosos como él y Clinton no logran dialogar y no llegan a ningún acuerdo. Hemos estigmatizado la actitud de Estados Unidos, que sin embargo está cambiando, y luego le he contado que durante el vuelo desde Nueva York estuve hablando con un sacerdote, el cual había comentado: "Por televisión, a la llegada del Papa, se ha visto que Castro tomaba las manos del Santo Padre: parecía un verdadero jesuita". Le he preguntado a Fidel si estaba de acuerdo y ha respondido que quizá sí era un verdadero sacerdote. Luego me manifestó que la sabiduría de los sacerdotes y su capacidad de hablar con Dios lo conmueven. Pero añadió: "¿Sabe cuándo dudé de que los sacerdotes hablan con Dios?" Le respondí que no y él continuó: "Cuando le pregunté a uno de ellos cuál era el lugar de los negros en el Reino de los Cielos. No supo responderme y pensé que quizá no me había encontrado con el sacerdote adecuado. Le hice la pregunta también a otro, pero tampoco recibí respuesta".

Con Fidel he hablado de muchos asuntos; por ejemplo, quería confirmar que esta visita del Papa y el modo como se había desarrollado hubiera encontrado el beneplácito del mundo. Le respondí que tenía que estar muy contento de cómo habían sido las cosas. No creo, con todo, que se esperara una crítica tan directa del Papa a la justicia socialista. El presidente Castro pensaba que Juan Pablo II había ya estigmatizado severamente el comunismo y que, por ende, en esta ocasión habría reservado sus ataques para el capitalismo. Pero parece, en cambio, que el Papa se las hubo con todos y sometió a discusión ambos sistemas.

Fidel estaba convencido de que el pontífice había expresado ya todo el mal posible del comunismo y que habría hablado del boicot, del capitalismo, de los ricos cada vez más ricos que no se preocupan por los pobres; pensaba que hablaría de la globalización y de sus consecuencias negativas para la gente pobre. Juan Pablo II lo ha hecho, pero evidentemente aún no había acabado con el comunismo.

¿Cómo es que un presidente demócrata, como Clinton, ha agravado el boicot en vez de disminuirlo?

Es muy difícil explicárselo a un extranjero, pero en Estados Unidos el Congreso a menudo sirve de portavoz de los humores de la gente. A veces las cosas se deciden a partir de una reacción emotiva y no de manera racional. Le señalé al presidente Castro que haber abatido los dos aviones del grupo contrarrevolucionario de Hermanos al Rescate había suscitado gran indignación en Estados Unidos. Los pilotos, en efecto, aunque fueran culpables de violar el espacio aéreo cubano, no deberían haber sido muertos. El desconcierto de la gente encontró de inmediato eco en la ley Helms-Burton: en situación tan comprometida, Clinton tenía las manos atadas. Ahora las cosas han cambiado y la gente quizá ve a Castro bajo otra luz. Las organizaciones humanitarias protestan abiertamente contra el boicot y las Iglesias se siguen declarando contrarias a estas medidas, lo mismo que muchas personalidades internacionales. Creo que se dan las condiciones para mirar de nuevo a Cuba sin prejuicios. Estoy profundamente convencido de que el presidente Clinton quiere acabar con el boicot, quiere la normalización de las relaciones con Cuba y estoy también convencido de que si no hubieran sido abatidos esos aviones, estaríamos muy avanzados en la labor de remover los contratiempos del pasado.

¿Qué ha dicho Castro a este respecto?

Ha estado de acuerdo en que el ataque en contra de las dos avionetas provocadoras había sido una cosa horrible. Yo le he especificado que no estaba allí para juzgar si había sido justo o equivocado. El incidente había ocurrido y él tenía que comprender que aparte de cualquier otra consideración, el comportamiento de los pilotos cubanos había sido inaceptable. No me correspondía, desde luego, explicarle en qué dirección debía cambiar el rumbo político de su gobierno para obtener la eliminación del boicot, pero debía hacerle entender que el pueblo de Estados Unidos esperaba ciertos cambios respecto a las libertades políticas.

Hablemos de los derechos que se le niegan a Cuba. ¿Por qué tanta presión contra Cuba y no, por ejemplo, contra China, donde los derechos humanos son violados con una sistematización y en unas dimensiones desconocidas en la Revolución? ¿Quizá es porque China comunista representa un mercado de mil 200 millones de personas, que ninguna nación, por más que se llame democrática, quiere correr el riesgo de perder?

No sólo por esto. En Miami tenemos un grupo político de cubanos-americanos muy influyente, exiguo pero poderoso. No sería tan importante si Florida no fuera el fiel de la balanza electoral entre demócratas y republicanos. Su influencia política es, por tanto, muy superior a su real consistencia. Además estaba un líder poderoso, Jorge Mas Canosa. Ahora que ya falleció es posible que la gente de Miami, hasta ayer temerosa de hablar abiertamente, esté dispuesta a salir al descubierto y hacerse oír. Parece pues que la situación ha cambiado para bien.

De parte de Cuba

Miguel Barnet

Setenta por ciento de los cubanos tiene en sus casas un pe*queño altar donde encomiendan sus vidas a Yemayá, a Oxum, a Changó y a otras divinidades que acompañaron a los esclavos arrancados de sus tierras en las costas del golfo de Guinea y a lo largo de la cuenca del río Congo, para trabajar en las plantaciones de café en un primer tiempo y luego en las de caña de azúcar. Sus mitos, al entrar en contacto con el catolicismo, dieron origen —hace unos 200 años— a la santería, que hoy es el culto más practicado entre la gente de la isla.*

Ha habido y hay personajes populares, capaces de encarnar, incluso físicamente, la devoción a esta fe, como el cantante Joselito Fernández, que en los años cincuenta cantaba la crónica por la radio al ritmo de la "Guantanamera". Vestía siempre de blanco, como quiere la tradición de estos ritos, y antes de cantar se encomendaba cada vez a la protección de sus divinidades. El pueblo se reconoce en tales "sacerdotes" y la Revolución ha convivido serenamente con este tipo de religiosidad. Esta convivencia, a la que pronto se acostumbraron también las Iglesias evangélica y protestante de la isla, no ha sido siempre fácil en el caso de la Iglesia católica cubana, histórica-

mente integralista. El viaje del pontífice a Cuba, según algunos observadores, tenía el objetivo de recuperar para la Iglesia romana no sólo el espacio social y político que le sustrajera la Revolución, sino también este espacio de la espiritualidad nunca conquistado de manera consistente, ni siquiera antes de la insurrección de Fidel Castro y sus compañeros.

Esta faceta del viaje ha sido una de las más omitidas, porque supone una contradicción de la misma Iglesia católica cubana: su impotencia, al menos hasta ahora, frente a la religiosidad que vive la gente, independientemente del sesgo marxista y durante largo tiempo ateo de la Revolución.

"Es sorprendente —ha comentado Frei Betto— que en una sociedad hoy señaladamente pluralista desde el punto de vista religioso, como la cubana, el Papa en la semana de oración por la unidad de los cristianos haya pasado por alto las demás confesiones cristianas de la isla, salvo el fugaz encuentro del último día en la Nunciatura. Encuentro del que fueron excluidos los representantes de los cultos afrocubanos predominantes del país."

Olvido más cultural que religioso, del que se ha lamentado Miguel Barnet, escritor y ensayista, con una cátedra de literatura hispanoamericana en la Universidad de Yale, embajador en la UNESCO, estudioso del sincretismo y de la santería, y presidente de la fundación que lleva el nombre de Fernando Ortiz, el intelectual que dio forma y prestigio a los estudios de etnología cubana. Barnet, discípulo de Lezama Lima y de Alejo Carpentier, que hace 30 años obtuvo un éxito internacional con la Biografía de un cimarrón, *sugiere una interpretación más correcta y hasta provocativa de la religiosidad cubana.*

GIANNI MINÀ: *¿En qué medida se puede considerar a los cubanos como creyentes?*

MIGUEL BARNET: La religiosidad del pueblo cubano es bastante particular y curiosa, además de que se presta a mucha confusión. Somos un pueblo joven y tenemos una identidad bien caracterizada, pero pienso que, como pueblo joven, tenemos necesidad de ídolos y mitos, y hemos tenido la gran fortuna de recibir aquí en Cuba, desde el siglo XVI hasta 1873, en oleadas sucesivas, una población africana reducida a la esclavitud que introdujo en Cuba una religiosidad muy fuerte, una mística que trae consigo también una mitología. Creo que esa religiosidad, junto con la fe cristiana, sobre todo la católica apostólica traída por los conquistadores, produjo, en un proceso de asimilación y simbiosis, un espíritu y una mentalidad que en cierto modo se han convertido en un modo de vivir la existencia cotidiana. Pienso que el cubano, más que hombre religioso, de dogmas y de iglesia, es un hombre dúctil, flexible, que asimila muchas creencias: un hombre más supersticioso que religioso. Coco Chanel decía que no era religiosa, sino supersticiosa, y era católica.

El sincretismo es el credo del 70% de los cubanos: ¿es una religión más democrática?

El sincretismo es siempre democrático, porque es el juego de dos factores que se unen para formar un tercero. El resultado del encuentro de la fe católica con los cultos africanos, además de con formas de espiritismo popular, ha producido en Cuba una religión que se ha identificado, por ejemplo, con los ritos afrocubanos, sobre todo en la santería, término que usan los católicos en sentido peyorativo, despreciativo, pero que con el tiempo los mismos católicos han ido asimilando. Hoy la santería, vale decir, está bastante difundida entre el pueblo cubano. Como etnólogo y como cubano me atrevo incluso a afirmar que los cultos afrocubanos —no sólo la santería, sino también los cultos de Palo Monte, la "sociedad secreta evacuada", los cultos a la "raiesá", todo ese sistema complejo de ritos que, como he dicho, constituyen un modo de vivir— están más arraigados y son más populares en Cuba que el catolicismo ortodoxo.

¿Cuáles son los mitos predominantes de esta religión o creencia?

Desde el suoreste de Nigeria o, más correctamente, del país que hoy se llama Nigeria, desde donde llegaron muchísimos esclavos hasta 1873, año en que atracó el último barco negrero, los yorubas trajeron el mito de Yemayá, diosa de la maternidad universal; de Changó, dios de los tambores, de las fiestas y de las guerras; de Elegguá, dios que abre y cierra caminos; de Obatalá, dios de la pureza, del equilibrio y de la paz. Se trata de un gran número de mitos. En Cuba, en el ámbito de la santería se practican más de 50 cultos y se veneran muchas divinidades.

Otros ritos llegaron del Congo, ¿no es cierto?

Otras creencias habían llegado anteriormente del Congo, de lo que hoy es Zambia, Angola, Mozambique, de toda la cuenca del río Congo y del tronco lingüístico bantú. También estos mitos se fundieron, según el modelo yoruba, en la santería, que es la religión más rica en lo que concierne a la teogonía y la hagiografía, y es también la más difundida. Los cultos yorubas con el catolicismo han creado una serie de sistemas religiosos esparcidos por todo el país y que constantemente se funden y vuelven a crear, en un proceso de elaboración bastante rico. Es algo muy vivo, palpable e intenso en la población de Cuba.

¿Ha venido el Papa con la intención de recuperar un territorio perdido desde hace tiempo para la Iglesia católica?

Yo creo que, efectivamente, la Iglesia católica ha perdido mucho terreno aquí, sobre todo a causa de la excesiva contigüidad con el gobierno que precedió a la Revolución y por los errores cometidos por algunos sacerdotes y hasta por los obispos, cómplices de la operación "Peter Pan", que mandó muchos niños a Estados Unidos, a veces incluso sin los padres...

¿Cuándo fue eso?

En 1961; a partir de 1961. Esa operación "Peter Pan" fue muy dolorosa para el pueblo de Cuba...

¿Puede explicar en qué consistía?

Todo comenzó con una carta pastoral que un sacerdote leyó en una iglesia, carta según la cual el Estado marxista había adquirido la patria potestad sobre los niños cubanos. Fue ese terror del comunismo, ese prejuicio contra el socialismo —aunque en aquella época no éramos y ni siquiera nos habíamos proclamado socialistas— lo que provocó ese desgarro de niños y niñas que viven en Estados Unidos, hoy ya hombres y mujeres, y que llevan dentro una honda herida que se remonta a aquel momento dramático.

¿Está diciendo que para salvar a los hijos de este presunto plan del Estado, los padres enviaron a sus hijos a Estados Unidos?

Las familias, los padres, para salvar a sus niños del feroz y terrible comunismo que los iba a engullir, a devorar, alejaron a sus propios hijos. Muchos hoy han regresado y conservan abierta aquella herida, aquel dolor. Pero no hay que hablar con aflicción, con rencor. Yo no soy católico, no practico ninguna religión, pero, créame, espero hallar algún día la fe que sea, porque sé que sería más feliz. Mi religión es social, humanista, humanitaria. Sin embargo creo que esta visita de Juan Pablo II ha sido muy importante para nosotros. Pienso que este hombre, que ha sido un gran promotor de la paz contra las armas nucleares, contra el neoliberalismo, ha traído a Cuba un mensaje de hermandad, de amor, de esperanza. Y el pueblo ha acudido a las plazas de toda la isla para rendir homenaje a este hombre que es ya una leyenda. En la plaza se han reunido no sólo los católicos; diría incluso que los católicos eran minoría. En la plaza había miembros de los comités de defensa de la Revolución, de las milicias territoriales, cristianos protestantes, hebreos, fieles de la Iglesia ortodoxa y también de la santería, del Palo Monte, de la abikú, de todos los cultos religiosos que hemos heredado de África y que han contribuido a enriquecer nuestra cultura. Si no fuera por esa aportación, hoy seríamos un país aburrido, triste, demasiado blanco, incoloro. ¿Se puede decir que no es así?

A pesar de lo que usted me dice sobre algunas declaraciones del Papa, que son parte de su concepción de los valores de la sociedad, ¿piensa que para Cuba esta visita del pontífice ha sido un riesgo calculado, pero conveniente?

Creo que ni la Iglesia católica ni el gobierno cubano hacen nunca nada improvisado. Todo está meditado y muy bien programado. Creo también que esta visita se debe a la tremenda necesidad que tenemos y que nuestro "líder máximo", Fidel Castro, ha expresado en tantas ocasiones, de abrirnos al mundo, no sólo a la Iglesia católica y al Vaticano, sino también al resto del mundo y a Estados Unidos. Recientemente hemos entablado relaciones también con Guatemala, por ejemplo. Pienso que el Papa ha afianzado algo muy bello. En primer lugar, que el destino de Cuba debe estar en las manos de los cubanos que viven en la isla y que, si se debe hacer algún cambio y emprender un nuevo camino, nos corresponde a nosotros, que vivimos en Cuba, decidirlo.

Incluso ha invitado a los jóvenes a no huir, a afrontar las responsabilidades...

A afrontar todas nuestras responsabilidades históricas, ¡y tenemos tantas!, y ha añadido también que el mundo debe abrirse a Cuba. Y que la ley Helms-Burton, que agudiza el bloqueo económico, es no sólo criminal, sino —como decía Fouché— es peor que un delito. Es un grave error para la política de Estados Unidos y perjudica incluso a los europeos. Yo tengo una gran esperanza en que esta visita del Papa nos ayudará a respirar, como si hubiera regalado pulmones más desarrollados, más grandes, más democráticos, más amorosos.

El poeta brasileño Vinicius de Moraes creía en el candomblé y no hacía nada si antes no hablaba con su papisa. ¿Es cierto que usted no cree en nada o en casa tiene un altar a Yemayá?

En mi casa hay un altar a Obatalá, a Oxum y muchos crucifijos. Repito: no soy religioso, no practico ninguna religión... ¡pero qué supersticioso soy! No salgo de casa si antes no me dirijo a mis ídolos y les pregunto: "¿Puedo salir?" Entonces salgo. Tengo que admitir que es así. Por esto hablo con tanto respeto, con tanto amor y tanta convicción de todas las religiones, pero sobre todo de la cubana, porque a mi manera de ver estos cultos populares de origen africano están profundamente integrados a nuestro concepto progresivo de la identidad. La Virgen de la Caridad del Cobre, por ejemplo, para mí no es sólo la virgen católica de la Caridad del Cobre. Detrás de ella o bajo ella está Oxum, diosa del río, de la miel, del oro, del amor, de los sexos. Éste es un país sensual, alegre; es un país que está viviendo su mejor momento, porque ahora más que nunca somos absolutamente soberanos y libres, y si el Papa dice que la Virgen de la Caridad del Cobre es nuestra Madre y

Reina, que sea bienvenida y bendita esta noticia. Para mí, cuando el pontífice coronó a la Virgen de la Caridad, estaba coronando a Oxum ofreciéndole miel. Oficialmente le ha ofrendado un rosario de oro, pero esto no es más que una metáfora. El pueblo cubano ha ofrecido miel a Oxum y pienso que, al coronar a la Virgen de la Caridad, el Papa ha coronado al pueblo de Cuba por su sacrificio, su esfuerzo, su talento y también por sus nobles cualidades.

¿Por qué la visita del Papa a Cuba se ha transformado en un suceso global, como no ha ocurrido en ninguna otra visita del Papa a otros países en estos años?

Porque Cuba es un país mágico y privilegiado. Aquí todo es distinto. Lo siento, no se trata de chovinismo, pero aquí todo es distinto. Nuestra revolución es distinta de todas las demás. Nuestra literatura es distinta, nuestro teatro es distinto, nuestro cine, nuestra música, que hoy está difundida por el mundo, en Roma, París, en todas partes. Somos distintos y ésta es nuestra prez. Y por esto hemos acogido también a su santidad Juan Pablo II de manera tan respetuosa, tan apasionada y tan afectuosa, como habríamos recibido al Obá de Benin, a Oní de Ife o a un pastor protestante o un rabino.

Evidentemente, la Iglesia, en el momento de la revolución cubana, no tenía instrumentos culturales para comprenderla.

La Iglesia tiene aquí en Cuba exponentes brillantes y pienso que tiene también hombres patrióticos que son el producto de una tradición histórica y étnica. En este sentido, la figura más representativa de la Iglesia en Cuba, a mi entender, es un intelectual, un sacerdote al que aprecio y respeto mucho, el padre Carlos Manuel de Céspedes, tataranieto del padre de la patria. Hombres como él saben interpretar la Revolución.

¿El futuro de Cuba es convertirse en un laboratorio cultural después de haber sido un laboratorio político?

El futuro de Cuba... habría que preguntárselo a los orixás; habría que ir al banco de Ifá para preguntarles cuál puede ser. Pero puedo afirmar que será un futuro distinto, mejor, más bello y ahora, con esta visita del Papa, bastante más estimulante. La última cosa que el Papa ha dicho en Cuba es que la ligera lluvia que caía el último día de su visita era un soplo de vida para todos nosotros. Y esto lo he interpretado como una bendición.

Raúl Suárez

Hay otra Iglesia, la protestante, que ha sabido granjearse una presencia pletórica en la sociedad cubana, aunque no goce de las sugerencias y de la memoria ancestral que han vuelto tan popular a la santería en el país. Los protestantes han sabido captar la novedad de la Revolución antes que muchos analistas políticos y han sabido imponer al Estado marxista el diálogo que la Iglesia católica apenas si ha iniciado y vivificado con el Papa.

Mucha parte del mérito de este recorrido es del padre Raúl Suárez, quien de 1983 a 1991 fue, primero, secretario ejecutivo y luego presidente del Consejo Ecuménico de Cuba, que ahora se llama Consejo de las Iglesias Ecuménicas, empeñado en larga labor de unificación entre creyentes y no creyentes, entre cristianos y marxistas.

Nacido en Aguacate, de una familia campesina, en 1935, debió dejar la escuela primaria después del tercer grado para ayudar a su padre y hermanos en el campo. A los 17 años, sin embargo, la posibilidad de frecuentar la iglesia baptista de su pueblo le descubrió su vocación al sacerdocio. Pero, junto a la vocación, sintió que debía comprometerse con la juventud del Partido Ortodoxo y luego con el Movimiento 26 de Julio, en la propaganda y en la práctica de la Revolución, en la que participó en la columna de Ángel Ameijeiras.

El inicio de la nueva etapa política de Cuba, en 1960, coincidió con la terminación de sus estudios en el seminario. Luego, en 1961, el matrimonio con Clara María Rodés, que le daría tres hijos y que, 30 años más tarde, sería una de las tres mujeres que por primera vez en Cuba han sido ordenadas pastoras baptistas.

Herido en el ataque contrarrevolucionario organizado por la CIA *en 1961, en la Bahía de Cochinos, mientras estaba ocupado en la asistencia sanitaria, participó también en la campaña de alfabetización que en los años sesenta llevó a Cuba, único país de América Latina, a vencer la plaga del analfabetismo.*

Pastor en varias zonas de la isla, desde Ciénaga de Zapata a Matanzas y La Habana, este intrépido creyente, que a los 50 años coronó el sueño de doctorarse en historia, se ha granjeado un gran prestigio local, nacional e internacional por sus retos ecuménicos y sociales y por ser uno de los primeros en el país que organizó comunidades eclesiales de base.

De estas circunstancias, Fidel Castro y el gobierno cubano debieron tomar nota cuando en 1991 decidieron eliminar el ateísmo como condición para entrar en el Partido Comunista y luego suprimirlo en la Constitución de la república como carácter distintivo del Estado. El padre Raúl Suárez seguramente también tuvo peso en la concesión de espacios radiofónicos para la lectura y explicación del Evangelio y para la posibilidad de crear nuevas congregaciones cristianas de base.

Desde hace más de diez años es director del Centro Martin Luther King, organización no gubernamental que desarrolla una intensa labor en pro de la solidaridad y la cooperación internacional con el pueblo de Cuba.

La iniciativa solidaria de Pastores por la Paz, que fue bloqueada durante cierto periodo por el gobierno de Estados Unidos como infracción de las leyes del boicot, fue el resultado de una relación muy estrecha entre el Centro Martin Luther King y las Iglesias evangélicas estadounidenses.

El padre Suárez, desde el inicio de los noventa, viene desarrollando una intensa labor de formación de educadores populares. Quizá es por la seriedad de su empeño que la gente de su diócesis, en el barrio de Marianao, en 1993 lo eligió diputado a la Asamblea Nacional y en el 98 lo reconfirmó. Pero es indiscutiblemente por su labor que la Iglesia protestante tiene un enraizamiento social por ahora más sólido que el de la Iglesia católica.

No por casualidad, cuando Fidel Castro, en el otoño de 1995, acudió a Nueva York para el cincuentenario de la ONU *no dejó de visitar, acogido con gran fervor, la Abyssinian Church de Harlem, verdadero santuario de los negros de fe baptista.*

Para Fidel Castro fue un regreso al pasado, al día hoy histórico de septiembre de 1960 en que, en el Hotel Theresa de Harlem, se encontró con Malcom X, ideólogo y líder del movimiento afroamericano de los Black Muslims (musulmanes negros), para hablar de autodeterminación y liberación nacional. Para no faltar a esta cita, Fidel dejó el hotel en Manhattan, cercano a la sede de la ONU, *que los servicios de seguridad de Estados Unidos le habían asignado. Treinta y cinco años después de ese encuentro, contado por Rosemary Mealy y del que habló también el escritor LeRoi Jones, Fidel quiso recordar el inicio del compromiso común con la gente negra de Estados Unidos, reconfirmándolo años después, al acompañar al reverendo Jessie Jackson, líder demócrata del Congreso, a una iglesia baptista de La Habana. En los días en que el alcalde de Nueva York lo excluía del banquete oficial ofrecido por la municipalidad a los asistentes al cincuentenario de la ONU, Castro en Harlem, en la iglesia baptista, se sentía en su casa.*

Discurso de Fidel Castro con ocasión de su visita a Nueva York para el cincuentenario de la ONU octubre de 1995

He recordado a menudo aquellos días de mi primera visita [en septiembre de 1960. N. del A.] con mucha gratitud... Me decía: "Tengo que ir... tengo que volver a saludar a mis hermanos de Harlem y con ellos a los hermanos de América Latina y los hermanos de Puerto Rico". Pero antes tenía la obligación de asistir a celebraciones, como la que tuvo lugar ayer. Creo que hubo un banquete y creo que el alcalde de Nueva York afirmó que soy un demonio y que no se podía invitar a un demonio a un banquete. No importa, pensé, sufriré hambre como un refugiado. Luego me dijeron que había también un concierto y que la invitación provenía de las Naciones Unidas, pero la orquesta era municipal y el alcalde objetó que la orquesta no podía en modo alguno tocar para un demonio. ¡Luego, sin embargo, ocurrió lo imprevisto! Una familia rica, de empresarios, me invitó a cenar. Tuvieron la orden de invitar al demonio. Una paradoja que nos alegra, porque cada vez son más las personas convencidas de que endurecer el embargo contra nosotros es absurdo, una locura. Son muchos los hombres de negocios que hoy se oponen a esas sanciones y luchan contra el bloqueo. Por otro lado, ¿por qué ustedes en Harlem reciben a nuestra delegación con tanto respeto, con tanto afecto? Debe haber una respuesta a esta pregunta y quizá está en la constatación de que si los demás no han cambiado, tampoco nosotros lo hemos hecho, y si nuestros adversarios se ven obligados a cambiar porque no tienen razón, nosotros no cambiaremos porque tenemos razón. La prueba de que estamos en lo justo es la solidaridad de ustedes y el calor y la cordialidad con que hoy nos han acogido. Pienso que nuestro pueblo ha cumplido con sus deberes morales, ha tenido fe en sus principios, ha conservado la solidaridad. Hemos sabido tener fe en nuestros valores y ustedes, con su actitud, reconocen esta conducta. Aquí en Harlem conocí a Malcom X [se refiere también al mes de septiembre de 1960. N. del A.], conocí a muchas personalidades... Eran días difíciles. Los días, en realidad, son siempre difíciles, pero en aquella época nos aguardaba un camino muy largo, la gran batalla de Martin Luther King por los derechos civiles, las luchas de las minorías negras, hispanas, de América Latina y de otras partes, para mejorar las condiciones de vida; las batallas a favor de los pobres, de los viejos, de los enfermos... Sé que muchas de esas conquistas hoy están en peligro. Sé que hay quien quisiera acabar por completo con la protección a los niños, a los ancianos y a los enfermos, liquidar los mecanismos estatales que la sostienen, anular las grandes conquistas que la población más humilde de Estados Unidos ha hecho en estos años. Cuando veo tanto sufrimiento, me viene a la mente la historia o, mejor, la leyenda de un indio cubano, el indio Atuey. Al observar el espíritu con que los españoles habían llegado a América Latina, blandiendo tanto la cruz como la espada (pero, ¿cómo se puede imponer la cruz con la espada?), el indio Atuey se rebeló contra los conquistadores y por esto fue condenado a morir en la hoguera. Poco antes de la ejecución le dijeron, sin embargo, que había un cielo y que lo querían bautizar para que pudiera ir al cielo. El indio no respondió si aceptaba o no, pero les preguntó si también los españoles iban al cielo. Al recibir una respuesta afirmativa, "¡Bien —exclamó—, si ustedes van al cielo, entonces yo prefiero renunciar!" Análogamente, en este mundo tan lleno de injusticia, muchos en la actualidad prometen el cielo. Y me vienen deseos de responder: "Al cielo que el mundo moderno propone nosotros no queremos ir. Nosotros aspiramos a un cielo de justicia, de dignidad humana, de hermandad. Yo creo sólo en un cielo donde tengan ciudadanía todos estos valores y por ese cielo estoy dispuesto a dar la vida".

GIANNI MINÀ: *Reverendo Suárez, ¿cómo es posible que un pastor baptista haya sido elegido para la Asamblea Nacional Cubana?*

RAÚL SUÁREZ: Hace algunos días, Fidel Castro hizo una evaluación sobre la composición de la Asamblea Nacional del Poder Popular y, en ese análisis, dedicó una atención particular a los creyentes. De todos modos, esta pregunta que me hace es pertinente. Diría que mi elección es el resultado de un diálogo que ha favorecido la comprensión entre cristianos y marxistas y en el curso del cual hemos tenido oportunidad de discutir con los vértices de la Revolución sobre la relación entre Iglesia y Estado. Puedo pues afirmar con serenidad que la presencia de creyentes en la Asamblea no se debe a presiones internacionales sobre

Cuba, ni mucho menos a peticiones hechas por las Iglesias, tanto dentro como fuera del país, para tratar de tener una cuota de creyentes en el Parlamento. Este resultado se debe al acierto de la Revolución y también al testimonio de muchos creyentes que, como yo, no han hecho caso del canto de las sirenas de la emigración y se han quedado en Cuba, junto con el pueblo.

¿Por qué la Iglesia baptista ha tenido una posibilidad de diálogo más fecundo con la Revolución, antes que la Iglesia católica?

La oportunidad de dialogar ha sido ofrecida a todas las Iglesias, pero al triunfar la Revolución, nosotros los protestantes por fortuna teníamos ya operante nuestro consejo eclesiástico en Cuba, que hasta hace poco se llamaba Consejo Ecuménico de Cuba. En el ámbito de ese organismo, que reagrupa a las principales iglesias protestantes, hubo siempre un sincero interés, de parte de los responsables ecuménicos evangélicos, por discutir los problemas con los dirigentes de la Revolución. Con tal fin, en 1961, la Revolución creó una oficina gubernamental que se ocupa de las cuestiones religiosas del país y puso al frente a un compañero de mucha experiencia, como es el doctor José Felipe Carneado. El Consejo Ecuménico, por un lado, y esta oficina, por el otro, entablaron el diálogo que en algunos momentos fue mantenido incluso con el mismo Fidel Castro. En 1984, 14 de nosotros participamos en una reunión con Fidel; luego, en 1990 y, recientemente, el pasado mes de diciembre nos volvimos a encontrar con él para evaluar juntos las relaciones entre Iglesia y Estado.

En otras palabras, hemos tenido este espacio de diálogo y también las condiciones para hacerlo crecer.

La jerarquía de ustedes no se comportó como la católica que en un comienzo se mostró hostil a la Revolución, hasta el punto de que el cardenal de La Habana se autoexilió en la embajada argentina, declarando abiertamente ser contrario al proceso político que tenía lugar en aquel momento en Cuba.

Éste es un tema del que nosotros los protestantes cubanos no nos ocupamos, porque no nos gusta juzgar la actitud de otras Iglesias respecto de la Revolución.

Tres sacerdotes participaron en la fallida invasión de Bahía de Cochinos de parte de los invasores.

Sí, es cierto. También un pastor protestante se unió a los mercenarios; pero al propio tiempo, en la Bahía de Cochinos hubo pastores que, como yo, nos pusimos de parte del pueblo y auxiliamos a los heridos. En cierta forma hubo una compensación. No hay duda, como sea, de que la Revolución creó muchas más molestias a la jerarquía católica cubana que a nosotros los protestantes, porque en América Latina existía ya entonces un movimiento ecuménico dentro del protestantismo que trabajaba con los estudiantes, con los jóvenes, con las Iglesias. Existía también el departamento denominado "Iglesia y Sociedad" y una revista que poco a poco había ido creando una conciencia de los problemas de los pueblos latinoamericanos. Esta atención, este fervor, se asentó también en Cuba y en cierto sentido nos preparó para el encuentro con la Revolución. Nosotros nunca pensamos que el comunismo fuera algo intrínsecamente perverso, por más que, dadas las relaciones con Estados Unidos, había también en nuestras Iglesias una fuerte dosis de anticomunismo. Sin embargo, la Revolución no nos importunó tanto como a la Iglesia católica.

En los años de la Revolución, en los años, por así decir, más duros, cuando aquí en Cuba la presión soviética era fuertísima, ustedes, como Iglesia protestante, ¿fueron alguna vez privados de la libertad de culto, como les sucedió a algunos representantes de la Iglesia católica? ¿Hubo alguna vez momentos de tensión?

La Iglesia protestante, en las distintas etapas de la Revolución, ha vivido diversos momentos, de mayor o menor comprensión. Volviendo la vista atrás, diría que fue difícil para nosotros comprender por qué una Revolución que tenía como bandera y praxis la justicia social, la igualdad, la justicia distributiva y que buscaba el bienestar del país, quisiera unir a todo eso una actitud atea. Tratando hoy de repasar aquellos momentos, diría en primer lugar que nosotros los protestantes y baptistas estamos de acuerdo con la afirmación de Fidel en la reunión que tuvimos con él: en la época de la lucha armada, el ateísmo no formaba parte del carácter del movimiento revolucionario cubano, ni en la actitud ni en la dialéctica de los dirigentes. En cierta medida se trató, pues, de un elemento trasplantado del movimiento comunista internacional, como parte de una tradición atea, típica —diría— del modelo soviético. En tal contexto, el ateísmo era de verdad una cuestión esencial, al grado de que también nosotros aquí en Cuba, cuando la presencia soviética se hizo más marcada en nuestra sociedad, tuvimos que afrontar el ateísmo científico, que no existía en la tradición revolucionaria cubana —desde el siglo pasado hasta hoy— ni aparecía en el pensamiento de las máximas figuras del Movimiento 26 de Julio ni de Fidel Castro. Fue pues algo impuesto y esto sí nos creó molestias, porque la crítica revolucionaria contra la religión que habían hecho personajes del pasado, como José Martí o más recientemente Fidel Castro, es un análisis que ha hecho bien a la Iglesia. Era una crítica, en realidad, que no trataba de destruir la religión ni de envilecer los valores de la fe cristiana en cuanto tal. La crítica marxista-leninista de corte soviético tenía, en cambio, intentos destructores: era un desafío a la fe. Y para nosotros era, en efecto, una limitación, porque nos negaba incluso la oportunidad de sentirnos útiles en la sociedad partiendo de nuestra fe. Todo lo que olía a religión era considerado, sin más, un elemento reaccionario, retrógrado, anticientífico, etcétera. Por fortuna, este convencimiento no estaba presente en el pensamiento de Fidel Castro, el cual, desde el principio, sostuvo que traicionar al pobre significa traicionar a Cristo.

¿No es sorprendente que tantos años después de esta aparente contraposición de ideas y valores, el pensamiento de Fidel Castro a propósito de la dignidad del hombre coincida con el del papa Juan Pablo II?

Pienso que, como todo ser humano, tanto uno como el otro han madurado su pensamiento a partir de la realidad nacional e internacional en la que viven. Opino que el Papa de ahora no es exactamente el mismo que inició el pontificado. Ha habido una gran evolución en su interpretación. Pienso que ha habido un momento en que el papa Juan Pablo II creyó sinceramente en la posibilidad de un capitalismo de rostro humano; pero la historia, el reciente desenvolvimiento de los sucesos en Europa del este y de otras partes, en especial en el Tercer Mundo, debe haberle proporcionado la prueba evidente de que el capitalismo, como dicen algunos católicos latinoamericanos, es intrínsecamente perverso, porque no sólo destruye, como lo ha hecho, la obra creada por Dios, o sea, la naturaleza, sino que aniquila también la riqueza más grande de la naturaleza, que es el ser humano. Y esto resulta evidente después del fallido intento de aplicar las fórmulas económicas del neoliberalismo al Tercer Mundo. La experiencia nos dice que el capitalismo de rostro humano no existe, que no es posible conciliar la dignidad, el desarrollo y la realización completa del ser humano con lo que el capitalismo propone y desea. También el pensamiento de Fidel Castro se ha ido enriqueciendo con el tiempo, pero se ha mantenido coherente, en especial en lo relativo a una posible opción capitalista para nuestro pueblo, opción que siempre ha rechazado, partiendo —diría yo— más que de un pensamiento marxista verdadero y propio, del conocimiento de la tradición martiana y de la experiencia como revolucionario cubano. Me gustó, hace algunos días, escuchar y ver por televisión a Fidel leyendo algunos pasajes de conferencias y discursos del Papa y llegar a la conclusión de que él firmaría lo que también el pontífice dice sobre temas como la pobreza, la injusticia social, las enfermedades, el analfabetismo. Hay pues una coincidencia de las respectivas visiones, pero hay también una diferencia: mientras Fidel propone un modo para erradicar estos males, en el pensamiento de Juan Pablo II no aparece aún una solución práctica o teórica para estos problemas. Es un poco romántico e idealista, según yo, esperar que los poderosos muestren buena voluntad, tengan misericordia para los pobres, se conmuevan y actúen. La historia nos enseña que el bien más grande que podemos hacer a los ricos es precisamente una revolución que los vuelva dignos y los impulse a compartir sus riquezas con los demás. Porque si no lo hacen por amor, lo harán al menos por las leyes de la revolución. Creo que en esto estriba la diferencia entre la actitud del Papa y la de Fidel.

¿La Iglesia de ustedes es frecuentada por gente acomodada o rica?

No mucho. En el pasado, nuestra Iglesia acogía en su mayoría a fieles de la clase media baja. En general, eran campesinos, obreros, empleados, amas de casa, jubilados. Éste era el grupo social que frecuentaba la Iglesia, y la mayoría absoluta de nosotros los pastores es de extracción muy humilde, muy pobre. Esto nos ha ayudado a comprender mejor la revolución socialista.

Reverendo, ¿cuál es su historia y cuál es su procedencia?

Nací aquí en el noreste de la provincia de La Habana, en un pueblecito llamado Aguacate. Mis padres eran braceros agrícolas y trabajaban sólo cuatro meses al año. Mi familia era numerosa: éramos nueve hermanos. Cuando llegó la Revolución, cinco de ellos eran analfabetos, mientras que yo, que desde 1953 había entrado en la Iglesia, tenía un mínimo de preparación. De mis hermanos, el que tenía mayor grado de instrucción había llegado hasta tercer grado de primaria, porque todos tuvimos que dejar la escuela a los ocho años para ir a trabajar con nuestros padres.

¿Dónde trabajaban?

En el campo. Éramos peones agrícolas, cortábamos caña, como nuestro padre. Mi viejo pasó toda la vida en las plantaciones, por esto, cuando se inició la Revolución algunos de mis hermanos se unieron al movimiento, fueron guerrilleros y, gracias a la Revolución, se alfabetizaron. En mi familia, cinco hermanos son militantes del Partido y nunca han tenido agarrones conmigo, porque todos sabemos que hay revolucionarios creyentes y revolucionarios ateos o agnósticos.

¿Dónde realizó sus estudios religiosos?

Estudié en el seminario baptista de La Habana y luego me especialicé en teología latinoamericana de la Liberación en el seminario de la ciudad de México. Además me doctoré en historia de Cuba en la Universidad de La Habana.

La teología de la Liberación ha constituido un paso importante en la evolución de la Iglesia católica de nuestro tiempo. ¿Qué piensa de esta interpretación de la fe, inde-

pendientemente de los problemas que este movimiento arrastra para afirmarse?

Creo que la mayor contribución de la Iglesia latinoamericana a la teología universal ha sido precisamente la teología de la Liberación, porque ha sido una expresión coherente con la realidad de miseria, explotación, humillación y marginación en que han vivido nuestros pueblos. Estos teólogos han respondido a la solicitud que el Che hizo a los cristianos al comienzo de los años sesenta, al proclamar: "El día en que los cristianos de América Latina se unan a la Revolución, la sublevación del continente será inevitable". Este pensamiento siempre me ha gustado mucho por varias razones: en primer lugar, porque establece las reglas del juego en la relación entre cristianos y marxistas, recordándoles a los cristianos: "En el esfuerzo conjunto a favor de la liberación, ustedes no han de tratar de imponer su fe a los demás revolucionarios, pero tampoco tienen que esconderla". Y esto, en lo personal, me ha ayudado mucho, porque en mi práctica y en mis relaciones con los compañeros cubanos marxistas nunca he tratado de imponerles mi visión de la fe y de la ética (creo, en efecto, que cada uno tiene los fundamentos necesarios para expresar la propia fe y la propia ética), pero tampoco he escondido mi credo. En otras palabras, no ando por ahí anunciándolo, pero nunca me he avergonzado de mi identidad cristiana y me siento respetado por nuestro pueblo, por nuestra gente. ¿La ha visto hoy en la iglesia, no? El afecto que el pueblo de los creyentes me muestra se debe al hecho de que he tratado de mantener una actitud revolucionaria con una motivación cristiana. De igual modo, hay revolucionarios que desarrollan su acción basándola en motivaciones de fe marxista-leninista y tienen todo el derecho. Creo que no existe contradicción entre una motivación y otra, si hay respeto y si hay un verdadero ecumenismo en los compromisos con nuestro pueblo. En este sentido, creo que la teología de la Liberación ha contribuido en gran medida al pensamiento cristiano universal. No obstante que algunos creen que hoy es historia pasada, sostengo al igual que Frei Betto, Leonardo Boff y otros hermanos latinoamericanos que, mientras haya marginación, opresión, explotación, pobreza y miseria en América Latina, habrá que pensar, a la fuerza, en términos de una fe liberadora y, por tanto, la teología de la Liberación siempre será válida, hasta que llegue la Revolución.

¿Piensa usted que en este subcontinente la Revolución sigue siendo actual?

El hecho es que no hay alternativa.

Lo dice un hombre de iglesia.

Sí. Yo creo que no hay alternativa para un cambio radical en la situación de nuestros pueblos. Puede haber revoluciones, como la sandinista, donde los guerrilleros escogieron la lucha armada y conquistaron el poder; o habrá otras formas, pero el futuro deberá pasar necesariamente a través de un cambio radical de todas las estructuras de la sociedad de los pueblos latinoamericanos.

La Revolución puede significar también armas y gente que muere. ¿Es aceptable para un hombre de iglesia semejante eventualidad?

Es una cuestión en la que hemos meditado. Creo que existe una violencia que destruye la vida de los pobres, de los más débiles, incluso sin armas. Hay que admitir, libres de hipocresía, que a nuestros pueblos los mata una violencia que no es la de la bomba atómica o la de las ametralladoras.

Sino la violencia económica de los bancos, de las grandes multinacionales...

En efecto, la violencia de los opresores, de los explotadores, de quienes mantienen a los pobres en la miseria. Así, la actitud que los más débiles asumen cuando defienden la propia existencia yo la definiría "contraviolencia", porque no es una violencia irracional, sino un actuar en favor de la vida. Cuando yo hablo de revolución, pienso en las palabras que la Virgen María pronuncia en el *Magníficat*: "El Todopoderoso me ha hecho grandes cosas, santo sea su nombre; porque quitó de los tronos a los poderosos y exaltó a los humildes. A los hambrientos colmó de bienes y a los ricos envió vacíos". Creo que este lenguaje religioso es el más apropiado para entender el sentido de una revolución. Una revolución es el instrumento que cambia una realidad dolorosa, como diría Camilo Torres. Dar de comer a los hambrientos, vestir a los que andan desnudos, curar a los enfermos: las acciones que la Iglesia siempre ha definido como signos de amor al prójimo, son al mismo tiempo la esencia de la revolución. Por esto pienso que un cristiano, si lo es de verdad, tiene que ser por fuerza revolucionario.

¿Sabe usted que en Europa, para cierta clase de humanidad que vive de manera privilegiada, sus palabras pueden parecer incluso que incitan al terrorismo? Danielle Mitterrand, la viuda del ex presidente francés, una vez dijo polémicamente: "El mundo de los poderosos debe empezar a comprender que existe diferencia entre terrorismo y resistencia". ¿No teme usted ser mal interpretado?

No, porque conozco la existencia de una raíz bíblica y teológica, que las Iglesias a veces pasan por alto, no reconocen o no lo quieren enfrentar. Se trata de una tradición, la hebreo-cristiana, que reclama la justicia social, de la que hablan los profetas hebreos y que reafirmó Jesucristo. Si hoy Jesús se presentase en alguna plaza pública o en alguna iglesia y pronunciase palabras como éstas —Bienaventurados los pobres, porque hoy tienen hambre, pero serán saciados, y guardaos los ricos y hartos, porque un día tendréis hambre—, si Jesús, repito, se expresara hoy en esos términos, sería tachado de terrorista. Pero baste recordar que en los Hechos de los Apóstoles se habla del intento de la Iglesia primitiva de crear un proyecto de sociedad alternativa a la del Imperio romano, que era una sociedad esclavista: una comunidad donde nadie pudiera afirmar que lo que posee es suyo, donde los hombres se sintiesen una única alma y un único corazón; una sociedad donde no hubiera indigentes, pero que a cada uno se le diera lo que necesitara. Esto no lo ha dicho Carlos Marx; está en la

Biblia. Y la Biblia tiende más a un proyecto de sociedad socialista que a una idea de sociedad capitalista, individualista, consumista, fundada en el "sálvese quien pueda", una sociedad de acomodados, como los que acaba usted de mencionar y que se comportan como un coterráneo mío, el cual luego de comer solía decir: "He comido yo, ha comido La Habana". Muchos están convencidos de que, como ellos comen, también comen los demás. Pero todos sabemos que no es así. Las estadísticas son cada vez más terribles para la conciencia cristiana, cuando nos damos cuenta de que en los países latinoamericanos o del Tercer Mundo los ricos son cada vez más ricos y los pobres, cada vez más pobres y que, en términos políticos, esto significa que hay pocas naciones cada vez más poderosas y otras cada vez más indigentes. Estoy hablando de valores materiales, porque a veces la pobreza económica de estos países contrasta con la riqueza espiritual que hay en los pueblos. Así pues, la pregunta que debemos hacernos es: si creemos en Dios, si tenemos una fe basada en los fundamentos de las Escrituras, ¿hacia qué objetivos hemos de dirigir nuestra decisión y nuestro empeño por cambiar las cosas? Como decía José Martí, todo el mundo debe poner en juego la propia suerte por los pobres de la tierra. La suerte y la vida, si es necesario, en favor de la plena dignidad del ser humano.

¿Es por este motivo, por el escenario que usted nos ha descrito, que santo Tomás de Aquino justifica el tiranicidio?

Claro, y también Martín Lutero y muchos cristianos. Como cristianos quisiéramos que los seres humanos compartieran sus cosas partiendo del amor, pero la historia nos ha enseñado que el único modo de hacerlo es a través de una ley revolucionaria que nos obligue a esta decisión. Desgraciadamente así es: ésta es la realidad de la historia.

¿Juan Pablo II, en los cinco días de su visita pudo haberse percatado de lo que usted nos está indicando o bien lo que usted nos dice es sólo la utopía no realizada de un país?

Pienso que el Papa constató que había llegado a un país donde se ha realizado la auténtica Revolución, porque el proyecto social que se ha llevado adelante no es el resultado impuesto por los medios blindados de una potencia extranjera que nos hubiera ocupado, sino que ha sido puesto en pie por un gobierno llamado socialista y ha dejado en el poder un sistema llamado socialista. Éste es un proyecto nacido de la tradición revolucionaria de nuestro pueblo. Si se estudia con atención el carácter de la Revolución, nos daremos cuenta de que la opción socialista en la construcción de nuestra sociedad es la consecuencia de un pensamiento y de un compromiso de lucha histórico en nuestro país. En otras palabras, la Revolución, desde finales del siglo pasado, no sólo se propuso lograr la independencia de España, sino que puso sobre el tapete un asunto ético, como la abolición de la esclavitud. Ya la Revolución de 1895, además de la independencia nacional y la igualdad de los cubanos, se propuso como misión histórica una actitud antiimperialista. Guste o no, ésta es la verdad. En 1933, los cubanos repropusieron su idea de la revolución, aunque fracasó, pero para entonces ya era clara la exigencia de una alternativa al modelo capitalista. Si la Revolución que triunfó en 1959 hubiera sido sólo una de tantas revoluciones burguesas o a lo más democrático-burguesas, como algunos habrían querido, no se habría mantenido en la línea histórica de nuestro país. Creo que la transformación de la estructura capitalista era una necesidad indispensable para que nuestro pueblo pudiera vivir, como ha ocurrido, aquel cambio capaz de dar dignidad a su vida. Y éste es el resultado que ven claro todas las personas que vienen a visitarnos. En los cinco días que el papa Juan Pablo II permaneció en nuestro país, no le pedimos que bendijera lo que estamos haciendo. Su misión era otra: una misión apostólica, pastoral, misionera, si bien en sus discursos ha manifestado, a pesar de todo, la preocupación —como ha subrayado Fidel Castro— por la deuda externa, la justicia social y la justicia distributiva, la pobreza y la miseria. El Papa ha sido bien recibido en nuestro país porque ha hablado en estos términos, pero habría sido acogido con el mismo favor si hubiera tocado sólo temas teológicos, evangélicos, cristianos.

Pero si el Papa hubiera abrazado la tesis de los disidentes cubanos, a saber, que Cuba es un gulag, una isla-cárcel, ¿qué habría sucedido? ¿Cómo habría reaccionado el pueblo cubano?

Las homilías de Juan Pablo II no han transparentado esas mediocres campañas de descrédito, por más que no haya renunciado a una serie de temas que son coherentes con su pensamiento bíblico, teológico, religioso, social, ni haya renunciado a su papel de jefe de Estado. Pero aun si hubiera sucedido, le habríamos pedido a nuestro pueblo que no protestase, que no impugnase. Desde luego, habría sido difícil para el pueblo cubano escuchar argumentos que son usados cínicamente sólo para sustentar un proyecto de muerte, como es el pensamiento neoliberal impuesto a toda América Latina. La economía neoliberal es una idea de muerte y sería un contrasentido que un hombre con la sensibilidad de este Papa tratara de justificar tal perspectiva; por el contrario, la ha criticado explícitamente. Durante su visita a Cuba, el Papa ha estado muy atento y ha sido muy discreto al afrontar situaciones que, en vez de reunir a nuestro pueblo, habrían aumentado la división, la disensión. No es la línea que el Vaticano y la Iglesia católica están siguiendo en un momento en que hay una tendencia a enfatizar más bien el sentido de unidad nacional, de mutuo respeto y la necesidad de contribuir a nuestra buena voluntad evangélica, cristiana, al bienestar del pueblo.

El último tema que le propongo es el de la relación entre la Iglesia protestante cubana y el sincretismo. ¿Cuáles son las relaciones y las posibilidades de convivencia?

Comenzaría diciendo que no hay un criterio unánime en entender esta convivencia. Dentro del protestantismo había una tradición, heredada de los misioneros norteamericanos —que eran principalmente del sur— que escondía un germen de racismo y de discriminación, según el cual muchos ritos ligados a la cultura africana se veían como elementos satánicos, diabólicos. Este prejuicio se reservaba sobre todo a los cultos difundidos entre la población negra e influyó en muchos de nosotros. Sin embargo, el hecho de vivir, como yo hago, en barrios como Poboloti, Zamora, Los Pocitos, Cocosolo, que fundamentalmente están habitados por familias de población negra, donde el concepto y la práctica religiosos en general son los de la santería, me ha obligado, en primer lugar, a una elección honesta: la convivencia. Tengo que vivir junto a estas personas y esta cohabitación me ha enseñado que en la grandísima mayoría de los casos se trata de gente honesta, correcta, personas que tienen sólo un modo de ver la fe religiosa diferente del mío. Hay, de hecho, personas con las que no sólo convivo, sino con las que a menudo trabajo para mejorar la existencia de nuestra colectividad, de nuestro barrio. Por otro lado, mi formación teológica me ha enseñado a desconfiar (algunos lo llaman sospecha ideológica) de las actitudes demasiado críticas respecto de una forma religiosa como la santería. A veces digo: si me siento en un parlamento como el de Cuba, donde hay una buena cantidad de compañeros marxistas-leninistas que no tienen fe religiosa y, sin embargo, estoy junto a ellos y con ellos voto leyes, trabajo, y los respeto y me respetan, no veo por qué no tendría que mantener la misma actitud con estas personas que sólo tienen un modo de creer diferente del mío. Por otro lado, estoy convencido de que hay un valor humano y sociológico en la santería, similar al de las Iglesias negras que, en el sur de Estados Unidos, hasta nuestros días, surgieron como alternativas a la Iglesia blanca. Este fenómeno tiene un porqué: el esclavo no puede adorar al Dios del esclavista y esto fue lo que ocurrió en Cuba. Al llegar el domingo, ¿cómo podían los esclavos adorar al Dios cristiano o el concepto cristiano de la vida, si quienes rezaban a ese Dios eran los esclavistas que los explotaban, los habían arrancado de África, se los habían llevado en contra de su voluntad a nuestras tierras y los obligaban a trabajar hasta veinte horas al día? ¿Cómo conciliar todo esto? ¿Cómo se puede adorar al Dios de quien te está destruyendo la vida? Por lo mismo, tengo una simpatía cultural por esta actitud que Fernando Ortiz, un gran etnólogo nuestro, ha llamado "transculturación" y que representa el modo instintivo que tenían de defenderse los esclavos. Ellos buscaron una especie de coincidencia entre la serie de santos cristianos y los orixás del panteón yoruba y produjeron el fenómeno del sincretismo. De esta manera podían sobrevivir, mantener sus creencias, sin caer en la trampa de aceptar la fe de quienes les destruían la existencia. Yo creo que su coraje e inteligencia merecen nuestro reconocimiento y no pienso que el Padre Eterno se pueda airar con aquellos que rehúsan adorar al Dios de quienes atentaban contra su vida. Aunque, de una manera distinta, es lo que hizo el indio Atuey. Antes de pegar fuego a la leña, alguien de quienes lo conducían a la hoguera, un sacerdote, le preguntó: "¿Quieres ir al cielo?". Y el indio Atuey respondió: "Todos los españoles también van al cielo?" Y el sacerdote le replicó: "¡Pues claro!" El indio Atuey meneó la cabeza y respondió: "Bien, entonces yo no quiero ir a ese cielo". Yo me identifico con Atuey, porque no sé cómo podría pasar la eternidad al lado de quien me estaba mandando a la pira. Es una actitud bastante semejante a la que tuvieron los esclavos africanos de nuestro país.

Por este pasado y esta historia, el concilio Vaticano II decidió que el indio tenía que ser sujeto y no objeto de la evangelización.

Ciertamente. Fue una gran intuición, de donde se ha desarrollado un nuevo concepto de la evangelización: para ser acogidos en la Iglesia no es ya indispensable romper con el trasfondo cultural y religioso que cada uno lleva consigo, aunque esto no significa que se tenga que aceptar el sincretismo. En mi práctica pastoral me encuentro a menudo con esta experiencia: dieciséis personas militantes del Partido Comunista de Cuba se acercaron a mi Iglesia, tuvieron una experiencia de fe y se hicieron bautizar. Hay otras Iglesias que cuando un militante del partido se convierte, le dicen que tiene que dejar el carné. Cuando los nuevos fieles me preguntan: "Pastor, ¿qué hago con el carné? ¿Cómo concilio la fe con la militancia?" Yo respondo: "¡No tienen que dejar que se pierda esta experiencia! Lo que hay que hacer de ahora en adelante es, en todo caso, ser mejores militantes, porque si ustedes tienen a Cristo en el corazón, tienen un elemento ético, espiritual, religioso que inevitablemente los va a ayudar a ver otros aspectos de la vida que un marxista, un militante del partido no capta, no siente, aunque los pueda considerar con la razón". En otras palabras, para entrar a nuestra Iglesia baptista, no es necesario abandonar la militancia, sino comprometerse con una responsabilidad aún mayor. En sustancia creo que del bagaje cultural de las personas que abrazan nuestro credo es necesario eliminar algunos elementos negativos, legado de las contradicciones de la sociedad. Pero creo que hay también ciertos valores que pueden enriquecer aún más la nueva experiencia religiosa.

La última pregunta es de carácter personal: hoy, durante la liturgia, en la iglesia, he visto que la gente ponía las manos sobre la cabeza de usted, bendiciéndolo por su elección al Poder Popular. ¿Es un ademán que corresponde a la Iglesia protestante o al sincretismo?

Es un rito propio de nuestra Iglesia: cada vez que un miembro de nuestra comunidad, hombre o mujer, concluye los estudios o comienza su vida laboral, la Iglesia lo presenta a todos y los hermanos efectúan lo que la Biblia llama "imposición de las manos". Suplican al Espíritu Santo que la persona sea capaz de realizar la obra que le espera, una obra considerada socialmente útil. Tras haber sido elegido el 11 de enero pasado al Parlamento del Poder Popular por esta circunscripción, pedí a los diáconos de la iglesia que realizaran conmigo la ceremonia que se usa para el resto de la comunidad. Así, ayer pusieron las manos sobre mi cabeza y pidieron al Espíritu Santo que me hiciera capaz de afrontar dignamente los cinco años de labor parlamentaria que me esperan. Y, lo confieso, es realmente algo que me conmueve como pastor: sentir el apoyo y el sostén de mi Iglesia en el trabajo que debo desempeñar como miembro del Poder Popular cubano.

Jesús Montané

Al inicio, la revolución cubana no fue ni atea ni marxista. Fueron las selecciones sociales imprescindibles, la hostilidad de Estados Unidos y la precipitación de los sucesos y de la historia las causas que la empujaron hacia posiciones a veces integralistas, de las cuales se distanció poco a poco en los años ochenta, liberándose definitivamente después de la disolución de la URSS y de la desaparición del socialismo en los países del este de Europa. Al principio, tranquilamente podía formar parte de las tropas revolucionarias un sacerdote como el padre Sardiña, quien ofició la primera misa pública cuando, el primero de enero de 1959, los barbudos de Fidel Castro entraron en La Habana, luego de haber forzado a fugarse a Fulgencio Batista. El padre Sardiña, a pesar de algunos problemas con la jerarquía católica, que en esa época se mostraba claramente hostil ante todo cambio, mantuvo una actitud leal hacia la Revolución hasta su muerte, que sucedió prematuramente en 1964.

Un testigo fundamental para poder comprender aquel movimiento en el cual convivieron tantas almas es el comandante Jesús Montané, un intelectual que estuvo al lado de Fidel Castro hasta el día del fallido asalto al cuartel

Moncada de Santa Clara, primer acto de la Revolución, que se llevó a cabo el 26 de julio de 1953.

Montané es originario y delegado de la Isla de los Pinos, en la actualidad Isla de la Juventud, donde junto con Fidel, Raúl Castro y Juan Almeida, estuvo encarcelado por el fallido acto de insurrección, antes de beneficiarse, junto con los compañeros, de una amnistía que les permitiría continuar con la lucha.

Al inicio de la Revolución llegó a la isla el padre Sardiña, como párroco. Montané (en esta entrevista deseé escuchar las voces y las razones de todos los partidos) es también testigo de una época, de los años sesenta y setenta, en la cual, por mérito de un hombre culto y sensible, el nuncio apostólico monseñor Zacchi, comenzó a desmoronarse el muro del prejuicio, que por años había mantenido distantes a la Iglesia católica y a la Revolución. El trabajo inteligente de aquel buen diplomático de la Iglesia, en contratendencia respecto al episcopado cubano, debió esperar más de veinte años para dar frutos.

Gianni Minà: *Comandante Montané, la revolución cubana tuvo en sus filas a un sacerdote: Guillermo Sardiña. Este hecho es más bien insólito.*

Jesús Montané: Guillermo Sardiña fue el primer y único sacerdote del ejército rebelde. Nació el 6 de mayo de 1917 y falleció el 21 de diciembre de 1964, a los cuarenta y siete años. Tuvo una vida breve, pero muy fecunda. Fue antes de todo cristiano y después revolucionario; no estaba de acuerdo con la injusticia de la época y, poco a poco, tomó parte en el proceso revolucionario. Estuvo destinado a la diócesis de San Nicolás de Bari, en la Isla de los Pinos, en la actualidad Isla de la Juventud. De una u otra manera, el padre Sardiña hablaba siempre en sus sermones de la situación que la población de Cuba se veía obligada a soportar. Cuando estuvo prisionero con Fidel, después del fallido asalto al cuartel Moncada, todavía no lo conocíamos; en cambio, él sabía de nosotros y solicitaba noticias nuestras a los familiares que se comunicaban con nosotros en la clandestinidad.

¿Cómo tomó parte en la Revolución?

El relato sobre cómo se unió a la lucha por la liberación es extenso. Después de que encarcelaron a los otros compañeros y a mí, el 15 de mayo de 1955, el movimiento comenzó a tener éxito en Cuba y, naturalmente, también en la Isla de los Pinos; allí, nuestros compañeros, principalmente Magali Montané, que era la coordinadora del Movimiento 26 de Julio, tuvieron una relación intensa con él, porque, gracias a sus sermones, se dieron cuenta de que criticaba la tiranía y esto era sumamente útil.

¿La compañera Magali era pariente suya?

Era mi hermana; junto con mi esposa, Melba Hernández, fue a las montañas y se unió al tercer frente, capitaneado por el comandante Juan Almeida. Tenían ambas contacto estrecho con el padre Sardiña, que era un hombre modesto, sencillo, consagrado a los pobres; tanto, que llegó a poner de su bolsillo para solucionar los problemas de la gente más necesitada de la isla. Era un cura diferente, que estaba con la gente más modesta y humilde. Mi hermana y la compañera Melba se acercaron a él, pero no fue necesario reclutarlo, pues lo hizo solo.

¿Fue a la Sierra Maestra?

Tiempo después, en el mes de julio de 1957, cuando la guerrilla estaba activa desde hacía ocho meses, aunque todavía no se consolidaba. Cuando mi hermana Magali le preguntó: "¿Por qué va a las montañas?", él respondió: "Ahora ya no tiene caso ayudar con cinco, diez, quince o veinte pesos. Además de proporcionar mi apoyo espiritual, deseo compartir, allá en las montañas, la suerte de los que combaten por la liberación de nuestro país, la liberación de Cuba. Creo ahora que debo hacer algo más; debo compartir mi destino con los demás".

¿Participó en la batalla?

No, no tomó parte en la batalla; participó únicamente a nivel espiritual. Suministraba los sacramentos, bautizaba, casaba, celebraba la misa. Sin embargo, muchos de nuestros compañeros sostienen que, si hubiera sido necesario, habría estado dispuesto también a tomar el fusil y a combatir.

¿El padre Sardiña fue el único religioso que ayudó a la Revolución o hubo otros ejemplos?

El único sacerdote católico que fue a la Sierra Maestra como sacerdote fue Sardiña, que, en el momento del triunfo de la Revolución, recibió el grado de comandante, por sugerencia de Camilo Cienfuegos. Además, es interesante enfatizar que en las montañas, según lo que me relataron los compañeros, sostuvo un diálogo muy fecundo con Fidel, con el Che, con Camilo y con los otros protagonistas de la Revolución.

¿En esa época llevaban la cruz en el cuello el Che o Fidel?

Sí, en aquel tiempo varios compañeros en la Sierra tenían rosarios, cruces e imágenes religiosas. Esos mismos compañeros sostienen que el padre Sardiña no intentaba convertir a las personas; le gustaba más discutir. Era un hombre muy interesado en el proceso revolucionario.

¿Cuándo lo conoció?

Después del triunfo de la Revolución, llegué a estimarlo por su modo de comportarse. Respecto a su participación en la lucha, existe un testimonio muy interesante de los compañeros que estuvieron con él en las montañas. Era un hombre de constitución débil, pero durante las largas marchas, incluso cuando se fatigaba, continuaba caminando, soportando la fatiga con gran dignidad, con gran sentido de sacrificio. Por esto se ganó el respeto de todos los compañeros.

¿Fue él quien ofició la primera misa pública, cuando las tropas entraron en La Habana?

Sí, celebró la primera misa pública mientras las tropas entraban en la capital. Sin embargo, considero que debemos hablar también de su carácter. Hace pocos años, en el aniversario de su muerte, me tocó recordarlo. Lo hice con palabras que desearía repetir:

> Como verdadero cristiano no renunció a sus principios religiosos por abrazar la Revolución. Resumo en una síntesis magistral el itinerario de su vida: no dejó de ser sacerdote por el hecho de ser revolucionario ni tampoco renunció a ser revolucionario por el hecho de ser sacerdote, como se dijo en su tiempo. El hecho de ser un cristiano legítimo lo obligó a comportarse como un revolucionario auténtico. Siguió las huellas de José Martí, apóstol de la independencia de Cuba, y dedicó su vida a defender a los más humildes, como los campesinos a quienes se les quitó la tierra. Su elección de vida se traduce en una síntesis en la cual encontramos una identidad plena con el cristianismo y la revolución, el verdadero cristianismo y nuestra Revolución socialista.

Sin saber que el Papa un día iría a Cuba, escribió algunas palabras que anticipaban el mensaje que en estos días Juan Pablo II propuso a los cubanos.

La mayoría de los compañeros que dirigieron la Revolución estudiaron en colegios religiosos; asistí principalmente a la escuela pública, pero recibí parte de mi instrucción en un colegio religioso.

Fidel Castro también estudió con los jesuitas.

Primeramente con los hermanos de la escuela cristiana y después con los jesuitas; yo estudié en un instituto en la Isla de los Pinos, llamado colegio San José; allí pasé algunos años. Ninguno de nosotros tuvo, por otra parte, una posición antirreligiosa; respetamos todos los cultos, ya fuera el católico, el protestante o el sincretismo y respetamos a todos los creyentes y a los no creyentes.

Por esto, Fidel enfatizó en el aeropuerto: "Si han transcurrido muchos años sin diálogo, no ha sido culpa nuestra".

Durante mucho tiempo tuvimos dificultades con la Iglesia, para ser más precisos, con la jerarquía de la Iglesia católica cubana. Es necesario reconocer que miles de jóvenes y de ancianos, personas de todas las edades, son católicos y en ese tiempo amaban la Revolución. No existe necesariamente una contradicción entre la religión y la Revolución y ésta ha sido siempre nuestra opinión.

¿El padre Sardiña tuvo problemas con la jerarquía católica por su gesto de lealtad hacia sus confrontaciones?

Sí, tuvo problemas, pero de cualquier manera siempre tuvo a su cargo una parroquia, como la de la Isla de los Pinos, por ejemplo.

Sin embargo, no le dieron una parroquia citadina...

No, no la tuvo a su cargo, porque tenía convicciones muy firmes respecto a esto y después abrazó la Revolución.

El cardenal de La Habana en aquel tiempo, después del fracaso del desembarco de los anticastristas en la Bahía de Cochinos, se autoexilió en la embajada argentina. Evidentemente, había una diferencia sustancial en la actitud de un sacerdote humilde, como el padre Sardiña, y en la de la alta jerarquía.

Entrevistaron a Sardiña en un programa llamado *Ante la prensa* y le preguntaron su opinión sobre la reforma agraria y sobre la ley concerniente a la nacionalización. Respondió que estaba de acuerdo, que eran medidas necesarias para la Revolución. Lo sostuvo en un programa de difusión nacional. Posteriormente, junto con el capitán Jorge Enrique Mendoza, que era el director de *Granma* —y ahora ya difunto—, viajó a dieciséis países de América Latina para defender la Revolución, en lo que se llamó "operación verdad". En esos países tomó la palabra muchas veces para defender la Revolución. No se limitó a la lucha en la Sierra Maestra, sino que defendió a la Revolución hasta la víspera de su muerte.

¿Y cómo reaccionó cuándo ustedes votaron por la elección marxista-leninista?

De este hecho no sé nada. Lo único que puedo decir, como indiqué anteriormente, es que no renunció a la religión por el hecho de ser revolucionario.

En la época en la que su diálogo con la Iglesia cubana era difícil, el nuncio apostólico era monseñor Zacchi. Con él sostuvo relaciones más leales.

Fidel, los compañeros del gobierno de la época y yo sostuvimos un diálogo muy constructivo con monseñor Zacchi; se puede decir que fue un milagro que eligieran para Cuba un nuncio capaz de tanta comprensión inteligente sobre el proceso que vivía el país. Comenzó a remediar las dificultades que teníamos con la jerarquía católica y resolvió uno a uno los problemas con gran sagacidad y lealtad, ya fuera en la confrontación con la Iglesia o con los compañeros revolucionarios.

Usted sabe que cuando monseñor Zacchi abandonó Cuba, por causa de la relación transparente establecida con el gobierno cubano, en Miami fue acusado de ser un agente cubano. Sin embargo, el papa actual, Juan Pablo II, a su regreso a Roma lo nombró director del instituto que forma a los diplomáticos del Vaticano. Parece bastante extraño que el Papa haya elegido a un "agente cubano" para formar a los diplomáticos de la Iglesia...

Esto es interesante y hace comprender la vileza de esta propaganda. Nos dio mucho gusto la carrera ascendente de monseñor Zacchi en el Vaticano. Recuerdo que poco tiempo antes de morir me invitó a comer en el apartamento donde vivía, en el interior del Vaticano, en nombre de una amistad que sobrevive al tiempo. Poco antes de su muerte fue a Cuba y se encontró con Fidel, con Raúl, con Almeida, conmigo y con todo el grupo de los dirigentes de la Revolución.

Comandante, en esos días usted, como todos, vivió la visita del Papa a Cuba: un hecho que hizo época, un acto histórico. ¿Está satisfecho con el resultado?

Me siento muy satisfecho de cómo se organizó. Creo que se trató de un verdadero suceso para la Iglesia, para nosotros y para el pueblo de Cuba, que consideró el viaje del pontífice como un acto de gran valor. Creo que esta visita servirá para continuar trabajando juntos y para que ya no exista más incomprensión entre nosotros. Puede existir, pero se solucionará.

Ricardo Alarcón

Fidel Castro hizo indudablemente una contribución decisiva al suceso de la visita de Juan Pablo II, ya sea a través de su intervención personal en la televisión o mediante la movilización del partido y de las otras organizaciones. Por este motivo se sintió contento en el momento del balance político del encuentro. El líder máximo conocía perfectamente el empeño con que la Iglesia local preparó el viaje del pontífice, porque una hermana suya, católica "militante", visitó a más de setecientas familias, pero se sabía que en la decisión de participar que tomó la gente tuvieron gran peso los Comités de Defensa de la Revolución, los sindicatos y la estructura del partido.

El padre Giulio Girardi —uno de los cuatro teólogos y sociólogos de la religión enviados a visitar a Castro un día después de que partió el Papa— escribió en un artículo para el Manifesto que se incluye en este libro, que tuvo la impresión de que al Papa se le ocultó este detalle, puesto que se entremezcló frecuentemente entre los presentes, en las diferentes plazas, como si todos fueran católicos, mientras que la mayoría no lo era.

Cuando Fidel conversó durante la cena con Giulio Girardi, Frei Betto, el belga François Houtart y el brasileño Pedro Ribeira de Oliveira, dijo satisfecho:

> Con esta visita verificamos, como si fuera necesario, la total gobernabilidad del país y tenemos la prueba, por si existiera duda, del conocimiento popular respecto a quien disfruta la Revolución, lo que se confirmó recientemente en las elecciones políticas. En resumen, demostramos confianza en nuestras ideas confrontándolas con el público.

También manifestó:

> Al invitar al Papa, sabíamos que corríamos un riesgo. Sin embargo lo hicimos con la confianza en la madurez de nuestro pueblo, que respondió con un comportamiento afectuoso, disciplinado y tolerante. Evitamos la presencia de los militares, que podían condicionar el comportamiento de la gente. Prohibimos que se portaran armas en público, durante toda la visita del Papa y esta prohibición abarcó incluso a aquellas personas que tenían autorización. La gente debía sentirse libre y poder reaccionar con espontaneidad a los mensajes del ilustre huésped.

Ningún otro país latinoamericano —ni ningún otro jefe de Estado, incluso entre los de Occidente que con exagerada condescendencia definen la democracia— se habría podido permitir esta seguridad. Cualquiera que sea el juicio sobre la revolución cubana es un dato que vale la pena considerar para comenzar a interpretar mejor, después de cuarenta años de información incorrecta, la realidad de la isla.

Por último, para concluir desde el punto de vista de los cubanos la síntesis de un encuentro que ya es historia, pensé escuchar a Ricardo Alarcón, presidente del Parlamento, la Asamblea Nacional del Poder Popular. Este ex coordinador de las asociaciones estudiantiles —que en los años cincuenta se oponían a la feroz dictadura de Batista— representa en realidad el sentir común de la población, hasta el punto de que un semanario norteamericano, el prestigioso New Yorker, *lo señaló, en los días de la visita del Papa, como el delfín designado por Fidel Castro. Alarcón representa a aquella "generación central" que tomara el testimonio de quien llevó a cabo la Revolución, hace cuarenta años. Como ministro del Exterior, pero más como embajador cubano ante la ONU —primero durante doce años, del 66 al 78 y después durante el delicadísimo bienio 90-92, cuando Cuba quedó sola debido a la desaparición del comunismo—, Ricardo Alarcón afrontó a los Estados Unidos, a la adversidad y con una pericia política que le hizo obtener de la Asamblea la primera de las seis condenas al embargo contra Cuba y que le otorgó el respeto de todo el mundo. Anteriormente ya había sido vicepresidente de la Asamblea General de la ONU, presidente del Consejo de Administración del Programa de las Naciones Unidas para el Desarrollo y también vicepresidente del Comité de la ONU que vigila la posibilidad de que los palestinos ejerciten los propios derechos inalienables.*

¿Por qué frecuentemente a la prensa, que se decía libre, civil y democrática, no le interesa interpretar a Cuba y a sus inesperadas conquistas a través de la experiencia de un político como Alarcón?

GIANNI MINÀ: *Al partir hacia Roma, el Papa dio las gracias a Fidel Castro diciendo: "Auguro a Cuba el mismo trayecto de Polonia". Esta afirmación se presta a una doble interpretación: la recuperación de la soberanía nacional o el fin del comunismo. ¿Qué opina usted?*

RICARDO ALARCÓN: Creo que Cuba y Polonia son muy diferentes y si existe un punto en el que se puedan comparar, es en el hecho de que son dos países colocados en el destino y en la historia frente a potencias mucho más fuertes, dos países que han debido luchar fuertemente para conquistar su independencia y conservarla. En el caso de Polonia, indudablemente la Iglesia católica ha tenido un papel muy importante. Está ligada a la historia de la nación polaca mucho antes de la llegada del comunismo y de la era moderna. No se puede decir lo mismo respecto a Cuba; la Iglesia no ha influido en nuestra historia y el clero no ha tenido un papel patriótico nacional.

Esperamos que la visita de Su Santidad sea el inicio de una nueva época en la cual los católicos y su jerarquía en particular (la población católica es parte del pueblo cubano) desarrollen la misma misión de defensa de la patria y de los valores nacionales, a los cuales hizo referencia el Papa en sus discursos. No habría nada que objetar si la visita contribuyese para que la Iglesia asumiera un papel integrante real y total en la conciencia nacional y en la lucha de la nación cubana.

En la víspera de la visita se decía: "El Papa va a Cuba para ayudar al país a liberarse del comunismo", pero algunos tenían una opinión diferente. "En realidad, va a dar una mano a Fidel Castro." La crónica de estos días indicó que ninguna de las dos afirmaciones es creíble. ¿Qué interpretación da usted a este hecho como ciudadano cubano y como presidente del Parlamento?

La verdad es que nosotros, comenzando por el compañero Fidel, siempre hemos dicho que no considerábamos esta visita como una amenaza... no temíamos que pudiese anular la Revolución y en ese tiempo no la juzgábamos como un acto de apoyo político concreto, cosa que por otra parte no solicitamos. Todavía creo que esta visita evidenció algunos puntos muy importantes que el mundo no podrá ignorar. Fue probablemente una de las visitas papales más tranquilas, más felices y más libres de tensiones. En muchas partes del mundo, el Papa ha sido objeto de atentados, ataques y disturbios, no necesariamente políticos, sino como demostraciones de rechazo a algunas de sus ideas.

Usted en cambio retiró las armas a la policía.

Sí. Prohibimos portar armas, incluso armas blancas, como lo hacemos durante el carnaval y en las fiestas populares, porque sabíamos que habría una atmósfera de fiesta y que, al prescindir de la seriedad y del característico respeto por las ceremonias religiosas, sería un momento de reunión de los cubanos, un momento en el que sabrían reencontrarse, uno al lado del otro, los católicos, los protestantes, los fieles de los cultos afrocubanos y millones de cubanos que no profesan ninguna de las religiones que se practican en la isla. Sabíamos que se afirmaría la diversidad, la variedad que existe en Cuba en el plano religioso, una sociedad que es más rica, más variada, más multiforme y más integrada de lo que algunas personas fuera de Cuba quieren admitir. Creo que independientemente de su misión pastoral, la presencia del Papa sirvió para enviar al mundo este mensaje claro, de un país y de una revolución sólidos, de un gobierno que tiene una gran aceptación popular, en grado también de afrontar el presunto desafío que representa la presencia de una personalidad a quien se atribuyó el papel importante de guiar algunos procesos políticos y, por otra parte, como usted sabe, el Papa fue escuchado con libertad total, con la máxima prominencia... Cuando el Papa visitó otros países de América Latina, sus mensajes no tuvieron la misma resonancia que en Cuba. No todos transmitieron su interés en la actividad del sumo pontífice con cada medio de difusión disponible, como sucedió con nosotros. Aquí no hubo ninguna manifestación de rechazo, aunque no todo, como siempre sucede, pudo compartirse entre todos. De igual manera, se expresaron también críticas a la Revolución, no directamente del Papa, sino de otras personas.

De monseñor Meurice, por ejemplo.

De monseñor Meurice, nada menos que en Santiago de Cuba.

Ante ello, la población de Santiago reaccionó de una manera muy responsable y madura. Vi en la televisión que decenas de millares de personas abandonaron simplemente la plaza. Era su forma de expresar desaprobación, pero no hubo ningún insulto ni grito, aunque fuera una cosa verdaderamente desagradable para la gente que en los años cincuenta fue testigo de las peores atrocidades de la dictadura de Batista, gente que indudablemente recordaba que, en aquel decenio, estuvieron presentes también autoridades eclesiásticas eminentes de Santiago, que no supieron condenar aquella atrocidad. Puedo imaginar lo que sintieron al escuchar en Santiago a un obispo que presentaba aquella época como el mejor periodo de su Iglesia en esa ciudad. Una tentativa infeliz de revisión histórica frente a los mismos protagonistas de aquella vicisitud, que obviamente no funcionó.

¿Es por esto que al día siguiente, en la Plaza de la Revolución, el cardenal Ortega pronunció un discurso bastante más moderado de lo que se esperaba?

No sé si fue por esto, pero la verdad es que los discursos del cardenal Ortega, ya sea en La Habana o en Santa Clara o en Camagüey, tuvieron un acento distinto, al manifestar los puntos de vista y los intereses de la Iglesia, pero de contraposición. En definitiva, creo que el discurso del obispo de Santiago sirvió para demostrar la solidaridad de la sociedad cubana, que no teme a expresiones similares, pero las divulga, las difunde y no se toma la molestia de refutarlas, porque no es necesario. En Santiago había muchos testigos que sabían que las palabras estaban totalmente fuera de lugar.

Podemos decir que fue un riesgo calculado. ¿Usted sabía que esto colocó a Cuba bajo una luz diferente, cualquiera que haya sido el alcance de la denuncia de la Iglesia?

Usted lo define como un riesgo calculado, pero podría interpretarse también como una confianza absoluta en la madurez de nuestro pueblo, en su adición ampliamente mayoritaria a la Revolución, en su cultura, en su educación, en su hospitalidad, en la capacidad del cubano para tolerar ideas diferentes a las suyas y, también, de reaccionar con urbanidad a los discursos y propósitos discutibles, como los de monseñor Meurice. Creo que en el extranjero hay personas sugestionadas por un estereotipo fabricado por algunos potentados económicos y políticos, que hace difícil comprender la realidad de nuestra sociedad. Éste es un pueblo que discute por cualquier cosa y que en cualquier momento de debate colectivo abierto y franco se tratan, en todos los niveles y constantemente, argumentos fundamentales para la gente, sobre los cuales no se discute en ningún otro país. En el mundo democrático occidental, los programas de austeridad económica y las medidas financieras de los gobiernos son adoptados por los tecnócratas y aprobados por los dirigentes, pero no se discuten con los trabajadores o con los campesinos, no se pide a los jóvenes o a las amas de casa que reflexionen sobre tales propósitos. Estamos acostumbrados a una participación incomparablemente más elevada respecto a diversos países considerados muy democráticos. Observe nuestro sistema electoral. Es verdad que la rivalidad no será entre los aparatos electorales y entre los llamados partidos políticos, sino entre una participación decididamente más alta, que incluye a todos los cubanos. Millones de ciudadanos, cerca de siete millones, que no sólo votaron, sino que tres meses antes ya habían elegido a los candidatos por quienes votarían. Esto implica discusiones y diálogo, implica la práctica sistemática y constante de la confrontación de los puntos de vista; un hábito civil del cual nace nuestra cohesión nacional. Aquellos que no saben todo pueden restar sorpresa al hecho de que una visita como ésta, que se presumía apocalíptica, no haya tenido ninguna consecuencia. Considero que, al contrario, muchos cubanos que hoy hablamos, discutimos, debatimos las ideas, las alusiones discretas y los conceptos expresados en las palabras de Su Santidad o lo que dijo este o aquel obispo; pero esto es parte de nuestra vida normal, que no se debilita, sino que se refuerza y se enriquece.

¿El silencio de Miami en estos días acaso significa que interpretaron la visita del Papa a Cuba como una derrota?

Los grupos anticastristas, minoritarios, pero en grado de ejercer una gran influencia sobre los medios de difusión en idioma español en Miami, en estos días deben sentirse muy contrariados. Se opusieron a la idea de que viniera un barco con peregrinos de la arquidiócesis de Miami, para acompañar al Papa durante su estancia en La Habana; presionaron a la arquidiócesis de Boston para que no fletaran un avión de la compañía American Airlines y, al mismo tiempo, presionaron también a dicha compañía aérea para que no proporcionara el avión; organizaron una campaña feroz para impedir que los cubanos-americanos visitaran su país de origen. Sin embargo, los cubanos de Miami, que han visitado su patria en estos últimos años, son centenas de millares; decenas de millares únicamente para las fiestas de fin de año. Se ha hablado mucho de los que vinieron para ver al Papa y es verdad que algunos, que no habían regresado anteriormente, lo hicieron ahora, pero ya son decenas de millares los que viajan tranquilamente entre los dos países, aunque haya medidas administrativas y legales contra tales viajes, así como una gran propaganda negativa. El grupo minoritario de Miami debe estar muy descontento, especialmente por dos motivos: porque la visita papal no sólo no arruinó, sino que ni siquiera perjudicó mínimamente a la Revolución, por el contrario, reforzó verdaderamente los términos de unidad, de cohesión nacional y de imagen; además, desde aquí, desde Cuba, en varias ocasiones el Papa se pronunció claramente contra la política que busca asfixiar económicamente a nuestro país y concluyó su visita con la declaración, que según mi opinión no podía ser más categórica y explícita, de repudio hacia el bloqueo económico, que consideró injusto y éticamente inaceptable. Lo que es moralmente inaceptable no puede negociarse, no puede volverse objeto de ningún acondicionamiento, sino que simplemente se elimina.

Usted es un político cubano que, en estos años, ha mostrado un gran empeño en combatir el embargo contra Cuba. Conoce muy bien la ONU y la política estadounidense. ¿Considera que las palabras del Papa pueden hacer que el gobierno de Washington reaccione positivamente o teme que quede sólo en una crítica moral y nada más?

Se debe tener presente que estamos hablando de un país en el cual la clase política es en general bastante arrogante. Considere que antes de la llegada del Papa a Cuba, los portavoces de la Casa Blanca y del Departamento de Estado respondieron, a quienes formularon la misma pregunta, que la visita del Santo Padre no representaba ningún cambio en la política de Estados Unidos respecto a Cuba y sucesivamente lo reafirmaron. Todavía tengo la impresión de que no han podido ignorar el impacto de este suceso, de la imagen que se ofreció de Cuba, de las declaraciones del Papa; en estos últimos días existe un indicio de que empieza a sentirse cierta presión moral. También es verdad que Juan Pablo II concluyó su viaje en el momento en que se descubrió otro de los acostumbrados escándalos estadounidense de carácter sensual. Esto resulta bastante divertido. Mientras el Papa consagraba la imagen del casto José en la provincia central de Santa Clara, ese mismo día, en Estados Unidos se hablaba mucho de cosas que tienen poca relación con la castidad y con los valores de la familia celebrados por el pontífice.

Se hablaba específicamente del presidente Clinton.

Sí, del Presidente, pero también de la actitud de la gente... No sé si las acusaciones que le hacen a Clinton sean legítimas o no, pero es una buena dosis de inmoralidad en una sociedad en la que muchos ciudadanos dijeron que esa historia no les concierne, ya que por ser el presidente de Estados Unidos o un gran político, no está obligado a ser una persona modelo, a encarnar los valores éticos que el Papa busca difundir por el mundo. Éste es sólo uno de los escándalos; el otro es el financiamiento de la campaña electoral presidencial, sobre la que surgieron dudas. En resumen, Estados Unidos tiene urgencias morales y sociales diversas de las cuales ocuparse, situaciones que no le permite eludir la respuesta a la petición ética propuesta por el Papa. Creo que se está madurando cualquier cosa que es importante: desde hace tiempo, las iglesias protestantes estadounidenses se han opuesto al embargo y a toda la política de agresión contra Cuba; los obispos se unieron en tal actitud. Y ahora, desde Cuba parte este mensaje de Juan Pablo II y, junto con el suyo, también el de las principales autoridades de la Iglesia católica estadounidense...

Creo que esto puede contribuir a reforzar la atención hacia Cuba. No obstante, es una novedad muy interesante, que apareció en estas últimas semanas, independientemente del viaje del Papa, que considera las críticas de los sectores de la empresa norteamericana, de los hombres de negocios, de la Cámara de Comercio, de la Asociación Nacional de Industriales, del Consejo Comercial Europa-Estados Unidos. Todas estas voces acreditadas se pronunciaron contra el bloqueo económico. También porque, entre otras cosas, se acordó que el embargo perjudica sus intereses. Desgraciadamente, la política estadounidense dio una respuesta inadecuada a las solicitudes de los religiosos o de los consejos de los intelectuales y de los académicos. La única sugerencia que los políticos estadounidenses están dispuestos a aceptar es la de los millonarios, los industriales, los comerciantes y los empresarios. Probablemente, las presiones de los directores tienen más peso sobre algunos políticos, que las de los exponentes religiosos de las principales Iglesias estadounidenses. De esta manera, la combinación de estos elementos múltiples me parece que aproxima más el momento en que será difícil sostener aún una política perversa, como la que se dirigió contra Cuba. Sin embargo, tratándose de una potencia tan superior y fuerte, es posible que sus gobernantes puedan darse el lujo de seguir adelante, aunque sea por un tiempo, con estas sanciones rechazadas por Europa, las Naciones Unidas, la Iglesia católica y la protestante, y también por los mismos empresarios. Cuando la mayoría de los hombres de negocios se oponga vigorosamente, entonces los diputados, los senadores y los políticos deberán enfrentar la realidad.

Muchas personas sostienen que el embargo favorece definitivamente a Fidel Castro. Usted sabe que existe esta teoría...

Me lo han dicho a menudo y algunos periodistas norteamericanos lo repitieron en el tiempo en el que el Papa estuvo aquí. Habitualmente respondo con una invitación: si hay alguien que tenga duda y no esté convencido de que todo el pueblo cubano, desde Fidel Castro hasta el último ciudadano, considera prioritaria y fundamental la lucha para que cese inmediata y completamente el embargo... si hay quien quiera creer que tratamos de sacar provecho de esta situación, pueden hacer una prueba, preguntándose si el embargo se ha suspendido por un año o al menos por unos meses. No tememos la verdad, somos un pueblo que ha aprendido a vencer el temor, como lo dijo Fidel Castro.

Wayne Smith dijo con un gesto muy irónico a algunos amigos cubanos: "En las próximas elecciones presidenciales les aconsejo que financien la campaña electoral de un candidato. Puede ser que sea la solución al problema del embargo". En efecto, es sabido que la Fundación Cubano-Americana financió una parte de la campaña electoral de Clinton, quien se vio bastante forzado a asumir una posición más intransigente hacia Cuba que la de los presidentes republicanos. ¿Qué opina usted de esta provocación de Wayne Smith?

Que es la verdad. En definitiva, aquellas personas que en Estados Unidos buscan influir en cualquier decisión política saben que el mecanismo para actuar y el procedimiento a seguir no están basados en un trabajo de convencimiento sobre un debate. El secreto es comprar a los políticos. Ésta es frecuentemente la esencia del sistema estadounidense. No hay ninguna duda, está asimismo documentado por datos inconfundibles. En Estados Unidos, las campañas electorales siempre son muy costosas. Se invierten millares de millones en un determinado proyecto, que en realidad es como la campaña para la promoción de un producto, de un champú, de un jabón. Jamás ha sucedido, al menos en el último cuarto de siglo, que el Partido Republicano o el Demócrata hayan elegido a un candidato para la presidencia que no sea con base en los fondos recaudados. Es una ley de la política estadounidense que jamás cambia: la persona que logra recolectar más fondos en el año anterior a las elecciones, sin excepción, siempre es la misma que la convención de su partido presenta como candidato. Clinton fue quien reunió más fondos en el campo democrático y Dole en el republicano. Desde noviembre de 1996, se han discutido las violaciones que unos y otros cometieron a las leyes sobre el financiamiento de las campañas electorales, violaciones de cualquier tipo: desde el alquiler de la alcoba de Lincoln, hasta organizar banquetes para las personas que contribuyeron financieramente en la campaña. Tareas a las que los gobernantes dedican muchas horas y por las cuales gastan el dinero público, puesto que la Casa Blanca es una institución financiada por el erario. Esto en relación con el Partido Demócrata, pero los republicanos recolectaron también dinero recurriendo a métodos similares. Todavía no deciden cómo investigar aquellas violaciones y ya se inició otro año electoral que culminará en noviembre con las elecciones legislativas. Las mismas personas que en teoría deberían investigar, en la actualidad están solicitando eludir todo el control y recolectar más fondos. ¿Quiénes son los benefactores de los partidos? ¿Quiénes son los que se exponen por todos los millones? Los datos oficiales publicados en Estados Unidos indican que más de 99% de las aportaciones, exactamente 99.97, provienen del 0.03% de los contribuyentes. En resumen, son 344 las personas que cubren casi la totalidad de las donaciones electorales. ¿Quiénes son éstas? ¿Cuántos negros, cuántos obreros, cuántos hispanos forman parte de este grupo? Naturalmente ninguno...

¿Cuántos chicanos, cuántos puertorriqueños?

En otra ocasión di un ejemplo que para mí es muy significativo, porque se refiere al modelo que se presenta como alternativa a Cuba, o bien en Miami. ¿Quién gobierna los dos agrupamientos del presunto sistema de dos partidos estadounidenses en Florida? El presidente de los demócratas es el señor José Fanjul, el presidente de los republicanos es el señor Alfonso Fanjul. Fanjul y Gobernera es el apellido completo de los dos hermanos pertenecientes a una de las principales familias de los antiguos latifundistas azucareros que actualmente controlan la producción del producto en el estado de Florida. Uno paga a un partido y el otro se preocupa del otro. ¿Quién vence y quién pierde las elecciones en Florida? La familia Fanjul vence en cada caso. ¿Podría aprobarse en aquel estado una ley que se encargara de eliminar los daños al ambiente provocados por la industria azucarera? ¿Cuándo se podrá proponer que en la patria de la economía neoliberalista por excelencia, el santo patrono del neoliberalismo ponga fin al subsidio federal al azúcar, por culpa del cual cada estadounidense paga un sobreprecio por cada kilo de azúcar que compra? ¿Y por qué se sigue esa política? Para beneficiar a José Fanjul y a Alfonso Fanjul, el demócrata y el republicano. Una vez se dijo irónicamente que, debido a que son cuatro en la familia (hay también una hermana y otro hermano), en Estados Unidos se debería formar un tercer partido, para que otro Fanjul lo presidiera en Florida. Ésta es la Florida, el estado que, por razones obvias, conocemos mejor. Sin embargo, si analiza los otros estados de la confederación, encontrará una situación análoga. Estas personas deciden y gobiernan en Estados Unidos. Por consiguiente, es normal que una determinada estrategia se medite de nuevo y se modifique sólo cuando se trata de los intereses de aquellos que pagan a los políticos. Quien desee cambiar, quien desee influir en la política estadounidense, sabe que debe seguir el camino de los Fanjul: comprar a los políticos.

¿Cuál será el futuro de Cuba después del paso del ciclón llamado Papa Wojtyla? ¿La isla será un laboratorio cultural, después de haber sido un laboratorio político, o será un país con una presencia católica que pondrá en discusión gran parte de la seguridad de la Revolución?

Tengo confianza en la sabiduría de la Iglesia, tengo confianza en el juicio de una institución milenaria y creo que existen enseñanzas muy claras que aparecen en nuestra historia y en nuestra realidad, que no pueden ignorarse. Cuba no puede ser considerada un país católico, si se es honesto intelectualmente. En Cuba hay católicos que tienen los mismos derechos y los mismos deberes de los demás y todos deseamos que participen plenamente en la vida de nuestra sociedad, como muchos lo han hecho ya. Por esto creo que es muy importante la invitación que Su Santidad hizo a los católicos para que participen en la vida ciudadana de una manera más activa. Pero Cuba es un país en el que existe también una fe protestante, que forma también parte de nuestra vida nacional. Prosperan igualmente con gran fuerza los cultos de origen africano y existen también tradiciones agnósticas no religiosas, heredadas de la misma España de la que llegó el catolicismo. Quizá por causa de estas raíces históricas, existe una gran tolerancia de la población en materia de religiones y de apertura. Por esto, en Cuba es inconcebible la idea de una religión oficial, de una Iglesia de Estado. La hubo durante el colonialismo, en tiempos que ya no toleraremos. También creo y espero que Cuba continúe siendo siempre un mejor ejemplo de lo tentativo, del esfuerzo de un pueblo para crear y desarrollar una sociedad diversa. Eso es lo que llamamos nuestro socialismo, el socialismo posible en el mundo de hoy, pero que se basa siempre en los valores morales de la solidaridad y de la igualdad entre los seres humanos y que se nutre fundamentalmente con la unión de los cubanos, con el consenso nacional. Un esfuerzo que no une lo idéntico, sino lo diverso. Ésta ha sido la característica del movimiento de independencia cubano desde el primer día, el esfuerzo de sumar, de integrar las experiencias que no son idénticas, sino que tienen una voluntad común de unión y de integración.

El Papa habló de la pacificación nacional. Es la táctica de su homilía en la Plaza de la Revolución lo que tocó principalmente la sensibilidad de los cubanos, al menos de aquellos que entrevisté. El Papa no pronunció nunca la palabra "revolución"; asimismo, cuando hizo alusión a la plaza, dijo Plaza José Martí y no pronunció ninguna vez las palabras "derechos humanos". ¿Se trató de una autocensura diplomática, alguna cosa que pensaba que debería discutir con usted en forma privada? ¿Será la amnistía de la que hablamos?

No puedo hablar por el Papa, no puedo interpretar los motivos por los que utilizó o no empleó determinados términos. Sólo él lo puede explicar, si es necesario hacerlo. En cuanto a la amnistía o a la liberación de las personas detenidas, por lo que yo sé, la situación no corresponde exactamente a las versiones que dieron algunos medios de información. No hubo ninguna gestión particular del problema. La Iglesia romana, el Vaticano, hizo notar que es una tradición en todas las visitas del Papa expresar preocupación, simpatía y solidaridad, como lo manifestó en el Rincón de San Lázaro, por aquellos que sufren por enfermedad, por tragedias familiares, por la separación de la familia, por la privación de la libertad y por las personas que se encuentran en la cárcel por cualquier motivo.

¡No sólo por ser contrarrevolucionario, como dice usted!

Exactamente. El Papa se ocupa siempre de los que sufren en todos los países que visita. Cuba no es el primero, sino uno de los últimos. Por consiguiente, no es una novedad, pues Juan Pablo II lo ha hecho anteriormente en más de ochenta países. En ocasión de su visita, siempre hay personas que obtienen algún beneficio por esta preocupación suya. Por eso, vale la pena recordar que Su Santidad habló, más que de amnistía o de liberación, de clemencia contra los detenidos y no de revuelta contra un determinado tipo de detención, así como su preocupación no se reserva a los enfermos de cierta enfermedad más que de otra. Puede haber detenidos que merezcan clemencia, tal vez por sus condiciones de salud, por la edad, por razones familiares o que se encuentran en la cárcel por robo o por haber cometido un delito que no se encuentra entre los que se definen como políticos. Deseo aclarar también que nuestro sistema penal tiene como base esta característica: no es necesario que los visite una personalidad de gran prestigio y respeto como el Papa, porque en Cuba se adoptan medidas que permiten a mucha gente purgar parte de su castigo en su propia casa o de aprovechar los fines de semana para estar con la familia. Hay cárceles con pabellones para cónyuges y puede haber posibilidad de socializaciones superiores a las existentes en las prisiones de diversos países muy desarrollados. Prácticamente, entre nosotros ninguno purga hasta el final su propio castigo. Existe un mecanismo para reducirlo y para que, aunque deba saldar una cuenta con la justicia, pueda transcurrir buena parte de la pena fuera de la prisión, quizá aprovechando la semilibertad. Es una política que se basa en la clemencia y en un sentido de comprensión, antes que en la exclusión... Nuestra sociedad castiga, como cualquier sociedad, pero para defenderse, no para vengarse; su finalidad es la recuperación de la persona condenada. En resumen, deseo aclarar que aunque el Papa no hubiera venido a Cuba, nuestro sistema judicial continuaría de cualquier modo funcionando sobre las bases que están muy de acuerdo con las que él mencionó.

La pregunta, si me lo permite, es ésta: ¿la Revolución ha mostrado en esta visita del Papa mucha madurez, porque aún está obligada a debatirse con el problema de los disidentes o de los contrarrevolucionarios?

Lo estará hasta que exista una realidad condicionada de la política de la potencia más grande del mundo y de la historia, que es nuestra vecina, muy vecina, y que promueve acciones contra nuestro sistema político, lo organiza, lo alienta y lo financia, como lo ha hecho por decenios en forma oculta, clandestina, con la CIA, por ejemplo. Sus métodos son conocidos por todos.

Se adiestran todavía grupos terroristas...

Es verdad, pero ahora, en lugar de apoyar la destrucción o la actividad oculta, el gobierno de Washington actúa en forma abierta y dice: la ley Helms-Burton y la ley Torricelli contemplan estos métodos. Es, en resumen, un país en el que el gobierno, el Parlamento y la administración discuten abiertamente los recursos para conceder a los grupos y a las organizaciones con el fin de crear la llamada disidencia a Cuba. Éste es un caso único en la historia. En este momento, no existe ningún país en el mundo contra el cual otro Estado esté abiertamente organizando o buscando organizar una oposición interna. Conozco las leyes norteamericanas y conozco también las penas en las que, con base en esas leyes, Estados Unidos castiga a cualquier ciudadano acusado de tener un vínculo semejante con una organización extranjera.

Los italianos tenemos una compatriota, Silvia Baraldini, condenada a cuarenta y cuatro años de cárcel porque se supone que ayudó a un grupo de afroamericanos subersivos...

Lo sé. En Estados Unidos han condenado a muchas personas que reciben la pena de muerte por delitos que el tribunal considera de alta traición. Sin embargo, en este momento ese país está empeñado abierta y públicamente a promover, a organizar, a corromper a los ciudadanos cubanos para crear una oposición en nuestro país. En realidad, creo que la noticia no es que algunos grupos o personas se sienten atraídos por esa enorme campaña. La verdadera noticia está en el hecho de que la gran mayoría de los cubanos no pertenece a ningún grupo disidente y no recibe un céntimo de los estadounidenses, no es necesario granjearse el favor yanqui, a pesar de la terrible pobreza en que hoy se ven obligados a vivir. Creo que ésta es la mejor respuesta sobre la consistencia del patriotismo cubano. Es inevitable que una política tan agresiva tenga algún efecto, algún resultado, pero todavía es algo de lo que casi no se habla. En Cuba hay personas detenidas y condenadas por haber cometido delitos organizados, financiados y dirigidos en Estados Unidos; no obstante, en Estados Unidos también hay algunos casos, aunque pocos, de cubanos o cubano-americanos descubiertos por la policía local, arrestados, enjuiciados y encarcelados por los mismos delitos. Nadie habla de los que están prisioneros allá, de los casos excepcionales en que Estados Unidos se ha visto obligado a arrestar a alguna persona que organizaba actos de terrorismo contra nosotros. Hay individuos condenados porque planeaban venir a realizar acciones contra Cuba. De ellos no se habla, de ellos nadie se preocupa, porque son prisioneros en una sociedad que tiene derecho a tener prisioncros. Si ese grupo de individuos lograra salir de Estados Unidos y llegar a Cuba, y nosotros los hubiéramos arrestado, procesado, condenado y encarcelado como hicieron las autoridades estadounidenses, los terroristas por muchos medios internacionales engrosarían las filas de los disidentes, sólo por haber sido detenidos en Cuba. En este momento, en Puerto Rico están juzgando a algunas personas que se dice quisieron asesinar a Fidel Castro en la isla Margarita, en Venezuela. ¿Si gente como ésa se descubriera en Cuba, no deberíamos hacer lo mismo que Estados Unidos, esto es, someterla a proceso? Estados Unidos entonces, en hecho de justicia, es un ejemplo atroz. Según las más recientes estadísticas, uno de cada cuatro o tres jóvenes negros estadounidense, si vive en la capital, se encuentra en prisión o está sujeto de alguna manera al sistema penitenciario. Estos ciudadanos no son todos prisioneros políticos, sino que yo diría que son prisioneros sociales. ¿Qué vida es aquélla de los jóvenes negros de Estados Unidos, si su destino es, casi seguramente, terminar en la cárcel? Somos acusados de injusticia por una sociedad no sólo egoísta, sino también racista. Durante la visita de Su Santidad, muchas personas evidenciaron la religiosidad de Cuba. No obstante, es extraño que ninguna organización de prensa haya aprovechado este fervor para recordar la iglesia de los afroamericanos incendiada por los racistas. En estos últimos días hay tres más para agregar a la lista. Tres iglesias cristianas de negros estadounidenses incendiadas por el racismo o por la intolerancia religiosa, en el país que se permite el lujo de juzgar a Cuba, donde sí existe la tolerancia religiosa. No se han aclarado aún esos incendios racistas, porque concernían a iglesias de negros, a iglesias cristianas de negros pobres.

En estos días, el prestigioso semanario New Yorker *publicó un artículo en el cual sostiene que el día en que Fidel Castro optara por retirarse de la política, usted sería el nuevo presidente del Consejo de Estado.*

Lo leí y es un artículo bastante simpático. Creo que se escribió bien y desde una perspectiva amigable. El título, que expresa la opinión del editor, no corresponde plenamente al texto del artículo. Considero que el análisis es justo al señalar que aquí nadie elige a los propios sucesores. El nuestro no es un sistema monárquico o algo parecido, sino una sociedad que tiene leyes, constitución y procedimientos, y que es un sistema político basado en la dirección gremial colectiva. Está muy claro cuáles son los procedimientos para las elecciones de todos los cargos en nuestro país. Además, creo que uno de los principales contribuyentes de Fidel, en estos cuarenta años de Revolución, se ha esforzado para hacer que nazcan y se desarrollen los nuevos marcos dirigentes. En este momento, si se observa la composición del gobierno o la dirección del partido se nota...

... que se ha afirmado una generación de cuarentones.

La mayor parte de estos compañeros no había nacido aún el primero de enero de 1959 o eran muy pequeños. Afortunadamente, su comandante principal dirige aún la Revolución, pero esto es un privilegio, es una fortuna que tuvo la nación cubana. Por consiguiente, no es verdad que quien gobierna ahora es la misma generación de dirigentes que guiaba al país en enero de 1959. Ha habido una notable renovación, una demostración de que la Revolución continuará viva. Creo que Fidel Castro es insustituible y que Raúl Castro lo es también, pero también considero que usted es insustituible y que asimismo lo soy yo. Cada individuo es una identidad irrepetible. De la misma manera, es imposible sustituir a Fidel, por las características extraordinarias que tiene: personalidad, inteligencia, carisma y salud. Es errónea la idea de que la revolución terminará después de él. Es absurda la idea de que una revolución se consume, se extingue cuando no es ya guiada por la generación que la inició. Sería como pensar que la obra de arte muere con el artista, sería como pensar que con la muerte de Mozart terminó la música. No, no terminó su música. Las composiciones de Mozart tienen actualmente más presencia en el mundo, más fuerza que antes y esto constituye el mejor homenaje al músico que nunca imaginó tener algún día tanta aceptación e importancia. Lo mismo sucederá con nuestra Revolución. La revolución continuará porque Cuba continuará siendo una obra a la cual la generación guiada por Fidel dio un carácter, una dignidad y un impulso que nadie podrá detener.

Postfacio

Las conclusiones de Fidel

Castro analiza la visita del Papa con algunos teólogos de la Liberación

por Giulio Girardi

El día siguiente a la partida del Papa, el lunes 26 de enero, un grupo de "teólogos de la Liberación" fue invitado a cenar con Fidel Castro, en las oficinas del Consejo de Estado, para intercambiar impresiones y evaluaciones sobre lo que habíamos visto. Hablo de "teólogos de la Liberación" entre comillas, porque en realidad, sólo dos de nosotros, Frei Betto y yo, éramos teólogos; las otras dos personas, el belga François Houtart y el brasileño Pedro Ribeiro de Oliveira son sociólogos de la religión, pero también están plenamente identificados con la teología de la Liberación. Es significativo el hecho de que el interés de Fidel por reunirse con nuestro grupo naciera del hecho de que nos consideraba teólogos de la Liberación. Frei Betto, un viejo amigo personal del comandante, nos presentó como la "banda de los cuatro". Además, expresamos una gran curiosidad por conocer sus evaluaciones de los últimos sucesos. Fidel respondió que era él quien deseaba escucharnos. En realidad habló bastante sobre nosotros, pero asimismo escuchó con atención. El coloquio duró cuatro horas, de las diez de la noche a las dos de la mañana: por lo tanto, hubo espacio para todos.

Con Fidel estuvieron presentes algunos otros dirigentes del gobierno y del partido: Carlos Lage, coordinador del Ministerio de Economía del gobierno; José Ramón Balaguer, miembro del Buró Político, responsable del área ideológica; Caridad Diego, responsable de la Oficina de Asuntos Religiosos del Comité Central del Partido; José Albezú Fraga, director del Departamento América del Comité Central; Felipe Pérez Roque y José Barrueco Miyar, miembros del Consejo de Estado y colaboradores directos de Fidel. El comandante invitó también a su hermano Raúl, segundo secretario del Partido y vicepresidente del Consejo de Estado; sin embargo, él cumplía treinta y nueve años de matrimonio y se disculpó diciendo que debía ir a festejarlo en familia. Las autoridades invitadas no intervinieron en la discusión; sin embargo, su presencia enfatizaba la importancia que Fidel atribuía al encuentro.

Encontramos a un Fidel sumamente abierto, vivaz, brillante y que, a pesar de la solemnidad de la reunión, creó de inmediato entre nosotros un ambiente de confianza, de sinceridad y de amistad. Debo precisar que no grabamos la conversación ni tomamos apuntes (habría sido difícil y hasta incorrecto hacerlo durante la cena). Por lo tanto, las cosas que diré se basan sobre comentarios que no son literales, aunque creo poder garantizar que son sustancialmente fieles. Debo añadir que incluí en la relación de nuestras intervenciones algunas impresiones que habíamos enviado al comandante por escrito, antes del encuentro.

El suceso de la visita papal, una victoria de la Revolución

Fidel comenzó haciendo un balance decididamente positivo de la visita papal: dijo que fue una victoria de la Revolución, tanto en el interior como en el exterior. Esta valoración se fundó en la conciencia de haber hecho una contribución decisiva al éxito de la visita, ya sea a través de sus intervenciones personales o a través de la movilización del partido y de las otras organizaciones de masa.

Fidel estaba perfectamente informado del empeño con que la Iglesia católica preparó la visita, también mediante una acción puerta a puerta. Asimismo sabía que su hermana, católica militante, había visitado a más de setecientas familias. Estaba convencido de que la mayoría de la población estuvo implicada en las manifestaciones de las organizaciones de masa, además de sus intervenciones televisivas.

Nos parece que al Papa no se le informó de este esfuerzo de persuasión y de organización cumplida de la Revolución, por lo que se dirigía a menudo a los presentes en las diferentes plazas, como si todos fueran católicos, mientras que la mayoría no lo era. Es también probable que la Iglesia local haya buscado atribuirse, ante los ojos del Papa, el mérito principal de esta movilización popular. No se puede excluir tampoco que lo haya interpretado como una polémica tácita contra la Revolución, atribuyendo a los presentes lo que era el sentimiento de una minoría.

En el interior Fidel observó que se constató (cuando fue necesario) la plena gobernabilidad del país: “Verificamos (cuando fue necesario) el consenso popular del que goza la Revolución y que recientemente fue confirmado en las elecciones políticas. Demostramos confianza en nuestras ideas, exponiéndolas al público. Sabíamos que corríamos un riesgo al invitar al Papa. Lo hicimos con confianza en la madurez de nuestro pueblo. Tomé personalmente la responsabilidad de esta decisión y pedí al pueblo que tuviera confianza; a esta invitación, el pueblo respondió plenamente, con un comportamiento caluroso, disciplinado y tolerante. Evitamos la presencia de los militares, que podían controlar o condicionar el comportamiento de la gente. Prohibimos que se portaran armas en público durante toda la visita del Papa, incluso a aquellas personas que tienen autorización. La gente debía sentirse libre, poder reaccionar con espontaneidad ante los mensajes del ilustre huésped."

La intervención más ponzoñosa contra la revolución, hecha por el arzobispo de Santiago, monseñor Meurice, en su saludo al Papa, se resolvió también, según observó Fidel, en una victoria de la Revolución: se valoró fuertemente en Radio Martí de Miami, pero suscitó un coro de protestas, indignadas, pero respetuosas, en todo el país. En el mismo Santiago, la protesta popular consistió en que la mayoría de los presentes abandonaron silenciosamente la plaza, al final de la intervención. Es probable que el Papa notara la reacción de la gente y quizá por esto omitió al leer la homilía una frase particularmente ofensiva presente en el texto escrito: "Antonio Maceo, el gran patriota oriental, decía: 'Quien no ama a Dios, no ama a la patria'." Fidel apreció el gesto caballeresco de su hermano Raúl, que presente en la ceremonia, a la salida de la misa invitó a monseñor Meurice a abordar su autobús para ir al aeropuerto: lo hizo no sólo por cortesía, sino también para protegerlo de las posibles reacciones de la gente.

Interrogamos bastante sobre la representatividad de la intervención de monseñor Meurice: ¿en qué medida se trató de una iniciativa personal y en qué medida de una división de los deberes entre los obispos cubanos? Se tuvo la impresión de que, respecto al contenido, la intervención fue principalmente representativa de la evaluación que los obispos cubanos hicieron de la Revolución; no obstante, la oportunidad de un pronunciamiento tan crudo, en la escena internacional, en el momento en que se busca desarrollar el diálogo con el gobierno, no fue compartida por todos. Interpretamos en este sentido el tono conciliador del saludo que al día siguiente, en la Plaza de la Revolución, el cardenal Ortega dio al Papa.

Las condiciones para un golpe eran totales

Fidel dijo que en el extranjero ofrecimos al mundo, en particular a aquellos que esperaban asistir a una "caída del muro" al estilo del que se llevó a cabo en Europa oriental, una prueba evidente del consenso popular del que goza la Revolución. En realidad, las condiciones para un golpe eran perfectas: la gente en las plazas y por las calles, en estado de animosidad; los discursos abiertamente polémicos sobre la Revolución, pronunciados en las principales plazas y transmitidos por la televisión al país y al mundo; la posibilidad abierta para los disidentes de verificar el consenso del que goza la mayoría de la población, implicándola en su protesta; una ausencia total de militares o de otras fuerzas armadas capaces de reprimir una sublevación eventual; más de tres mil periodistas y numerosas redes televisivas de todo el mundo, en su mayoría norteamericanas, que tuvieron libertad plena para circular, censurar, interrogar a la población, ser portavoces del descontento popular; los periodistas y las cadenas de televisión listos para difundir por el mundo entero cualquier señal de rebelión, deseosos de transformar el golpe de Estado en un golpe periodístico. Se sorprendieron y muchos de ellos se desilusionaron ante la realidad de los hechos: no hubo un solo incidente ni un solo movimiento de rebelión, ni un solo desorden durante los cinco días.

Fidel no mencionó las condiciones del golpe, pero sabíamos por otra fuente de la presencia de dieciséis funcionarios del Departamento de Estado de Estados Unidos, que desembarcaron en La Habana una semana antes de la llegada del Papa y que partieron una semana después que él: dispuestos por consiguiente a asegurar la "traición democrática".

Nuestra impresión: dos niveles de la visita papal

Le dijimos a Fidel que en nuestra evaluación de la visita distinguimos dos niveles: por una parte, el acontecimiento de este encuentro entre el Papa y el pueblo cubano, con su carga emotiva y, por la otra, el contenido intelectual de sus discursos. Un encuentro gozoso, cordial, afectuoso, que se tradujo en una gran fiesta popular y en un conjunto de discursos sumamente polémicos. Opinamos que en estos días el clima del país estuvo marcado especialmente con el aspecto gozoso y festivo de la visita, también porque probablemente la mayoría de la población no tenía la capacidad para captar la portada polémica de los discursos papales, pronunciados siempre con tonos moderados y con un lenguaje abstracto. Pudimos constatar que la gente estaba impresionada sobre todo por esta figura carismática, por esta persona anciana y enferma, pero al mismo tiempo vivaz y comunicativa, que había soportado un viaje bastante fatigoso para reunirse con el pueblo cubano. El sentimiento que prevalecía principalmente en el Papa era de gran simpatía. Sólo para una minoría, la simpatía hacia el Papa se asociaba con una respuesta de la Revolución. La simpatía era también favorita por la convicción de que él había condenado el embargo norteamericano, cosa que hizo en su último discurso en términos inequívocos. Relatamos a Fidel el testimonio, a nuestro juicio emblemático, de una compañera nuestra entrevistada en la Plaza de la Revolución, después de la misa, quien había formulado una valoración sumamente positiva de esta experiencia, concluyendo: "¡Viva el Papa! ¡Viva Fidel!"

Esta distinción de niveles tenía también permiso de reunir las diferencias y las convergencias respecto a la visita del Papa a Nicaragua. La diferencia principal consistía en el hecho de que en Nicaragua, la diversidad de niveles no se verificó: a la condena política y teológica de la Revolución correspondió un tono decididamente agresivo y un semblante constantemente enfadado. Esa visita se caracterizó, en el interior y en el plano internacional, por un encuentro entre el Papa y la revolución sandinista; la Iglesia católica local no tomó un arma en su guerra fría, a nivel nacional e internacional, contra la Revolución.

Sabíamos que Fidel se había empeñado bastante en la preparación de la visita papal, para evitar que se desarrollara en forma análoga a la de Nicaragua. Insistió en que el pueblo cubano diera una prueba de madurez, recibiendo calurosamente a su huésped y escuchándolo con respeto aunque dijera cosas que les resultaran desagradables. Terminada la visita, Fidel tuvo razón de mostrarse impetuoso por el resultado obtenido.

Al prosiguir con nuestra evaluación, prevemos que a la larga, el contenido polémico de los discursos del Papa adquirirá un relieve prevalente: la Iglesia local los valorará, colocándolos en la base de su catequesis y de su lucha por la hegemonía. Esta previsión se confirmó definitivamente con la declaración que nuevamente hizo el pontífice en Roma, durante su encuentro con los peregrinos polacos, a quienes dijo sustancialmente: "La visita a Cuba me hizo recordar mi primera visita a Polonia y espero que produzca frutos análogos".

Que la caída del comunismo era el objetivo a largo plazo de su visita y de todo su pontificado fue evidente desde el principio, para aquellos que conocen su manera de pensar. Sin embargo, con esta declaración manifestaba también los objetivos a medio término, proporcionando una nueva clave de interpretación, ya sea de la visita en conjunto o de cada uno de sus discursos. Para él, no se trataba únicamente de reforzar la Iglesia local, sino de contribuir directamente a la caída del régimen: ¡bien entendido, sin entrar en política!

Esta explicación de los objetivos obliga también a volver a mencionar la importancia que muchos observadores y las mismas autoridades cubanas atribuyeron al tono tranquilo con el que se expresó el Papa y casi todos los obispos, interpretándolo como expresión de una nueva apertura al diálogo sobre las cosas. Se trata en realidad de una nueva táctica de lucha, considerada actualmente más eficaz.

Dada la estrecha colaboración que hubo en todos estos meses entre el Vaticano y la Iglesia católica local, se puede deducir legítimamente que esto era y es, también para ella, el objetivo a medio término de la visita papal y de su acción pastoral. Las recientes declaraciones dan más claridad al significado de la "esperanza" a la que se refería la Iglesia al anunciar la llegada del Papa como "mensajero de la verdad y de la esperanza".

Al leer de nuevo, a la luz de la última declaración, las palabras con las que Fidel Castro se despidió de Juan Pablo II, quedamos perturbados: "Es cruelmente injusto", dijo indignado el comandante, "que su viaje pastoral se asocie con la mezquina esperanza de destruir los nobles objetivos y la independencia de un pequeño país bloqueado y sometido a una verdadera guerra económica desde hace casi cuarenta años". Entonces, esa interpretación a "cruelmente injusto" era objetiva. Esta "mezquina esperanza" era y es la del Papa; era y es la de la Iglesia local.

La visita del Papa y el proceso de rectificación de la Revolución

Dijimos al comandante que considerábamos la visita del Papa, así como la acogida que la Revolución le había reservado, un hecho decididamente nuevo, para anotarse en el proceso de "rectificación" (o sea de autocrítica y renovación preparado por la Revolución y, en primer lugar, por el mismo Fidel, a mediados de los años ochenta); proceso que consideramos importante, ya sea por caracterizar al socialismo cubano respecto al modelo soviético, ya sea para comprender como jamás, en la ruina general del comunismo europeo, se llevó a cabo la caída esperada del comunismo cubano.

En el discurso de clausura de la Asamblea Nacional del Poder Popular, el 13 de diciembre de 1997, Fidel recordó, en preparación para la visita del Papa, dos etapas importantes de la rectificación sobre el terreno religioso: la reforma a la constitución de 1975, concluida en 1992, que marcó el paso de un estado materialista ateo a un estado laico, y la decisión, tomada en el cuarto congreso, de abrir el Partido Comunista a los creyentes.

Nosotros revelamos la diferencia sobre este punto entre una Revolución capaz de reconocer y corregir los propios errores y una Iglesia local convencida, según la declaración explícita del cardenal Ortega, de no tener nada que reprocharse.

En tal contexto, sorprendió francamente la declaración de Fidel en su discurso de bienvenida, cuando dijo que "si en las relaciones entre la Iglesia y la Revolución surgían dificultades, no era por culpa de la Revolución". Frei Betto recordó a Fidel que en el curso de su entrevista reconoció errores cometidos en la Revolución, en el terreno de la relación con la religión; por esto, los creyentes, también revolucionarios, se sintieron discriminados y lo fueron efectivamente.

Reflexionamos también sobre el significado de los aplausos que obtuvo la crítica del Papa a la Revolución. Parecía que no debían sobrevalorarse, ya que siendo la expresión de una minoría, revelaban un descontento más difuso y profundo del que creíamos. Probablemente, sólo en pocos casos este descontento implicaba un rechazo al proyecto socialista y un deseo de restauración capitalista.

Deducimos la necesidad de que en el interior de la Revolución y del Partido se diera un espacio más amplio para el debate y la crítica, para evitar que esas expresiones encontraran refugio en la sede de la Iglesia católica. Parecía también que desde este punto de vista, la visita del Papa podía llegar a ser un momento de rectificación.

Fidel y el Papa: una relación personal de simpatía y de estimación recíprocas

Prosiguiendo con nuestro análisis, dijimos que parece que vimos en la compleja relación de Fidel con el Papa la expresión simbólica de toda la visita y las contradicciones que la habían marcado: por una parte, un contraste abierto en el plano de las ideas, honestamente reconocido por las dos partes (iba a decir por los dos frentes) y, por la otra, una relación personal de simpatía y de estimación recíprocas.

Fidel confirmó decididamente esta impresión nuestra y multiplicó, con evidente sinceridad, las expresiones de estimación hacia la persona de Juan Pablo II: por su calidad y sensibilidad humanas, su coherencia, combatividad, valor, tensión moral, carisma y dotes de comunicador. Aseguró que es verdad que a pesar de las diferencias, se estableció entre ellos una corriente real de simpatía y de afecto, que lo indujo también a preocuparse por las condiciones físicas del Papa, sometido en esos días a un esfuerzo excepcional. Dijo que temió que le sucediera algo, cuando bajaba o subía las escaleras del avión. Esta simpatía de Fidel hacia la persona del Papa deja ver también su esfuerzo, que recordaremos más adelante, para explicar, analizando el contexto polaco, las razones de su anticomunismo.

Una contradicción profunda entre dos culturas: la de la Revolución y la del cristianismo

Naturalmente, nuestra atención y la de Fidel se concentraron en la contraposición entre el pensamiento del Papa y el de la Revolución: contraposición cuya importancia se incrementa en la actualidad por las declaraciones romanas que acabamos de señalar.

Era evidente para el comandante y para nosotros el significado fundamental, que al caracterizar la contraposición asumíamos las evaluaciones opuestas de la conquista. Fidel, haciendo suyo el punto de vista de los nativos rebeldes, denunció, al terminar el discurso de bienvenida, la empresa como el exterminio de la población original. El Papa, más cercano al punto de vista de los conquistadores, se refirió continuamente a esa empresa exaltándola como el momento en el cual la cruz de Cristo se colocó y su luz comenzó a iluminar la isla y el continente.

Por esto, mientras la Revolución —en la perspectiva de Fidel— se empeñaba en instaurar una lógica alternativa a la de la consulta, el Papa exaltaba la continuidad entre la Iglesia de hoy y la de los orígenes, entre la "nueva evangelización" y "la evangelización fundadora" y se esforzaba por restaurar la sociedad cristiana, indicando en la "luz de Cristo", o sea en la reconquista de la hegemonía de parte de la Iglesia católica, el único camino para la solución de los problemas del país y del mundo.

Era obvio que esta contraposición entre la cultura de la Revolución y la del cristianismo caracterizaba cada uno de los discursos del Papa; mientras que el comandante se refirió a ésta en su discurso de bienvenida diciendo: "Por todas sus palabras, también por aquéllas con las que no puedo estar de acuerdo, le doy las gracias".

La ideología del cristianismo determina una lectura reductiva e injusta de la historia, de la cultura y de la religiosidad cubanas

Señalamos de común acuerdo que buscar en el cristianismo de la conquista las raíces de la nación cubana y, especialmente, poder ver en eso la fuerza propulsiva de los procesos de liberación, constituye una grave distorsión de la historia. Asimismo, atribuir a la Iglesia el papel de protagonista de tales procesos, evitando cualquier alusión a su alianza con los conquistadores, los colonizadores, los esclavistas y los otros poderes opresores, en particular con la dictadura de Batista.

Observamos que en virtud de su ideología, el Papa está inducido a idealizar el pasado cristiano, por ejemplo el de la moral, de la familia y de la educación, y a evitar cualquier alusión al papel de la tradición laica y de la marxista en la historia y en la liberación del país. No reconoce ningún mérito a la Revolución, con excepción de una tímida alusión, hablando al "mundo del dolor", a sus "esfuerzos" (no se lograron) en el terreno de la salud. Evitó con precisión, durante los cinco días, pronunciar la palabra "revolución", incluso se refirió a la Plaza de la Revolución, en donde se preparaba para celebrar la misa, como Plaza José Martí.

Su definición de la cultura, según la cual es "en su núcleo íntimo, religiosa y cristiana", lo induce a concentrar la evaluación de la cultura cubana en las figuras de los cristianos Félix Varela y José Martí, anulando los últimos cuarenta años de historia. Al proclamar también (con una cita de Antonio Maceo, a la que muchos niegan autenticidad) que "quien no ama a Dios no ama a la patria", transformó el silencio en una condena. En tal contexto entonces, Varela y Martí, que la Revolución considera como sus grandes inspiradores, se convierten en instigadores de la restauración cristiana auspiciada por la Iglesia.

Sobre la base de una perspectiva tan reducida, el Papa dijo en su discurso a la Conferencia Episcopal: "algunas concepciones reduccionistas buscan colocar a la Iglesia católica en el mismo plano de ciertas manifestaciones culturales de religiosidad del tipo de los cultos sincretistas, los cuales, aunque merecen respeto, no pueden ser considerados una religión propiamente dicha, sino un conjunto de tradiciones y de creencias". Ésta es una descalificación que afecta probablemente a la mayoría de los cubanos, partidarios de diversos credos de las religiones de origen africano, obligados por la persecución eclesiástica a refugiarse en el sincretismo.

¿Convergencia entre las preocupaciones de la Revolución y el magisterio de Juan Pablo II?

Comentamos a Fidel que la profundidad de estas contradicciones suscita en nosotros cierta perplejidad frente a sus esfuerzos para descubrir y valorar la convergencia entre el magisterio del Papa y las preocupaciones de la Revolución, entre el ángel y el diablo de los pobres, así como para acoger cierta evolución en tal magisterio, después de la caída del comunismo europeo. Uno de nosotros le dijo que, al leer su prolongado discurso televisado en defensa del Papa, pensó que se podría titular: "La historia lo absolverá".

Le dijimos que nuestra perplejidad nacía también del hecho de que, con motivo de la contraposición radical entre la cultura de la Revolución y la del cristianismo, los términos comunes de una y otra, como "amor", "finura del amor", "elección de los pobres", "valores morales", "espiritualidad", "solidaridad", "paz", "liberación", "derechos humanos", etcétera, terminaban por tener sentidos diversos. Es verdad que esto no excluía la posibilidad y la necesidad de colaborar en el terreno práctico; sin embargo, resultaba difícil, si no es que imposible, los encuentros en el terreno ideal, ético y político, que el comandantc auspiciaba. Del resto, de sus esfuerzos por individualizar los terrenos del encuentro, nunca hubo una respuesta de parte del Papa, un reconocimiento de convergencia, aun sobre los puntos particulares, entre la doctrina social cristiana y la batalla de la Revolución.

Esta diversidad de actitudes entre Juan Pablo II y Fidel se funda en sus respectivos presupuestos teóricos. Según Fidel, el hecho de que entre él y el Papa existan diferencias profundas en el terreno filosófico y también en el religioso no excluye su convergencia teórica y práctica, en el terreno moral y social. A Juan Pablo II le resulta difícil, sobre la base de su teología del cristianismo, reconocer como auténticos los valores morales y sociales que no tienen fundamento religioso.

Como estaba previsto, Fidel desarrolló esas conclusiones basándose en la lectura completa de los documentos eclesiásticos de estos últimos años, de los del Papa, de los del episcopado latinoamericano y de los del Sínodo de América, en los que le impresionó la resonancia de temas propios de la teología de la Liberación; en particular, el proyecto de una "globalización de la solidaridad", que interpretó como una nueva forma de internacionalismo. Dijo que resulta difícil encontrar un problema social, como los que preocupan a América Latina, a África y a todo el Tercer Mundo, que no haya sido afrontado por el Papa: se ha convertido en un crítico implacable del neoliberalismo y de la globalización neoliberal.

Es significativo el hecho de que en este esfuerzo de acercamiento a la Iglesia católica, Fidel haya buscado y encontrado una base sólida en los documentos del Papa y del espicopado latinoamericano y no en los de la Iglesia local: percibe en realidad, en el terreno del empeño social e internacional, una distancia clara entre las posiciones del Vaticano y las de la Iglesia cubana. Tal diferencia concierne también a las relaciones políticas y diplomáticas con el Estado revolucionario: éstas siempre fueron excelentes con el Vaticano, aunque por mérito de algunos nuncios, entre los cuales Fidel cita con particular simpatía a monseñor

Zacchi y, en cambio, no tan buenas y bastante conflictivas, con la Iglesia local.

Fidel insistió también en las razones pedagógicas de su investigación: para asegurar que el éxito de la visita papal, no fuera puramente formal, sino fundado en las convicciones de la gente, de los católicos y los no católicos, de los creyentes y de los no creyentes, era necesario que la población no viese al huésped como a un enemigo, como al ángel exterminador del comunismo, sino que lo acogiera con estimación y simpatía.

Juan Pablo II, ¿"ángel exterminador" del comunismo?

Por este motivo Fidel Castro dedicó parte de su intervención televisiva a refutar la tesis, ampliamente difundida, según la cual Juan Pablo II había sido y era "el ángel exterminador" del comunismo; es decir, que había provocado con su actuación la caída del comunismo europeo. Tesis sobre la cual se afirma que muchas personas dedujeron que la visita del Papa sería trágica para la revolución cubana, una "espada de fuego" que liquidaría el socialismo y el comunismo.

Al hablar con nosotros, Fidel confirmó su convicción de que las razones principales de la caída del comunismo deberían buscarse en el interior, en los graves errores cometidos por los dirigentes comunistas, en particular por Gorbachov: repitió que el Papa no era el secretario general del Partido Comunista Soviético, ni dirigente del campo socialista o del mercado común de los países socialistas.

El análisis de los errores del socialismo, que Fidel concluyó en su entrevista televisiva y que recordó durante el cambio de impresiones con nosotros, fue profundo y radical, especialmente respecto a Polonia, el contexto en el que se formó el Papa y en el que maduró sus convicciones anticomunistas. Fidel intentó explicar por qué una persona del nivel intelectual, espiritual y moral de Karol Wojtyla se dedicó a combatir el comunismo. Dice que para comprenderlo debemos partir de la verdad histórica. ¿Qué cosa era el comunismo en Polonia? Era un sistema impuesto por las tropas soviéticas de ocupación, frente a las cuales, por las atrocidades que cometieron, los polacos tenían fuertes motivos de resentimiento; un sistema impuesto en el extranjero a un pueblo profundamente nacionalista y antirruso; a un pueblo católico en un 93%, en el que la Iglesia y la nación nacieron juntas; a un pueblo en el que las condiciones objetivas y subjetivas para desarrollar el socialismo no existían y, por consiguiente, el estado socialista se instauró sobre la base de un marxismo-leninismo dogmático. Fidel dijo que la rebelión popular ante este socialismo era legítima y justa.

Al analizar y criticar el comunismo polaco, Fidel explica los motivos por los que la acción del Papa y la del imperialismo contra esto no son muy eficaces: atribuye la eficacia de la intervención a la fragilidad de los sistemas socialistas, que no contaban con la aceptación popular.

Algunos cardenales del séquito del Papa dijeron a Fidel que no estaban de acuerdo con su análisis de la caída del comunismo europeo, que quita al Papa el mérito histórico de haberla provocado. Al hacer dicho análisis ante todo el país y el mundo, Fidel quiso evitar que los comunistas cubanos consideraran al Papa como a un enemigo. Deseó explicar también por qué, cuando decidió invitarlo y tomar este riesgo, se sintió seguro de que su visita a Cuba no produciría efectos análogos a los producidos en Polonia.

No obstante, la dificultad de la comunicación con el Papa se deriva del hecho de que este último aplica a Cuba esquemas interpretativos formados en Polonia, animado en esta perspectiva por la información que le proporcionaron los obispos cubanos. El acercamiento a él que se llevó a cabo en Roma, después del viaje a Cuba y del viaje a Polonia, confirma que no captó la diferencia entre las dos situaciones.

Juan Pablo II, ¿el dolor de cabeza más fuerte del imperialismo?

Preguntamos a Fidel que si después de esta visita continuaba pensando que el Papa representaba el dolor de cabeza más fuerte del imperialismo. Uno de nosotros le comentó que de acuerdo con su juicio, se trataba de un dolor de cabeza que se podía curar con una aspirina.

Fidel insistió en la idea de que muchas posiciones actuales del Papa disturban decididamente el imperialismo: como su crítica del bloqueo, de la deuda externa, de la carrera armamentista, de las armas nucleares, del neoliberalismo, de la dictadura del mercado, de la guerra de agresión y de conquista, etcétera. Dijo que era culpa del hecho de que en muchas sedes internacionales sólo la voz de Cuba y la del Papa, en sustancial coincidencia, tocaban determinados problemas: por ejemplo, como sucedió en Roma, en la Conferencia Internacional de la FAO, en ocasión de la cual se reunió con el pontífice.

Respecto a las críticas al sistema, de parte del Papa, más frecuentes en los últimos años, por nuestra parte notamos que no afectan al capitalismo como tal, sino al capitalismo "salvaje" (suponiendo que exista otro), no afectan al liberalismo, sino al neoliberalismo. Entretanto, el comunismo ha sido y es condenado, no en sus desviaciones, sino en su esencia, como "intrínsicamente perverso". Opinamos, y le dijimos al comandante, que una crítica moderada del sistema representaba en definitiva una contribución a su racionalización, más que a su superación.

Creemos que él comparte esta evaluación, pero que considera todavía importante, en la batalla ideológica contra el liberalismo y el capitalismo, valorar también los argumentos fundados en la autoridad del Papa.

¿La Iglesia católica es mayoritaria en Cuba?

Una divergencia significativa del análisis, que notamos entre Fidel y el Papa, es respecto a la consistencia numérica de la Iglesia católica local. El Papa habló a Cuba como cabeza de la religión en la que el país tiene sus raíces; que fue protagonista de sus procesos de liberación, pero también de la religión mayoritaria. Lo hizo basándose en la información que le proporcionaron los obispos: los cuales en el documento del ENEC (Encuentro Nacional Eclesiástico Cubano), publicado en 1986, consideraban católica a 70% de la población cubana. El renacimiento religioso que ha caracterizados los últimos dos años lo hicieron sentirse más optimista de su estimación.

La convicción de hablar a nombre de una Iglesia mayoritaria y perseguida, como la polaca, indujo al Papa a dirigirse constantemente a todo el pueblo cubano, a los católicos y a los no católicos, a los creyentes y a los no creyentes, y a sostener que la Iglesia católica podía considerarse madre y maestra de todos, así como a hablar a nombre de todos, interpretando las exigencias y las aspiraciones; lo indujo a afirmar que, al defender su libertad y sus derechos, la Iglesia católica defendía también la libertad y los derechos de todos los ciudadanos. Esta actitud suscitó cierta irritación, por ejemplo, entre los protestantes. Sobre esta suposición y no sobre la teología del cristianismo, se fundan asimismo las reivindicaciones, de parte de la Iglesia católica, de espacios privilegiados respecto a las otras religiones, en particular respecto a las religiones afrocubanas, que como ya recordamos, les niega la misma calidad de religión.

El análisis de Fidel es muy diverso. Él no reconoce el papel que la Iglesia católica se atribuye en el nacimiento de la nación cubana y en su proceso de liberación. En el discurso de bienvenida en el aeropuerto recordó también al Papa, basándose en su experiencia de estudiante, el carácter racista y de clases que tienen en Cuba las escuelas católicas y, por consiguiente, el modelo de iglesia que la conquista y la colonización impusieron al país. Fidel no reconoce el carácter mayoritario de la Iglesia católica en Cuba: sostiene que en el momento de la victoria revolucionaria, ésta era la religión de una minoría rica, totalmente ausente en el campo y en los barrios populares de la ciudad; una buena parte de dicha minoría abandonó el país. Fidel considera, también basándose en la investigación efectuada por los organismos científicos cubanos, que la religiosidad difundida entre el pueblo tiene expresiones sumamente diversas y que la mayoría de los cubanos, aunque creyente, no se identifica con ninguna institución religiosa en particular.

Por estos motivos, además del respeto a la naturaleza laica del Estado, Fidel excluye que en el futuro la Iglesia católica pueda obtener un tratamiento privilegiado respecto a las otras confesiones y religiones; excluye también que los espacios abiertos a ésta, en ocasión de la visita del Papa, puedan reconocerse con base estable.

A las preguntas que le hicimos sobre el futuro de la relación entre la Iglesia católica local y la Revolución y sobre los cambios que la visita del Papa pudo producir en el país, Fidel respondió siempre en términos problemáticos: repitió que todo depende de la actitud que asuma la Iglesia y de las consecuencias que tenga la visita del Papa. Éste es verdaderamente uno de los puntos de divergencia entre las partes. La Iglesia católica formula su reivindicación con base en el derecho que le confiscaron, a su juicio, ya sea su misión divina, ya sea su condición de religión mayoritaria. El gobierno revolucionario sabe por experiencia que los espacios ocupados por la Iglesia católica en Cuba se convierten fácilmente en refugio de la oposición política: porque la "evangelización" desde la conquista hasta hoy, nunca ha sido neutral políticamente.

No obstante, prescindiendo del problema de la representatividad de la Iglesia católica, Fidel, al hablar con nosotros sobre la intervención del Papa en el curso de su visita, reconoció que tocó problemas reales, como el del aborto, el de la inestabilidad familiar, el de la separación de los hijos de los padres por motivos de estudio o de trabajo, etcétera. Sin embargo, negó que en Cuba tales problemas sean más agudos que antes; por el contrario, considera que respecto a algunos de éstos, como el del aborto, en Cuba se está reduciendo notablemente su alcance. Observó que los problemas actuales en cualquier parte del mundo, cuando surgen en Cuba, se achacan a la "ideología", con la que en realidad no tienen ninguna relación. Añadió que de cualquier manera, la Revolución apreciaría mucho la contribución ética de la Iglesia católica y de las otras religiones para la solución de estos problemas (en términos de colaboración y no de polémica).

Al considerarse intérprete de las aspiraciones del pueblo cubano, la Iglesia católica, a través de los discursos de Juan Pablo II, se apropió y tocó polémicamente algunos temas que son el corazón del proyecto revolucionario: como el del pueblo protagonista de su destino, la liberación, la soberanía nacional, la solidaridad, el amor, los derechos humanos, la unidad nacional, la reconciliación, etcétera. Por parte nuestra, enfatizamos la importancia de que, en la nueva fase de la batalla ideológica, inevitablemente suscitada por la visita del Papa, la Revolución se afirme en el centralismo, aunque ofuscado, de estos temas, en su proyecto y en la práctica. Fidel escuchó y asintió.

Conclusiones: los marxistas y los cristianos a favor de una alternativa a la globalización neoliberal

La importancia que Fidel quiso atribuir a este encuentro y el clima de amistad en el que se llevó a cabo confirmaron en nosotros la convicción del valor que él atribuye a la teología de la Liberación y a la contribución ética, cultural y política que puede hacer a la Revolución, en esta fase de crisis de valores. Este encuentro nos animó para no abandonar nuestras hipótesis de trabajo, hoy totalmente fuera de moda, y a no ridicularizar el pensamiento único dominante, bajo la confluencia entre un marxismo humanista y crítico y un cristianismo liberador, fundada en la elección común del campo de parte de los excluidos y de su derecho a la vida. Nos estimuló también a profundizar y renovar el nuevo contexto internacional, para elaborar un proyecto de civilización alternativo a la globalización neoliberal fundado en una globalización de la solidaridad.

En lo personal, este encuentro me recordó un cambio rápido de batuta que tuvimos con el comandante hace unos meses, en ocasión del Festival Internacional de la Juventud. Él dijo: "Pienso que hoy, más que nunca, existe una convergencia entre el futuro de la Revolución y el futuro del cristianismo". Después de un momento de silencio respondió, midiendo las palabras: "Comparto plenamente este punto de vista; desde hace mucho tiempo pienso esto".

Apéndice

Discursos

Discurso de Fidel Castro Ruz en la ceremonia de bienvenida a Juan Pablo II, en el Aeropuerto Internacional José Martí, en La Habana, el 21 de enero de 1998

La tierra que usted acaba de besar se honra con su presencia. Aquí no encontrará a los habitantes nativos pacíficos y buenos que vivían cuando los primeros europeos desembarcaron en esta isla. Esos hombres fueron exterminados casi en su totalidad por la explotación y el trabajo de esclavos, a lo que no pudieron sobrevivir; las mujeres fueron convertidas en objeto de placer o en esclavas para las labores domésticas. Hubo también quien murió bajo la espada homicida o víctima de enfermedades desconocidas traídas por los conquistadores. Algunos sacerdotes protestaron afligidos contra tales delitos.

En el curso de los siglos, más de un millón de africanos, cruelmente sacados de sus lejanos países, ocuparon el lugar de los esclavos indígenas americanos, ya extintos. Fueron una contribución considerable a la composición étnica y a los orígenes de la población actual de nuestro país, en la que se funden la cultura, las creencias y la sangre de todos aquellos que participaron en esta dramática historia.

Se calcula que la conquista y la colonización de todo el hemisferio costaron la vida a setenta millones de indios americanos y fueron esclavizados doce millones de africanos. Se derramó mucha sangre y se cometieron muchas injusticias, gran parte de las cuales, después de siglos de sacrificios y de lucha, todavía continúan bajo otra forma de sacrificios y de lucha.

Cuba, en condiciones sumamente difíciles, logró formar una nación. Luchó sola con insuperable heroísmo por su independencia. Por esto, exactamente hace cien años, fue víctima de un verdadero holocausto en los campos de concentración en los que murió una parte considerable de su población, especialmente mujeres, ancianos y niños; un delito de los colonialistas, no menos monstruoso por el hecho de haber estado apartado de la conciencia de la humanidad. Usted, hijo de Polonia y testimonio de Auschwitz, lo sabe mejor que ninguna otra persona.

Hoy, Su Santidad, se intenta de nuevo el genocidio, buscando someter con el hambre, la enfermedad y la opresión total económica a un pueblo que se niega a someterse a los dictámenes y a la dominación de la potencia económica, política y militar más fuerte de la historia, mucho más potente que la antigua Roma, que por siglos hizo que las fieras devoraran a aquellos que no quisieron renegar de su propia fe. Como los cristianos atrozmente calumniados para justificar esos delitos, nosotros los cubanos, también calumniados, preferimos mil veces la muerte, antes de renunciar a nuestras convicciones. Como la Iglesia, también la Revolución tiene muchos mártires.

En su largo peregrinaje por el mundo, usted ha podido constatar personalmente la existencia de mucha injusticia, desigualdad y pobreza; campos baldíos y campesinos sin alimento y sin tierra, desocupación, hambre, enfermedad, vidas que se podrían salvar y perdonar por pocos centavos; analfabetismo, prostitución infantil, niños que trabajan desde la edad de seis años o que, para vivir, piden limosna; barrios marginados en los que sobreviven cientos de millones de individuos en condiciones infrahumanas; discriminación por motivos de raza o de sexo, grupos étnicos enteros expulsados de su tierra y abandonados a su suerte; xenofobia, desprecio hacia los otros pueblos, culturas aniquiladas o en vías de extinción, subdesarrollo, préstamos con usura, débitos incobrables y que son imposibles de pagar, cambios injustos, especulaciones financieras monstruosas e improductivas; destrucción ambiental fiera y a veces irremediable; tráfico de armas sin escrúpulos con repugnantes fines comerciales, guerra, violencia, masacres, corrupción generalizada, drogas, vicios y un alienante consumismo impuesto como modelo ideal a todos los pueblos.

En este siglo, la humanidad casi se ha cuadruplicado. Aquellos que tienen hambre y sed de justicia son millares de millones; el elenco de las calamidades económicas y sociales del hombre es interminable. Sé que muchas de ellas son objeto de preocupación continua y creciente para Su Santidad.

He vivido experiencias personales que me permiten apreciar otros aspectos de su pensamiento. Estudié en escuelas católicas casi hasta la madurez. Entonces me enseñaban que ser protestante, hebreo, musulmán, hindú, budista, animista o seguidor de otras religiones era un pecado tremendo, digno de un castigo severo e implacable. En algunas de esas escuelas para ricos y privilegiados —entre los que me encontraba yo— más de una vez pregunté por qué no había nunca niños negros y todavía no puedo olvidar las respuestas nada persuasivas que recibí.

Hace algunos años, el concilio Vaticano II, convocado por el papa Juan XXIII, afrontó algunos de estos temas delicados. Conocemos los esfuerzos de Su Santidad por predicar y practicar sentimientos de respeto hacia los fieles de otras religiones importantes e influyentes, que se han difundido por el mundo. El respeto hacia los creyentes y los no creyentes es un principio fundamental que nosotros, los revolucionarios cubanos, inculcamos a nuestros compatriotas. Estos principios están definidos y garantizados por nuestra constitución y por nuestras leyes. Si alguna vez han surgido ciertas dificultades, nunca ha sido por culpa de la Revolución.

Nutrimos la esperanza de que algún día, en ninguna escuela de ninguna religión, en ninguna parte del mundo, un adolescente deba preguntar por qué no hay allí un solo niño negro, indio, amarillo o blanco.

Su Santidad, admiro sinceramente sus declaraciones sobre lo sucedido a Galileo, sobre los errores de la Inquisición, sobre los sangrientos episodios de las Cruzadas, sobre los delitos cometidos durante la conquista de América y sobre algunos descubrimientos científicos que actualmente nadie discute y que, en el momento en que sucedieron, fueron objeto de tantos prejuicios y anatemas. Para poder hacerlo fue necesaria la inmensa autoridad que usted ha adquirido en su Iglesia.

¿Qué podemos ofrecerle en Cuba? Un pueblo con menos desigualdades, con menos ciudadanos sin pretensiones, con menos niños sin escuela, con menos enfermos sin hospitales, con más maestros y más médicos por habitante que cualquier otro país del mundo que Su Santidad haya visitado; un pueblo instruido a quien usted puede hablar con toda la libertad con que desee hacerlo, con la seguridad de que tiene el talento, la elevada cultura política, las convicciones profundas, una fe absoluta en sus ideas y toda la conciencia y el respeto del mundo para escucharlo.

No habrá ningún país mejor preparado que nosotros para comprender su idea feliz, tan similar a la que predicamos, de que se deben globalizar la distribución equitativa de la riqueza y la solidaridad entre los hombres y los pueblos.

Bienvenido a Cuba.

Discurso de Juan Pablo II en la ceremonia de llegada a La Habana, en el Aeropuerto Internacional José Martí, el 21 de enero de 1998

Señor presidente, señor cardenal y hermanos del obispado, excelentísimas autoridades, miembros del cuerpo diplomático, amadísimos hermanos y hermanas de Cuba.

Doy gracias a Dios, señor de la historia y de nuestros destinos, porque me concedió venir a esta tierra descrita por Cristóbal Colón como "la más bella que hayan visto ojos humanos". Al llegar a esta isla, donde hace más de quinientos años se plantó la cruz de Cristo (cruz que actualmente se conserva celosamente como un tesoro precioso en el templo parroquial de Baracoa, en el extremo oriental del país), saludo a todos con una emoción particular y con un gran afecto.

Llegó el día feliz, por mucho tiempo deseado, en el que puedo responder a la invitación efectuada desde hace tiempo por los obispos de Cuba, invitación que me hizo también el señor presidente de la república y que renovó personalmente en el Vaticano, durante su visita en el mes de noviembre de 1996. Es para mí una gran alegría visitar este país, encontrarme entre ustedes y poder compartir una jornada plena de fe, de esperanza y de amor.

Me da gusto dirigir mi saludo en primer lugar al presidente, doctor Fidel Castro Ruz, que tuvo la cortesía de venir a recibirme y a quien deseo manifestar mi gratitud por sus palabras de bienvenida. Deseo asimismo expresar mi reconocimiento a las otras autoridades aquí presentes, al cuerpo diplomático y a aquellos que ofrecieron su cooperación activa para preparar esta visita pastoral.

Saludo afectuosamente a mis hermanos del obispado; en particular al cardenal Jaime Lucas Ortega y Alamino, arzobispo de La Habana, y a cada uno de los demás obispos cubanos, así como a los que vinieron de otros países para participar en las celebraciones de esta visita pastoral, renovando y reforzando de esta manera, como tantas otras veces, los vínculos estrechos de comunión y de afecto de sus respectivas iglesias con la Iglesia cubana. En este saludo abro mi corazón también con gran afecto a los queridos sacerdotes, diáconos, religiosos, catecúmenos y fieles a los cuales me debo en el señor, como pastor de la Iglesia universal (véase Cost. Dogm. *Lumen Gentium*, 22). En todos ustedes veo la imagen de esta Iglesia local, tan amada y siempre presente en mi corazón, sintiéndome muy solidario y cercano a sus aspiraciones y a sus deseos legítimos. Dios quiso que esta visita que se inicia hoy sirva para reforzar todo el empeño para completar el propio esfuerzo y lograr esas expectativas, con la participación de cada cubano y con la ayuda del Espíritu Santo. Ustedes son y deben ser los protagonistas de vuestra historia personal y nacional.

Saludo cordialmente también a todo el pueblo cubano, dirigiéndome a todos sin excepción: hombres y mujeres, viejos y jóvenes, adolescentes y niños; a las personas que encontraré y a las que no pudieron venir, por diversos motivos, a las diferentes celebraciones.

Con este viaje apostólico, vengo en el nombre del Señor para reforzar la fe, alentar la esperanza y exhortar la caridad; para compartir su espíritu religioso profundo, vuestros deseos, alegrías y sufrimientos, celebrando como miembros de una gran familia el misterio del Amor Divino y teniéndolo más profundamente presente en la vida y en la historia de este noble pueblo, sediento de Dios y de los valores espirituales que la Iglesia, en estos cinco siglos de presencia en la isla, jamás ha dejado de promover. Vengo como peregrino del amor, de la verdad y de la esperanza, con el deseo de dar un nuevo impulso a la actividad evangelizadora pues, aun en medio de las dificultades, esta Iglesia local se desenvuelve con vitalidad y dinamismo apostólico, al acercarnos al tercer milenio cristiano.

En el desempeño de mi ministerio, jamás he dejado de anunciar la verdad de Jesucristo, que reveló la verdad al hombre, su misión en el mundo, la grandeza de su destino y su dignidad inviolable. A este respecto, el camino de la Iglesia es el servicio al hombre. Hoy vengo a compartir con ustedes mi convicción profunda acerca de que el mensaje del Evangelio conduce al amor, a la devoción, al sacrificio y al perdón; así pues, si el pueblo recorre ese camino, es un pueblo que espera un futuro mejor. Por este motivo, desde el primer instante de mi presencia entre vosotros deseo decir, con la misma fuerza que al inicio de mi pontificado: "No teman abrir vuestros corazones a Cristo", permitan que Él entre en vuestras vidas, en vuestras familias, en la sociedad, para que todo se renueve. La Iglesia repite esta exhortación convocando a todos sin excepción: individuos, familias y pueblo, para que siguiendo fielmente a Jesucristo encuentren el sentido pleno de vuestras vidas y se pongan al servicio de sus semejantes, transformando las relaciones familiares, de trabajo y sociales, lo que siempre será en beneficio de la patria y de la sociedad.

La Iglesia de Cuba siempre ha anunciado a Jesucristo, aunque a veces ha tenido que hacerlo con escasez de sacerdotes y en circunstancias difíciles. Deseo expresar mi reconocimiento a todos los creyentes cubanos por su fidelidad a Cristo, a la Iglesia y al papa, así como por el respeto demostrado hacia las tradiciones religiosas más genuinas aprendidas de los antepasados y por el valor y el espíritu perseverante de sacrificio que han mostrado en medio del sufrimiento y de las aspiraciones. Todo esto se ha visto recompensado en varias ocasiones con la solidaridad demostrada por otras comunidades de la Iglesia de América y del mundo entero. Hoy como siempre, la Iglesia de Cuba desea poder disponer del espacio necesario para continuar sirviendo a todos, de acuerdo con su misión y con las enseñanzas de Jesucristo.

Amados hijos de la Iglesia católica de Cuba, sé bien cuánto han esperado el momento de mi visita y saben cuánto lo he deseado yo. Por este motivo, acompaño con la oración mis mejores augurios para que esta tierra pueda ofrecer a todos una atmósfera de libertad, de confianza recíproca, de justicia social y de paz duradera. Que Cuba se abra al mundo con todas sus posibilidades magníficas y que el mundo se abra a Cuba para que este pueblo, que al igual que cada individuo y cada nación busca la verdad, que trabaja para progresar, que aspira a la concordia y a la paz, pueda mirar hacia el futuro con esperanza.

Con la confianza puesta en el Señor y sintiéndome muy unido a los amados hijos de Cuba, agradezco de corazón este caluroso recibimiento con el que se inicia mi visita pastoral, que encomiendo a la materna protección de la Virgen de la Caridad del Cobre. Bendigo de corazón a todos y, de manera especial, a los pobres, a los enfermos, a los marginados y a todos los que sufren en el cuerpo y en el espíritu.

¡Alabado sea Jesucristo!

Discurso de bienvenida dirigido a Juan Pablo II por monseñor Fernando Prego, obispo de Santa Clara, en el InstitutoSuperior de Cultura Física "Manuel Fajardo", en Santa Clara, el 22 de enero de 1998

Querido Santo Padre:

Después de una larga y ansiosa espera hoy experimentamos, llenos de alegría, el consuelo de tener entre nosotros a Su Santidad, que deseó cruzar nuevamente el océano para venir a visitar a sus hijos en la fe católica y a todos los hombres de buena voluntad, que habitan en esta noble y bella isla de Cuba; tierra de María Santísima, como en una ocasión la llamó el Papa Pío XII, a quien recordamos con devoción. Esta tierra cubana de la Virgen de la Caridad del Cobre lo recibe hoy, Santo Padre, con gran ansiedad y expectativa caracterizada por un afecto profundo.

Nosotros los cubanos, y hablo en primer lugar a nombre de los millares y millares de hombres y mujeres de todas las edades que son católicos, pero también a nombre de todos los hombres y las mujeres de buena voluntad, hemos esperado durante largos años el momento en el que pudiéramos escuchar directamente de sus labios la palabra del Papa, para que, penetrando en nuestras almas como la lluvia que fecunda nuestros campos, corroborase y reforzase nuestros corazones y nuestras mentes.

¡Teníamos tanta necesidad de verlo y de escucharlo! Refuerce nuestra fe, Santo Padre, para que cada día seamos más firmes en ella, más valerosos para seguir a Jesucristo y más decididos para manifestar a todos con palabras y con actos que Dios ama al mundo que creó.

Renueve nuestra esperanza, Santidad, a fin de que podamos elevar siempre los ojos al cielo, aun en medio de la ansiedad y de las desilusiones provocadas por el dolor, los fracasos y las vicisitudes de la vida cotidiana; para que de esta manera, al recibir fuerza desde lo alto, aumente nuestra confianza en Dios y seamos capaces de percibir siempre y en todas las cosas su providencia.

Nuestra caridad a veces se agota por la falta de comprensión mutua, porque nos obstinamos en conservar la diversidad, en lugar de vivir como hermanos, con un amor similar al que Jesús muestra en su Evangelio.

Recuerde, Santo Padre, que la caridad y el amor fraterno deben ser siempre el distintivo de cada cristiano.

Escuchamos su palabra, que orienta y conforta a todas las familias cubanas, para que así disminuyan los males que comprometen gravemente a las familias: el número excesivo de divorcios; el aborto —el horrible delito del aborto—, la separación que se produce en muchas familias por motivos de trabajo, de estudio o de encarcelamiento; el sufrimiento a causa de aquellos que se han ido lejos en busca de otros horizontes y el gran dolor por los que se han ido y no han vuelto jamás.

Por esto, Santo Padre, oriente con su autoridad a las familias cubanas que tienen tanta necesidad de su palabra.

Hoy Dios está con nosotros en la persona de su santidad, hoy Dios nos hablará para iluminarnos con su voz. Hoy nos sentimos felices porque gozamos de su presencia.

Sea bienvenido a Santa Clara, santo padre, y a toda Cuba. Reciba nuestro afecto y nuestra inmensa gratitud.

Discurso de Juan Pablo II durante la misa celebrada en el Instituto Superior de Cultura Física "Manuel Fajardo", en Santa Clara, el 22 de enero de 1998

"Y estos mandamientos que yo te doy en este día estarán empapados en tu corazón y los enseñarás a tus hijos y en ellos meditarás sentado en tu casa y andando de viaje..." (Deut. VI. 6-7). Nos encontramos reunidos en el campo deportivo del Instituto Superior de Cultura Física "Manuel Fajardo", transformado hoy en un inmenso templo abierto. En este encuentro deseamos dar gracias a Dios por el gran regalo de la familia.

Al final de la primera página de la Biblia, el autor sacro nos presenta esta imagen: "Creó, pues, Dios al hombre a imagen suya: a imagen de Dios lo creó; creólos varón y hembra" (Gén. I, 27). En este sentido, las personas humanas en su dualidad de sexos son, como Dios mismo y por su voluntad, fuente de vida: "Creced y multiplicaos" (Gén. I, 28). Por lo tanto, la familia fue llamada a colaborar en el plano de Dios y en su obra creadora mediante la alianza del amor conyugal entre el hombre y la mujer y, como dijo San Pablo, tal alianza es también el signo de la unión de Cristo con su Iglesia (véase Ef. V, 32).

Amados hermanos y hermanas: me da gusto saludar con gran afecto a monseñor Fernando Prego Casal, obispo de Santa Clara, a los señores cardenales y a los otros obispos, a los sacerdotes, a los diáconos, a los miembros de la comunidad religiosa y a todos ustedes, fieles laicos. Deseo también dirigir un saludo congraciador a las autoridades civiles. Mis palabras se dirigen en particular a las familias aquí presentes, que desean proclamar el firme propósito de realizar en su vida el proyecto de salvación del señor.

En Cuba, la institución de la familia es depositaria del rico patrimonio de virtud que distinguía a las familias criollas del pasado, cuyos miembros se empeñaron tanto en los diversos campos de la vida social y forjaron el país sin prestar atención a los sacrificios y a la adversidad. Esas familias, sólidamente fundadas de acuerdo con los principios cristianos, así como con un sentido de solidaridad familiar y de respeto por la vida, fueron una verdadera comunidad de afecto recíproco, de alegría, de fiesta, de confianza, de seguridad y de reconciliación serena. Se caracterizaban también, como muchas familias actuales, por la unión, el respeto profundo hacia los padres, un alto sentido de responsabilidad, la aceptación sincera de la autoridad paterna y materna, la alegría y el optimismo tanto en la pobreza como en la riqueza, el deseo de luchar por un mundo mejor y, especialmente, por la gran fe y confianza en Dios.

Hoy en día, las familias de Cuba están sujetas también a los desafíos que sufren actualmente tantas familias en el mundo. Son muchos los miembros de esta familia que han luchado y dedicado su vida a conquistar una existencia mejor, en la que haya garantías y derechos humanos indispensables: trabajo, alimento, casa, salud, instrucción, seguridad social, participación social, libertad de asociación y de elegir la propia vocación. La familia, célula fundamental de la sociedad y garantía de su estabilidad, todavía está sujeta a las crisis que pueden alcanzar a la misma sociedad. Esto sucede cuando los cónyuges viven en sistemas económicos o culturales que, bajo la falsa apariencia de libertad y de progreso, promueven o defienden también una mentalidad favorable al control de la natalidad, induciendo así a los esposos a métodos anticonceptivos que ofenden la dignidad humana. Se llega asimismo al aborto, que, además de ser un delito abominable, es siempre un empobrecimiento absurdo de la persona y de la misma sociedad. Respecto a esto, la Iglesia enseña que Dios confió a los hombres la misión de transmitir la vida de un modo digno, que sea fruto de la responsabilidad y del amor entre los cónyuges.

La maternidad se presenta a veces como una regresión o una limitación de la libertad de la mujer, deformando así su verdadera naturaleza y su dignidad. Los hijos se presentan no como lo que son, un gran regalo de Dios, sino como algo de lo que se deban defender. La situación social que se vive en este país ha llevado consigo no pocas dificultades a la estabilidad familiar: las penurias materiales... como cuando los salarios son insuficientes o tienen un poder de adquisición bastante limitado, las insatisfacciones por motivos ideológicos, la atracción por la sociedad de consumo. Esto, junto con ciertas determinaciones sobre el trabajo o de otro género, han hecho surgir un problema que Cuba arrastra desde hace años: la separación forzosa de las familias en el interior del país y la emigración, que han deshecho grupos familiares enteros y sembrado aflicción en una parte considerable de la población. Las experiencias no siempre aceptadas y a veces traumáticas son la separación de los hijos y la sustitución del papel de los padres a causa de los estudios, que se realizan lejos de la familia, en la edad de la adolescencia, en situaciones que tienen como consecuencia el triste resultado de la proliferación de la promiscuidad, del empobrecimiento ético, de la vulgaridad, de las relaciones prematrimoniales precoces y del fácil recurso del aborto. Todo esto deja marcas profundas y negativas en la juventud, que es llamada a personificar los valores morales por la consolidación de una sociedad mejor.

Para vencer estos males no hay otro camino que el de Jesucristo, el de su doctrina y su ejemplo de amor total que nos salva. Ninguna ideología puede sustituir su sabiduría y su potencia infinita. Por consiguiente, es necesario recuperar los valores religiosos en el ámbito familiar y social, fomentando la puesta en práctica de las virtudes que han caracterizado los orígenes de la nación cubana, para poder construir su futuro "con todos y para el bien de todos", como lo pidió José Martí. La familia, la escuela y la Iglesia deben formar una comunidad educativa en la que los hijos de Cuba puedan "crecer en humanidad". No teman, abran las familias y las escuelas a los valores del Evangelio de Jesucristo, que jamás son un peligro para ningún proyecto social.

"Un ángel del Señor apareció en sueños a José, diciéndole: Levántate, toma al niño y a su madre..." (Mat. II, 13). La palabra revelada muestra cómo Dios desea proteger a la familia y preservarla de todo peligro. Por esto, la Iglesia, animada e iluminada por el Espíritu Santo, busca defender y aconsejar a sus hijos y a todos los hombres de buena voluntad la verdad sobre los valores fundamentales del matrimonio cristiano y de la familia. Al mismo tiempo, proclama como deber ineludible la santidad de este sacramento y sus exigencias morales, para salvaguardar la dignidad de cada persona humana.

El matrimonio, con su carácter de unión exclusiva y permanente, es sagrado porque tiene su origen en Dios. Los cristianos, al recibir el sacramento del matrimonio, participan en el plano creador de Dios y reciben las gracias que les son necesarias para cumplir su misión, para educar y formar a los hijos y para responder al llamado de la santidad. Es una unión diferente de cualquier otra unión humana, ya que está basada en un recíproco darse y aceptarse de los cónyuges, con el fin de llegar a ser "una sola carne" (Gén. II, 24), viviendo en una comunidad de vida y de amor, cuya vocación es ser "santuario de la vida" (véase *Evangelium vitae*, 59). Con su unión fiel y perseverante, los cónyuges contribuyen al bien de la institución de la familia y manifiestan que el hombre y la mujer tienen la capacidad de darse siempre el uno al otro, sin que la entrega voluntaria y perenne anule la libertad, puesto que en el matrimonio cada personalidad debe permanecer inalterada y desarrollar la gran ley del amor: darse el uno al otro para entregarse juntos a la tarea que Dios les confía. Si la persona humana es el centro de cada institución social, la familia, primer ámbito de la socialización, debe ser una comunidad de personas libres y responsables que llevan adelante el matrimonio como un proyecto de amor, siempre perfectible, que aporta a la sociedad civil vitalidad y dinamismo.

En la vida matrimonial, el servicio a la vida no se agota en la concepción, sino que se prolonga en la educación de las nuevas generaciones. Los padres, habiendo dado la vida a los hijos, tienen la difícil obligación de educar a la prole y, por consecuencia, deben ser reconocidos como los primeros y principales educadores de sus hijos. Tal tarea de educar es tan importante que, cuando falta, difícilmente se puede suplir (véase Dec. *Gravissimum educationis*, 3). Se trata de un deber y de un derecho insustituibles e inalienables. Es verdad que en el ámbito de la educación corresponden a la autoridad pública derechos y deberes, ya que debe atender el bien común; esto no le da el derecho de sustituir a los padres. Por lo tanto, los padres, sin esperar que otros los sustituyan en aquello que es de su responsabilidad, deben poder elegir para sus hijos el estilo pedagógico, los contenidos éticos y civiles y la inspiración religiosa en que desean formarlos íntegramente. No esperen que todo se los den. Asuman su misión educativa, buscando y creando los espacios y los medios adecuados en la sociedad civil.

Se debe también procurar a las familias una vivienda digna y un hogar unido, de modo que puedan guiar y transmitir una educación ética y un ambiente propicio para cultivar los altos ideales y la experiencia de la fe.

Amados hermanos y hermanas, amados cónyuges y padres, amados hijos: he deseado recordar algunos aspectos esenciales del proyecto de Dios para el matrimonio y la familia, para ayudarlos a vivir con generosidad y devoción la vida de santidad a la que muchos son llamados. Acojan con amor la palabra del señor proclamada en esta Eucaristía. En el Salmo responsorial escuchamos: “Bienaventurados todos aquellos que temen al señor, que andan por sus caminos... alrededor de tu mesa estarán tus hijos como pimpollos de olivos. Tales serán las bendiciones del hombre que teme al señor” (Salm. CXXVII, 1, 4, 5).

Así de grande es la vocación a la vida matrimonial y familiar, inspirada en la palabra de Dios y siguiendo el modelo de la sagrada familia de Nazareth. Amados cubanos: ¡sean fieles a la palabra divina y a ese modelo! Amados maridos y esposas, padres y madres, familias de la noble Cuba: ¡conserven en su vida el modelo sublime, ayudados por la gracia que recibieron en el sacramento del matrimonio! Que Dios, Padre, Hijo y Espíritu Santo, habiten en vuestras casas. Así, las familias católicas de Cuba contribuirán en forma decisiva a la gran causa divina de la salvación del hombre en esta tierra bendita que es su patria y su nación. Cuba, ¡cuida a tus familias para conservar sano tu corazón!

Que la Virgen de la Caridad del Cobre, madre de todos los cubanos, madre de la familia de Nazareth, interceda por todas las familias de Cuba, para que, renovadas, vivificadas y ayudadas en sus dificultades, vivan con serenidad y en paz, superando los problemas y las dificultades y todos sus miembro alcancen la salvación que viene de Jesucristo, señor de la historia y de la humanidad. A Él la gloria y la fuerza por los siglos de los siglos. Amén.

Discurso de Juan Pablo II durante la misa celebrada en la plaza Ignacio Agramonte, en Camagüey, el 23 de enero de 1998

"No te dejes vencer del mal, mas procura vencer al mal con el bien" (Rom. XII, 21). Los jóvenes cubanos se reúnen hoy con el Papa para celebrar su fe y escuchar la palabra de Dios, que es la vida para alejarse de las obras del mal y de las tinieblas y revestirse con las armas de la lucha para hacer el bien. Por este motivo, me da gusto tener este encuentro con todos ustedes en esta plaza grande, donde sobre el altar se renovará el sacrificio de Jesucristo. Este sitio, que lleva el nombre de Ignacio Agramonte, "El Bayardo", nos recuerda a un héroe amado por todos quien, impulsado por su fe cristiana, representó los valores que enriquecen a los hombres y a las mujeres para el bien: la rectitud, la sinceridad, la fidelidad y el amor por la justicia. Fue un buen marido y padre de familia, así como buen amigo, defensor de la dignidad humana frente a la esclavitud.

Deseo también saludar con afecto a monseñor Adolfo Rodríguez Herrera, pastor de esta iglesia diocesana; a su obispo auxiliar, monseñor Juan García Rodríguez; así como a todos los demás obispos y sacerdotes presentes, que con su actividad pastoral animan y guían a los jóvenes cubanos hacia Cristo, el redentor, el amigo que no defrauda jamás. El encuentro con él induce a la conversión y a la alegría extraordinaria que hace exclamar, como los discípulos después de la resurrección: "Hemos visto al señor" (Juan XX, 25). Saludo asimismo a las autoridades civiles que desearon asistir a la santa misa y agradezco su colaboración a esta ceremonia en la que los invitados principales son los jóvenes.

Me dirijo de corazón a ustedes, amados jóvenes cubanos, esperanza de la Iglesia y de la patria, presentándoles a Cristo, para que lo reconozcan y lo sigan con decisión total. Él les dio la vida, les muestra el camino, los conduce hacia la verdad, exhortándonos a marchar unidos y solidarios, en felicidad y en paz, como miembros vivientes de su cuerpo místico, que es la Iglesia.

"¿Cómo podrá el joven llevar una vida pura? ¡Viviendo de acuerdo con Tu palabra!" (Salm. CXIX, 9). El salmo da la respuesta a la pregunta que cada joven debe hacerse, si desea tener una existencia digna y decorosa, que sea propia de su condición. Para esto, el único camino es Jesús. Los talentos que recibieron del señor y que llevan a la devoción, al amor auténtico y a la generosidad dan fruto cuando se vive no sólo de las cosas materiales y perecederas, sino "de toda palabra o disposición que sale de la boca de Dios" (Mat. IV, 4). Por consiguiente, amados jóvenes, los exhorto a sentir el amor de Cristo, conocedores de lo que él ha hecho por ustedes, por toda la humanidad, por los hombres y las mujeres de todos los tiempos. Sintiéndose amados por él podrán amar verdaderamente. Experimentando una comunión íntima de vida con él, que esté acompañada por el recibimiento de su cuerpo, de la acción de escuchar Su Palabra, de la alegría de Su perdón y de Su misericordia, podrán imitarlo, llevando así, como dice el salmista, "una vida pura".

¿Qué significa llevar una vida pura? Significa vivir la propia existencia, de acuerdo con los preceptos morales del Evangelio, propuestos por la Iglesia. Hoy, desgraciadamente, para muchos es fácil caer en un relativismo moral y en una falta de identidad, de lo que sufren tantos jóvenes, víctimas de esquemas morales carentes de sentido o de algún tipo de ideología, que no ofrecen normas morales elevadas y precisas. Ese relativismo moral genera egoísmo, división, marginación, discriminación, temor y desconfianza hacia los demás. Además: cuando un joven vive "a su modo" idealiza lo extranjero, se deja seducir por el materialismo desenfrenado, pierde las raíces propias y aspira a la evasión. Por este motivo, el vacío provocado por tales comportamientos desarrolla muchos males que amenazan a la juventud: el alcohol, la sexualidad mal enfocada, el uso de drogas, la prostitución que oculta bajo diversos argumentos (los que no siempre son sólo personales) los motivos basados en el gusto o las actitudes egoístas, el oportunismo, la falta de un proyecto de vida serio, por el cual no están a favor de un matrimonio estable, sino al rechazo de toda autoridad legítima, a la aspiración de evadir y de emigrar, eludiendo el compromiso y la responsabilidad, para refugiarse en un mundo falso, cuya base es la enajenación y el desinterés.

Frente a esta situación, el joven cristiano que aspira a llevar "una vida pura", firme en su fe, sabe que es llamado y elegido por Cristo para vivir en la auténtica libertad de los hijos de Dios, que tiene no pocos desafíos. Por esto, acogiendo la gracia que recibe de los sacramentos, sabe que debe dar testimonio de Cristo, con su esfuerzo constante para llevar una vida de rectitud y de fidelidad a él.

La fe y la acción moral están unidas. Efectivamente, el don recibido nos lleva a una conversión permanente para imitar a Cristo y recibir las promesas divinas. Los cristianos, para respetar los valores fundamentales que configuran una vida pura, llegan a sufrir a veces, aunque en forma heroica, marginaciones y persecuciones, por el hecho de que esa opción moral se opone a los comportamientos del mundo. Este testimonio de la cruz de Cristo en la vida cotidiana es también una semilla segura y fecunda de los nuevos cristianos. Una vida plenamente humana y comprometida con Cristo tiene este precio de generosidad y devoción.

Amados jóvenes, el testimonio cristiano, la "vida digna" ante los ojos de Dios tiene este precio. Si no están dispuestos a pagarlo vendrá el vacío existencial y la falta de un proyecto de vida digno y responsablemente asumido con todas sus consecuencias. La Iglesia tiene el deber de dar una formación moral, cívica y religiosa que ayude a los jóvenes cubanos a desarrollarse en los valores humanos y cristianos, sin temor y con la perseverancia de una obra educativa que tiene necesidad de los tiempos, de los medios y de las instituciones propias de esta siembra de virtud y de espiritualidad para el bien de la Iglesia y de la nación.

"Buen maestro, ¿qué debo yo hacer para conseguir la vida eterna?" (Marc. X, 17). En el Evangelio que escuchamos, un joven pregunta a Jesús qué debe "hacer" y el maestro, lleno de amor, le responde como debe "ser". Ese joven presume haber observado los preceptos y Jesús le responde que es necesario abandonar todo y seguirlo. Esto da fundamento y autenticidad a los valores y permite al joven realizarse como persona y como cristiano. La llave de esta realización está en la fidelidad, presentada por San Pablo, en la primera lectura, como una característica de nuestra identidad cristiana.

He aquí el camino de la fidelidad trazado por San Pablo: "El amor sea sin fingimiento... Amaos recíprocamente los unos a los otros... Con la alegría de la esperanza... Practiquen la hospitalidad... Bendecid... Tener el mismo sentir los unos para los otros... Atraídos más bien por lo humilde... No se complazcan en vuestra propia sabiduría... No devuelvan a nadie mal por mal... No se dejen vencer del mal, mas procuren vencer al mal con el bien" (Rom. XII, 9-21). Amados jóvenes, sean o no creyentes, acoged el llamado a ser virtuosos. Esto quiere decir ser fuertes interiormente, grandes de alma, ricos en sentimientos mejores, valerosos en la verdad, audaces en la libertad, constantes en la responsabilidad, generosos en el amor, invisibles en la esperanza. La felicidad se alcanza a partir del sacrificio. No busquen fuera lo que pueden encontrar adentro. No esperen de los demás aquello de lo que ustedes son capaces y que son llamados a ser o a hacer. No dejen para mañana la construcción de una sociedad nueva, en la que los sueños más nobles no se frustren y en la que puedan ser los protagonistas de vuestra historia.

Recuerden que la persona humana y el respeto que se le debe son el camino hacia un nuevo mundo. El mundo y el hombre se sofocan si no se aproximan a Jesucristo. Ábranle su corazón e inicien así una vida nueva, que esté de acuerdo con Dios y que responda a las aspiraciones legítimas que hay en la verdad, en la bondad y en la belleza. ¡Que Cuba eduque a sus jóvenes en la virtud y en la libertad, para que pueda tener un futuro de auténtico desarrollo humano integral, en un ambiente de paz duradera!

Amados jóvenes católicos: esto es todo un programa de vida personal y social basado en la caridad, en la humildad y en el sacrificio, que tiene como fin "servir al Señor". Les auguro la alegría de poder realizarlo.

Los esfuerzos que ya se hacen en la Pastoral Juvenil deben tender a la realización de este programa de vida. Para ayudarlos les dejo también un mensaje escrito, con la esperanza de que llegue a todos los jóvenes cubanos, que son el futuro de la Iglesia y de la patria. Un futuro que empieza ya en el presente y que será alegre, si se basa en el desarrollo integral de cada uno, lo que no se puede alcanzar sin Cristo, lejos de Cristo y nunca contra Cristo. Por este motivo, como os dije al inicio de mi pontificado y deseo repetir al llegar a Cuba: "No teman abrir vuestros corazones a Cristo". Les dejo con gran afecto este lema y esta exhortación, pidiéndolcs que los transmitan con audacia y con valor apostólicos a los otros jóvenes cubanos. Que Dios omnipotente y la santísima Virgen de la Caridad del Cobre los ayuden a responder generosamente a este llamado.

Mensaje de Juan Pablo II a los jóvenes cubanos, Camagüey, 23 de enero de 1998

Amados jóvenes cubanos:

"Y Jesús, mirándolo, le demostró afecto..." (Marc. X, 21). Así, el Evangelio nos describe el encuentro de Jesús con el joven rico. De esta manera, el señor mira a cada hombre. Sus ojos, llenos de ternura, observan también hoy a la juventud cubana. Yo, en su nombre, los abrazo, reconociendo en vosotros la esperanza de vida de la Iglesia y de la patria cubana.

Deseo transmitirles el saludo cordial y el afecto sincero de todos los jóvenes cristianos de los diversos países y continentes que he tenido ocasión de visitar, ejercitando el ministerio de sucesor de Pedro. También ellos, al igual que ustedes, marchan hacia el futuro entre la alegría y la esperanza, la tristeza y la angustia, como dice el concilio Vaticano II.

Vine a Cuba como mensajero de la verdad y de la esperanza, para portarles la buena nueva, para anunciarles "el amor de Dios, manifestado en Jesucristo, nuestro señor" (Rom. VIII, 39). Sólo este amor puede iluminar la noche de la sociedad humana; sólo él es capaz de confortar la esperanza de los hombres en la búsqueda de la felicidad.

Cristo nos dijo que "nadie tiene caridad más grande que el que da su vida por sus amigos. Vosotros sois mis amigos, si hacéis lo que yo os mande... los he llamado amigos" (Juan XV, 13-15). Él les ofrece su amistad. Dio la vida para que aquellos que deseen responder a su llamado sean efectivamente sus amigos. Se trata de una amistad profunda, sincera, leal, radical, como debe ser la verdadera amistad. Éste es el modo correcto de estrechar la relación con los jóvenes, porque sin amistad, la juventud se empobrece y se debilita. La amistad se cultiva con el sacrificio de ustedes para servir y amar verdaderamente a los amigos. Por consiguiente, sin sacrificio no hay amistad sincera, juventud sana, países con futuro ni religiones auténticas.

¡Por eso escuchen la voz de Cristo! Cristo está pasando por vuestra vida y les dice: "Seguidme". No se cierren a su amor. No Lo descuiden. Acojan su palabra. Cada uno ha recibido de él un llamado. Él conoce el nombre de cada uno. Déjense guiar por Cristo en la búsqueda de aquello que los puede ayudar a realizarse plenamente. Abran la puerta de vuestro corazón y de nuestra existencia a Jesús, que es "el verdadero héroe, humilde y sabio, el profeta de la verdad y del amor, el compañero y el amigo de la juventud" (mensaje del concilio Vaticano II a los jóvenes).

Conozco bien los valores de los jóvenes cubanos, sinceros en sus relaciones, auténticos en sus proyectos, hospitalarios con todos y amantes de la libertad. Sé que, como hijos de la exuberante tierra del Caribe, se distinguen por vuestra capacidad artística y creativa; por vuestro espíritu alegre y osado, siempre dispuestos a intentar grandes y nobles empresas para la prosperidad del país; por la sana pasión que ponen en las cosas que les interesan y la facilidad con la que superan las contrariedades y las restricciones. Estos valores se manifiestan con mayor nitidez cuando encuentran espacios de libertad y motivaciones profundas. He podido igualmente constatar y admirar con emoción la fidelidad de muchos de ustedes a la fe recibida de vuestros mayores, tantas veces transmitida en el regazo de las madres y de las abuelas en estos últimos decenios en los que la voz de la Iglesia parecía sofocada.

Todavía, la sombra de la espeluznante crisis de valores actuales que perturba al mundo amenaza también a la juventud de esta luminosa isla. Se difunde una crisis de identidad perniciosa que induce a los jóvenes a vivir sin sentido, sin dirección ni proyectos para el futuro, asfixiados de inmediato. Surge así el relativismo, la indiferencia religiosa y la carencia de una dimensión moral, mientras se tiene la tentación de someterse a los ídolos de la sociedad de consumo, que deslumbran con su esplendor efímero. También, todo lo que viene del exterior parece fascinante.

Además de todo esto, las estructuras públicas para la educación; la creación artística, literaria y humanista; la investigación científica y tecnológica y la proliferación de escuelas y de docentes, han logrado contribuir para desatar una notable preocupación por la riqueza de la verdad, la defensa de la belleza y la preservación de la bondad; sin embargo, también han hecho que muchos de ustedes se pregunten: ¿por qué la abundancia de medios y de instituciones no llega a corresponder plenamente el fin deseado?

La respuesta no debe buscarse sólo en la estructura, en los medios y en las instituciones, en el sistema político o en el embargo económico, que siempre es condenable, porque daña a los más necesitados. Estas causas son sólo una parte de la respuesta, pero no llegan al fondo del asunto.

¿Qué más puedo decirles, jóvenes cubanos, que viven en condiciones materiales bastante difíciles, frustrados a veces en vuestros proyectos personales y legítimos y, por lo tanto, de cualquier manera privados quizá también de la esperanza? Guiados por el Espíritu, combatan con la fuerza de Cristo resucitado para no caer en la tentación de las varias formas de fuga en el mundo y en la sociedad; para no sucumbir ante la ausencia de ilusiones, lo que conduce a la autodestrucción de la personalidad, mediante el alcoholismo, las drogas, el abuso sexual, la prostitución, la búsqueda continua de nuevas sensaciones o a refugiarse en sectas, cultos espiritualistas enajenantes o grupos totalmente ajenos a la cultura y a la tradición de vuestra patria.

"Velad, estad firmes en la fe, trabajad varonilmente y alentaos. Todas vuestras cosas háganse con caridad" (I Cor. XVI, 13-14). ¿Qué significa ser fuertes? Significa vencer el mal en sus múltiples formas. El peor de los males es el pecado, que causa innumerables sufrimientos y que puede ocultarse también dentro de nosotros, influyendo en forma negativa en nuestro comportamiento. Por este motivo, es justo empeñarse en la lucha contra el mal en sus manifestaciones públicas y sociales, para los creyentes es un deber tratar de vencer todo el pecado, fuente de todo género de mal que pueda anidar en el corazón humano, resistiendo con la ayuda de Dios a su seducción.

Estén seguros de que Dios no limita vuestra juventud, no desea para los jóvenes una vida privada de alegría. ¡Es todo lo contrario! Su poder es un dinamismo que lleva al desarrollo de la persona en su totalidad; al desarrollo del cuerpo, de la mente, del afecto; al desarrollo de la fe; al aumento de amor efectivo por vosotros también, por el prójimo y por la realidad terrenal y la espiritual. Si saben abrirse a la iniciativa divina experimentarán en ustedes la fuerza del "gran viviente, Cristo, eternamente joven" (mensaje del concilio Vaticano II a los jóvenes).

Jesús desea que tengan vida y que la tengan en abundancia (véase Juan X, 10). La vida que se nos revela en Dios, aunque a veces puede parecer difícil, orienta el desarrollo del hombre y le da un sentido. Las tradiciones de la Iglesia, la práctica de los sacramentos y el recurso constante de la oración no son las obligaciones y los ritos para cumplir, sino fuentes inagotables de gracia que alimentan a la juventud y la hacen fecunda para el desarrollo de la virtud, del valor apostólico y de la verdadera esperanza.

La virtud es la fuerza interior que induce a sacrificarse por amor del bien y permite a la persona no sólo realizar buenas acciones, sino también dar lo mejor de sí misma. Con jóvenes virtuosos se hace grande un país. Por esto y porque el futuro de Cuba depende de ustedes, de cómo formen vuestro carácter, de cómo vivan vuestra voluntad de empeño por la transformación de la realidad, les digo: ¡afronten el gran desafío del momento actual con fortaleza y templanza, con justicia y prudencia; vuelvan a las raíces cubanas y cristianas y hagan todo lo que esté en su poder para construir un futuro siempre más digno y más libre! No olviden que la responsabilidad es parte de la libertad. Mejor aún: la persona se define especialmente por su responsabilidad hacia los demás y hacia la historia (véase Cost. Past. *Gaudium et spes*, 55).

Nadie debe eludir el desafío de la época que le ha tocado vivir. Ocupen el lugar que les espera en la gran familia de los pueblos de este continente y de todo el mundo, no como los últimos que piden ser aceptados, sino como los que portan consigo, con pleno derecho, una tradición rica y grande, cuyos orígenes están en el cristianismo.

Deseo hablarles también del deber. El deber es la respuesta valerosa de quien no desea desperdiciar la propia vida, sino que desea ser protagonista de la historia personal y social. Los invito a asumir una obligación concreta, ya sea humilde y sencilla, pero que emprendida con perseverancia, se convierta en una gran prueba de amor y en el camino seguro hacia la santificación. Asuman una obligación responsable en el seno de vuestras familias, en la vida de vuestra comunidad, en el marco de la sociedad civil y, también, a su tiempo, en la estructura dirigente de la nación.

No hay una obligación verdadera con la patria, sin el cumplimiento de los propios deberes y de las propias obligaciones en familia, en la universidad, en la fábrica o en los campos, en el mundo de la cultura y del deporte, en los diferentes espacios en los que la nación llega a ser realidad y la sociedad civil entreteje la creatividad progresiva de los hombres. No puede haber obligación con la fe sin la presencia activa y audaz de todos los ambientes de la sociedad en que se encarnan Cristo y la Iglesia. Los cristianos deben pasar de la presencia simple a la animación de estos ambientes, en el interior, con la fuerza renovadora del Espíritu Santo.

El mejor legado que se puede dar a las futuras generaciones es la transmisión de los valores superiores del espíritu. No se trata únicamente de redimir a algunos, sino de favorecer una educación ética y cívica que ayude a asumir nuevos valores, a reconstruir el carácter propio y el espíritu de la sociedad, con base en una educación en la libertad, en la justicia social y en la responsabilidad. En este camino, la Iglesia, “experta en humanidad” se ofrece a acompañar a los jóvenes ayudándolos a elegir con libertad y madurez la dirección de su vida y les ofrece la ayuda necesaria para abrir el corazón y el alma a lo trascendente. La apertura al misterio de lo sobrenatural los hará descubrir la bondad infinita, la belleza incomparable, la verdad suprema; en fin, la imagen que Dios deseó imprimir en cada hombre.

Me detengo ahora en un argumento vital para el futuro. En vuestra nación, la Iglesia desea estar al servicio no sólo de los católicos, sino de todos los cubanos. Para poder servir mejor hay una necesidad urgente de sacerdotes provenientes de los hijos de este pueblo, que sigan las huellas de los apóstoles, anunciando el Evangelio y haciendo partícipes a sus hermanos de los frutos de la redención; también son necesarios hombres y mujeres que, consagrando la vida a Cristo, se dediquen generosamente al servicio de la caridad; hay necesidad de almas contemplativas que imploren para su pueblo la gracia y la misericordia de Dios. Es responsabilidad de todos acoger cada día la invitación persuasiva, dulce y exigente de Jesús, que nos pide solicitar al dueño de la mies que envíe a su mies operarios (véase Mat. IX, 38). Es responsabilidad de los llamados responder a la voz humilde y penetrante de Cristo que dice, hoy como ayer y como siempre: ¡Venid y seguidme!

Jóvenes cubanos, Jesús, al venir al mundo en la casa de María y de José, manifestó y consagró la familia como santuario de la vida y célula fundamental de la sociedad. La santificó con el sacramento del matrimonio y la constituyó "centro y corazón del buen trato del amor" (carta a las familias *Gratissimam sane*, 13). La mayor parte de ustedes es llamada a formar una familia. ¡Cuántas situaciones de malestar personal y social tienen origen en las dificultades, en las crisis y en los fracasos de la familia! Prepárense bien para que en el futuro sean constructores de familias sanas y serenas, en las que se viva el clima tonificante de la concordia, mediante el diálogo abierto y la comprensión recíproca. El divorcio no es nunca una solución, sino que es un fracaso que se debe evitar. Por lo tanto, promuevan todo lo que favorece la santidad, la unión y la estabilidad de la familia, fundada en el matrimonio indisoluble y abierta con generosidad al precioso regalo de la vida.

"La caridad es sufrida y bienhechora; la caridad no tiene envidia, no es precipitada, no se vuelve soberbia, no es ambiciosa, no busca sus intereses, no se irrita... A todo se acomoda, cree todo, todo lo espera y lo soporta todo" (Cor. XIII, 4-7). El verdadero amor, al que el apóstol Pablo dedicó un himno en su primera Epístola a los Corintios, es exigente. Su belleza es propia de su exigencia. Sólo quien en nombre del amor sabe ser exigente consigo mismo puede exigir amor de los demás. Es necesario que los jóvenes de hoy descubran este amor, ya que en él está la base verdaderamente sólida de la familia. Rechacen con firmeza a cualquiera de sus sustitutos, como el llamado "amor libre". ¡Cuántas familias se han destruido por causa suya! No olviden que seguir ciegamente el impulso afectivo significa con mucha frecuencia ser esclavo de las propias pasiones.

Permitan que les hable también de María, la joven que realizó en sí misma la anuencia más completa a la voluntad de Dios y que, de acuerdo con esto, se convirtió en modelo de la máxima perfección cristiana. Tuvo confianza en Dios: "¡Bienaventurada tú que has creído! porque se cumplirán las cosas que se te han dicho de parte del señor" (Luc. I, 45). Reforzada con la palabra recibida de Dios y conservada en su corazón (véase Luc. II, 9) venció el egoísmo y el mal. El amor la preparó para el servicio humilde y concreto al prójimo. A ella se dirige también hoy la Iglesia, invocándola incesantemente como ayuda y modelo de generosa caridad. A ella vuelve su mirada la juventud de Cuba para encontrar un ejemplo de defensa y promoción de la vida, de ternura, de fortaleza en el dolor, de pureza de vida y de sana alegría. Dad en custodia vuestro corazón a María, amados muchachos y muchachas, ustedes que son el presente y el futuro de esta comunidad cristiana, demostrado así en el curso de los años. No se separen jamás de María y caminen junto a ella. Así serán santos, porque reflejándose en ella y confortados con su ayuda acogerán las palabras de la promesa, las custodiarán celosamente dentro de ustedes y serán los heraldos de una nueva evangelización para una sociedad nueva, la Cuba de la reconciliación y del amor.

Amados jóvenes, la Iglesia tiene confianza en ustedes y cuenta con ustedes. A la luz de la vida de los santos y de otros testimonios del Evangelio y guiados por el cuidado pastoral de vuestros obispos, ayúdense los unos a los otros a reforzar vuestra fe y a ser los apóstoles del año 2000, haciendo presente al mundo que Cristo los invita a ser alegres y que la verdadera felicidad consiste en darse por amor a los propios hermanos. Que el señor continúe vertiendo abundantes dones de paz y de entusiasmo sobre todos los jóvenes hijos e hijas de la querida nación cubana. Esto es lo que el Papa les augura con gran esperanza. Los bendigo de corazón.

Discurso de Juan Vela Valdés, rector de la Universidad de La Habana, pronunciado en la misma Universidad, el 23 de enero de 1998

Es un verdadero privilegio para la Universidad de La Habana haber sido elegida como el lugar en el que hoy su santidad, Juan Pablo II, se reúne con el mundo de la cultura cubana.

Esto se debe a que la Universidad de La Habana siempre ha sido, desde hace casi tres siglos, testimonio, sede y protagonista excepcional de sucesos memorables para la historia, la cultura y la educación en Cuba. Cuando en 1910 se construyó el aula magna en la parte más alta de la colina universitaria, éste era el único centro de instrucción superior del país y, de una u otra manera, simbolizaba la tradición científica, didáctica, cultural y patriótica. Por estos mismos motivos, un año después se depositaron en este lugar los restos de Félix Varela y Morales. El padre Varela era y es un punto de relación ineludible cuando se piensa en el origen de un pensamiento específicamente cubano y de las bases ético-morales de nuestro pensamiento y de nuestra historia. Hoy existen numerosos centros de educación superior diseminados por todo el país, que representan el apogeo del sistema educativo cubano.

La cultura cubana, gracias a la variedad de las fuentes culturales que la constituyen y que provienen de todos los continentes, así como a la multiplicidad que la nutre, es verdaderamente hija del mundo. La universidad se encuentra en sus mismas raíces humanas, de las que se pueden tomar los fragmentos de la obra de Bartolomé de las Casas. En el curso de dos siglos, esta cultura ha adquirido sus caracteres específicos y, durante los siglos XVIII y XIX, fijó sus expresiones intelectuales indígenas ligadas al compromiso de realizar el desarrollo académico, socioeconómico, cultural y científico que ha transferido en el mundo los sentimientos y las ideas, la búsqueda de un desarrollo multiforme en el que se integren la experiencia universal y nuestra situación específica. En la segunda mitad del siglo XIX, el modelo de la emancipación cubana, con sus raíces humanas profundas, cuya expresión más auténtica era la búsqueda de la justicia social, se manifestó en toda su extensión.

La cultura cubana, en este sentido más amplio, se ha convertido en la suma de las aspiraciones y de las conquistas del grupo humano que la creó y que ha llegado a ser responsable. En su expresión más auténtica, en la cultura, la educación y la ciencia, se ha desarrollado un conjunto de ideas específicamente cubano, abierto y flexible, unido en el esfuerzo para alcanzar la independencia y las instituciones de una república por todos y por el bien de todos.

Como es sabido, la intervención de una potencia extranjera quebranta la idea de república independiente, justa y soberana que habíamos soñado. Sin embargo, en el espacio que se abrió, los cubanos honestos que no renunciaron a la soberanía enriquecieron sus ideales originales y transformaron la república dependiente y neocolonial en el crisol en el que continuaba forjándose la voluntad colectiva de luchar para conquistar una liberación auténtica y definitiva.

La revolución cubana fue y es el hecho histórico que reasume, articula y pone en práctica un conjunto de ideales, cuyo objetivo es la libertad plena y genuina, así como la igualdad para el individuo y la sociedad. En realidad, eso ha constituido la integración de sectores y grupos sociales que hasta ese momento habían estado marginados, ofreciendo así dignidad plena a todos. La Revolución hizo realidad el sueño de justicia social de aquellos que forjaron nuestra identidad nacional y de generaciones de cubanos que lucharon incansablemente para conquistarla.

El pueblo tiene acceso a la educación y a la cultura. El analfabetismo fue erradicado. La educación libre se aseguró. El sistema escolar se amplió. Se afirmó la formación de jóvenes maestros. Se crearon centenares de escuelas superiores nuevas. Se instituyó el sistema de las bolsas de estudio universitarias. Las estrategias didácticas se modernizaron, combinando armónicamente la enseñanza, la investigación, el trabajo y las actividades sociales. Gracias a su profundo contenido humano, se dio importancia particular a la educación de aquellos que tienen problemas y exigencias particulares.

Todo esto permitió la creación de una base cultural y educativa, para facilitar el desarrollo de una sociedad en la que los individuos puedan gozar de una vida espiritual más rica. De esta manera, el pueblo cubano se convirtió en un pueblo culto e instruido.

Por su parte, el desarrollo de la ciencia y de la técnica (que en Cuba han tenido precedentes individuales importantes en personas como Felipe Poey, Tomás Romay y Carlos J. Finlay) transformó esa tradición en un movimiento de masas que ha exhortado la creación de centros, grupos y programas de desarrollo.

La disponibilidad para todos de la atención médica, así como de la prevención con las técnicas más modernas y complejas, ha permitido el desarrollo de un sistema nacional de salud que ha salvado innumerables vidas y que puede mostrar índices de calidad de vida y de expectativas de vida que son el orgullo del país.

De este modo, el desarrollo de la educación, de la ciencia y de la tecnología ha formado un pueblo dotado de una comprensión y de una sensibilidad particulares, al enfrentar los problemas de su país y de toda la humanidad. Estas personas son los nuevos creadores de una cultura, cuyos confines son tan amplios como rigurosos, profundos y humanos: una cultura en la que se crearon no sólo las diferentes manifestaciones aplicadas, sino también sus creadores y los que las disfrutan.

Millares de artistas y de escritores dan una nueva perspectiva de vida al pensamiento y a la imaginación. Nuestra cultura es la unión de Cuba con el mundo y es también la unión, en Cuba y en el extranjero, de lo que es auténticamente cubano. Durante los últimos cuarenta años de este siglo, esta tarea se ha extendido y democratizado hasta alcanzar dimensiones imprevistas.

Un principio esencial define los últimos cuarenta años de creación en la sociedad cubana. La idea de la solidaridad humana, la base de una nueva ética; el ideal de igualdad, de preferir el bienestar común al bienestar individual; la búsqueda de una integración verdadera y auténtica de todos los componentes de la nación, que se esfuerza por eliminar los prejuicios de cualquier naturaleza; el ideal del apoyo decisivo para "los pobres de la tierra", como fundamento de la recuperación definitiva de la memoria histórica del país. Una tarea muy hermosa, pero que ha debido y todavía debe ser desarrollada en las condiciones más difíciles. Es sabido que las crecientes presiones económicas y políticas de la única superpotencia que queda obstaculizan cruelmente la simple llegada a nuestro país de los medicamentos más indispensables.

En el fondo, la práctica social cubana es la de José Martí, porque se basa en la idea de nuestro padre fundador, de que "la patria es la humanidad"; que la cultura es el diálogo de un pueblo consigo mismo y con el mundo; que para ser libre es necesario estar instruido; pero también que para que un pueblo sea libre, debe haber igualdad de acción y de derecho.

Nosotros somos los herederos de una tradición cultural intensa y fértil, cuyos componentes más significativos han sido la diferencia de la identidad nacional, la determinación de fundar una Cuba cubana y, al mismo tiempo, universal.

Éste es el país en que los intelectuales cubanos (maestros, investigadores, escritores, artistas, junto con nuestro pueblo) han contribuido para edificarlo. Con talento, con inteligencia, con altruismo, con fatiga y con decisión. Un país libre, un país instruido, un país justo, un país solidario, un país humano.

Y porque usted, su santidad, es sin duda alguna un hombre dedicado a la defensa de las cosas en las que cree, un hombre de lucidez y cultura extraordinarias, un hombre dotado de cualidades humanas excepcionales, la Universidad de La Habana, su personal docente y sus estudiantes; las personalidades del mundo de la cultura, del arte y de la ciencia; todos los que hoy nos encontramos reunidos aquí, nos sentimos honrados con su presencia.

Santidad Juan Pablo II, muy distinguido público, que mi discurso sea una bienvenida a nuestra Alma Mater y la expresión de la más grande gratitud por vuestra presencia en esta magnífica asamblea. Estamos seguros de que esta jornada permanecerá inscrita profunda y definitivamente en la historia académica, científica y cultural de la Universidad de La Habana y de nuestro país.

Discurso de Juan Pablo II en ocasión del encuentro con el mundo de la cultura, en la Universidad de La Habana, el 23 de enero.

Señores cardenales y obispos,
autoridades universitarias,
ilustres señoras y señores:

Es para mí una alegría encontrarme con ustedes en este venerable recinto de la Universidad de La Habana. Dirijo a todos mi afectuoso saludo y ante todo, deseo expresar mi gratitud por las palabras que el señor cardenal Jaime Ortega y Alamino tuvo la cortesía de dirigirme en nombre de todos ustedes para darme la bienvenida y también por los gentiles saludos del señor rector de esta Universidad, que me ha recibido en esta aula magna. Aquí se conservan los restos del gran sacerdote y patriota, el siervo de dios, el padre Félix Varela, ante los cuales oré. Gracias, señor rector, por presentarme a esta distinguida asamblea de damas y caballeros que dedican sus esfuerzos a promover una cultura genuina en esta noble nación cubana.

La cultura es la forma peculiar en la que los hombres expresan y desarrollan sus relaciones con la creación, entre ellos mismos y con Dios, formando el conjunto de valores que caracterizan a un pueblo y los espacios que lo definen. Entendida así, la cultura tiene una importancia fundamental para la vida de las naciones y para la promoción de los valores humanos más auténticos. La Iglesia, que acompaña al hombre en su camino, que se abre a la vida social, que busca los espacios para su actividad evangelizadora, se acerca con la palabra y con la acción a la cultura.

La Iglesia católica no se identifica con ninguna cultura particular, sino que se acerca a todas con espíritu abierto. Al proponer con respeto su propia visión del hombre y de los valores, contribuye a la creciente humanización de la sociedad. En la evangelización de la cultura es el mismo Cristo quien actúa a través de su Iglesia, ya que con su encarnación "entra en la cultura" y "lleva para cada cultura histórica el don de la purificación y de la plenitud" (conclusiones de Santo Domingo, 228).

"Toda la cultura es un esfuerzo de reflexión sobre el misterio del mundo y, en particular, del hombre; es un modo de expresar la dimensión trascendental de la vida humana" (discurso en la ONU, 5 de octubre de 1995, 9). Al respetar y promover la cultura, la Iglesia respeta y promueve al hombre: el hombre que se esfuerza porque su vida sea más humana y para acercarla, aunque sea a tientas, al misterio oculto de Dios. Cada cultura tiene un núcleo íntimo de convicciones religiosas y de valores morales que constituyen su "alma"; es allí donde Cristo desea llegar con la fuerza curadora de su gracia. La evangelización de la cultura es como una elevación de su "alma religiosa", que le infunde un dinamismo nuevo y potente, el dinamismo del Espíritu Santo, que la lleva a la actualización máxima de su potencialidad humano. En Cristo, cada cultura se siente profundamente respetada, valorada y amada; ya que cada cultura está siempre abierta, en su parte más auténtica, a los tesoros de la redención.

Cuba, por su historia y su posición geográfica, tiene una cultura propia, cuya formación tuvo influencias diversas: la española, que trajo el catolicismo; la africana, cuya religiosidad se introdujo en el cristianismo; la de los diversos grupos de inmigrantes y la propiamente americana.

Es justo recordar la influencia que el Seminario de San Carlos y San Ambrosio de La Habana ha ejercido en el desarrollo de la cultura nacional, con la influencia de figuras tales como José Agustín Caballero, llamado por Martí "padre de los pobres y de nuestra filosofía", y el sacerdote Félix Varela, verdadero padre de la cultura cubana.

La superficialidad o el anticlericalismo de algunos sectores en esa época no son genuinamente representativos de la verdadera idiosincrasia de este pueblo, que en su historia ha visto la fe católica como fuente de los ricos valores del carácter cubano, el cual, junto con las expresiones típicas, los cantos populares, las controversias campesinas y los proverbios locales, tiene una profunda raíz cristiana que representa hoy una riqueza y una realidad constitutiva de la nación.

Hijo ilustre de esta tierra es el padre Félix Varela y Morales, considerado por muchos la piedra fundamental de la nacionalidad cubana. En su personalidad está la mejor síntesis que se pueda encontrar entre la fe cristiana y la cultura cubana. Ejemplar sacerdote de La Habana e indiscutible patriota, fue un pensador insigne que renovó en la Cuba del siglo XIX los métodos pedagógicos y los contenidos de la enseñanza filosófica, jurídica, científica y tecnológica. Maestro de generaciones de cubanos, enseñó que para asumir responsablemente la existencia, lo primero que se debe aprender es el arte difícil de pensar correctamente y con la propia cabeza. Fue el primero que habló de independencia en esta tierra. Habló también de la democracia, que consideraba el proyecto político más armónico con la cultura cubana, dando relevancia al mismo tiempo a las exigencias que de ésta se derivan. Entre tales exigencias enfatizó dos: que seamos personas educadas en la libertad y en la responsabilidad, con un proyecto ético forjado en su interior y que tomemos lo mejor de la herencia de la civilización y los valores perennes trascendentales, para estar así en condiciones de llevar a cabo tareas decisivas al servicio de la comunidad; y en segundo lugar, que las relaciones humanas y el estilo de la convivencia social promuevan los espacios necesarios en los que cada persona pueda desarrollar, con el debido respeto y solidaridad, el papel histórico que le corresponde para instaurar el Estado de derecho, garantía esencial de toda convivencia humana que desee considerarse democrática.

El padre Varela sabía que en esa época la independencia era un ideal aún inalcanzable; por este motivo, se dedicó a formar personas, hombres de conciencia, que no fueran soberbios con los débiles ni débiles con los poderosos. Durante su exilio en Nueva York utilizó los medios que tenía a su disposición: la correspondencia personal, la imprenta y lo que podríamos considerar como su obra principal, la *Carta a Elpidio sobre la crueldad, la superstición y el fanatismo en sus relaciones con la sociedad*, verdadero monumento de enseñanza moral, que constituye su legado precioso a la juventud cubana. Durante los últimos treinta años de su vida, privado de su cátedra en La Habana, continuó enseñando desde lejos, dando así origen a una escuela de pensamiento, a un estilo de convivencia social y a una actitud hacia la patria que deben iluminar también hoy en día a todos los cubanos.

Toda la vida del padre Varela se inspiró en una profunda espiritualidad cristiana. Ésta es su motivación más fuerte, la fuente de su virtud, la raíz de su empeño con la

Iglesia y con Cuba: buscar en cada cosa la gloria de Dios. Esto lo llevó a creer en la fuerza de la pequeñez, en la eficacia de las semillas de la verdad, en la conveniencia de que los cambios hacia las reformas grandes y auténticas llegan con la debida graduación. Cuando se encontraba al final de su camino, pocos instantes antes de cerrar los ojos a la luz de este mundo para abrirlos a la luz inextinguible, mantuvo la promesa que siempre había hecho: "Guiado por la antorcha de la fe, me encamino al sepulcro en cuyo umbral espero, con la gracia divina, hacer con el último suspiro una profesión de mi fe firme y un augurio ferviente de prosperidad para mi patria" (*Carta a Elpidio*, tomo I, carta 6).

Ésta es la herencia dejada por el padre Varela. El bien de su patria continúa teniendo necesidad de la luz sin ocaso que es Jesucristo. Cristo es el camino que guía al hombre a la plenitud de sus dimensiones, el camino que lleva a una sociedad más justa, más libre, más humana y más solidaria. El amor por Cristo y por Cuba que iluminó la vida del padre Varela está en la raíz más profunda de la cultura cubana. Recuerden la antorcha que aparece en el escudo de esta casa de estudios: no es sólo memoria, sino también proyecto. Los propósitos y los orígenes de esta Universidad, su trayectoria y su patrimonio, indican su vocación de ser madre de sabiduría y de libertad, inspiradora de fe y de justicia, crisol en el que se basan la ciencia y la conciencia, maestra de universalidad y de espíritu cubano.

La antorcha que, encendida por el padre Varela, debía iluminar la historia del pueblo cubano, fue recogida poco después de su muerte por la eminente personalidad de la nación que fue José Martí, escritor y maestro en el sentido más pleno del término, profundamente democrático e independentista, patriota, amigo leal incluso de aquellos que no compartían su programa político. Fue especialmente un hombre de luz, coherente con los propios valores éticos y animado por una espiritualidad de raíces eminentemente cristianas. Es considerado un continuador del pensamiento del padre Varela, a quien llamó "el santo cubano".

Esta Universidad conserva como uno de sus tesoros más preciosos los restos mortales del padre Varela. En Cuba se ven en todas partes los monumentos que la veneración de los cubanos erigió a José Martí. Estoy seguro de que este pueblo heredó las virtudes humanas, de raíz cristiana, de ambos, porque todos los cubanos participan solidariamente en su huella cultural. En Cuba se puede hablar de un diálogo cultural fecundo, que es garantía de un desarrollo más armónico y de un aumento de iniciativa y de creatividad de la sociedad civil. En este país, la mayor parte de los artífices de la cultura, católicos y no católicos, creyentes y no creyentes, son hombres de diálogo, capaces de proponer y de escuchar. Los exhorto a proseguir en sus esfuerzos para encontrar una síntesis con la que puedan identificarse todos los cubanos; a buscar la forma de consolidar una identidad cubana armónica que pueda integrar en su seno sus múltiples tradiciones nacionales. La cultura cubana, si se abre a la verdad, consolidará la identidad nacional y la hará crecer en humanidad.

La Iglesia y las instituciones culturales del país deben encontrarse en el diálogo y cooperar así para el desarrollo de la cultura cubana. Tienen ambas un trayecto y una meta comunes: servir al hombre, cultivar todas las dimensiones de su espíritu y fecundar en el interior todas sus relaciones comunitarias y sociales. Las iniciativas que ya existen en este sentido deben encontrar apoyo y continuidad en una pastoral por la cultura, en diálogo permanente con personas e instituciones en el ámbito intelectual.

Peregrino en un país como el vuestro, con la riqueza de una herencia mestiza y cristiana, confío en que en el futuro los cubanos alcancen una civilización de justicia y de solidaridad, de libertad y de verdad, una civilización de amor y de paz que, como dijo el padre Varela, "sea la base del gran edificio de nuestra felicidad". Por esto me permito poner nuevamente en manos de la juventud cubana la herencia, siempre necesaria y siempre actual, del padre de la cultura cubana; la misión que el padre Varela confió a sus discípulos: "Díganles que ellos son la dulce esperanza de la patria y que no hay patria sin virtud ni virtud con iniquidad".

Discurso de Pedro Claro Meurice Estíu, obispo de Santiago, en la Plaza Antonio Maceo, en Santiago de Cuba, el 24 de enero de 1998

Beatísimo padre, a nombre de la arquidiócesis de Santiago y de todos los hombres de buena voluntad de esta provincia oriental, le doy la más cordial bienvenida. Ésta es una tierra indómita y hospitalaria, cuna de libertad y familias de corazón abierto. Lo recibimos como un padre en esta tierra que custodia, con dignidad interior y espíritu cubano, la imagen bendita de la Virgen de la Caridad del Cobre. El calor de Oriente, el espíritu indomable de Santiago y el amor filial de los católicos de esta diócesis primada proclaman: " ¡Bendito aquel que viene en nombre del señor!" Santo padre, deseo presentarle a este pueblo que me fue confiado, deseo que su santidad conozca nuestras conquistas en la educación, la salud, los deportes, nuestra gran potencialidad y virtud, las aspiraciones y las angustias de esta parte del pueblo cubano. Santidad, éste es un pueblo noble, pero también un pueblo que sufre. Es un pueblo que tiene la riqueza de la alegría y la pobreza material que lo aflige y lo oprime casi hasta no hacerle ver otra subsistencia inmediata. Es un pueblo que tiene vocación de universalidad y que ha construido puentes de buen vecino, pero que siempre está bloqueado por intereses extranjeros y que sufre a causa de una cultura egoísta, por la dura crisis económica y moral que sufrimos. Nuestro pueblo respeta la autoridad y ama el orden; sin embargo, tiene necesidad de aprender y mistificar los falsos mesianismos... Es un pueblo que ha luchado durante siglos por la justicia social y que ahora, al final de estas etapas, se encuentra nuevamente en la búsqueda de cómo poder superar las desigualdades y la falta de participación.

Santo Padre, Cuba es un pueblo con una vocación interior a la solidaridad, pero que en el curso de su historia ha visto desarticular o bloquear los espacios de asociación y de participación de la sociedad civil, por lo que le presento el alma de una nación que aspira a reconstruir la fraternidad con base en la libertad y la solidaridad... Deseo que sepa, beatísimo padre, que toda Cuba, contemplando la pequeñez de la imagen de esta virgen bendita que hoy será coronada por Su Santidad, ha aprendido que la grandeza no está en las dimensiones de las cosas y de las estructuras, sino en la estatura moral del espíritu humano. En esta Eucaristía deseo presentarle a todos los cubanos y a todos los ciudadanos de Santiago que no encuentran sentido a su vida, que no han podido elegir y desarrollar un proyecto de vida a causa de un proceso de despersonalización que es fruto del paternalismo. Le presento también a un número creciente de cubanos que han confundido la patria con un partido, la nación con el proceso histórico que hemos visto en los últimos decenios y la cultura con una ideología. Son cubanos que, al repeler todo en conjunto sin discernir, se sienten desarraigados; rechazan lo que es de aquí, de Cuba y especialmente todo lo que es extranjero... Algunos consideran que esto es una de las causas más profundas del exilio interno y externo.

Santo padre, durante años y años, este pueblo ha protegido con verdadera dignidad la soberanía de sus fronteras geográficas; sin embargo, olvidamos que la independencia debe venir de la soberanía de la persona humana, que sostiene desde abajo cada proyecto como nación... Le presentamos la época gloriosa del padre Malera, del Seminario San Carlos en La Habana, y de San Antonio María Claret, de Santiago; no obstante, también los años oscuros en los que, por el mal gobierno de los jefes, la Iglesia estuvo diezmada a principios del siglo XIX y asimismo ha atravesado el umbral de este siglo buscando reponerse, hasta que en los años cincuenta recuperó su propio esplendor y su carácter cubano. Después, a causa de la confrontación ideológica con el marxismo-leninismo introducido por el Estado se vio de nuevo empobrecida de medios y de sacerdotes, mas no de emociones del espíritu, como fue el Congreso Nacional de la Iglesia Cubana. Su santidad encuentra esta Iglesia en una fase de desarrollo y de tolerada credibilidad que nace de la cruz vivida y compartida; quizá algunos puedan confundir este renacimiento religioso con un culto pietista o con una paz interior falsa que evite el compromiso.

Es otra la realidad que debo presentarle: la nación vive aquí y vive en la dispersión; el cubano sufre, vive y espera aquí, pero sufre, vive y espera también allá afuera. Somos el único pueblo que, navegando a toda prisa por todos los mares, continúa buscando la unidad que no será jamás fruto de la uniformidad, sino de un alma común y compartida partiendo de la diversidad. De esos mares llegó esta virgen, mestiza como nuestra población, ella es la esperanza de todos los cubanos, ella es la madre, cuyo manto ofrece refugio a todos los cubanos, sin distinción de raza, credo, fe política y lugar donde vivan. En Puebla, la iglesia de América Latina hizo su elección para los pobres y entre nosotros, los más pobres son aquellos que no tienen el regalo precioso de la libertad. ¡Santo padre, ore por los enfermos, por los encarcelados, por los ancianos y por los niños! Santo padre, nosotros los cubanos rogamos humildemente a su santidad que ofrezca en su altar, junto al cordero inmaculado que es para nosotros el pan de vida, todas estas luchas y desgracias del pueblo cubano, que entretejen en la frente de la madre celeste esta diadema de realidad, de sufrimiento, de alegría y de esperanza; de tal manera que al coronar con tal diadema esta imagen de santa María, la virgen madre de nuestro señor Jesucristo, a quien en Cuba dimos el título incomparable de Virgen de la Caridad del Cobre ¡y la declaramos Reina de la República de Cuba!

Discurso de Juan Pablo II pronunciado durante la misa celebrada en Santiago de Cuba, el 24 de enero de 1998

"Feliz la nación cuyo Dios es el señor" (Salm. XXXII, 12). Cantamos con el salmista que la felicidad acompaña al pueblo que tiene a Dios como su señor. Hace más de quinientos años, cuando llegó a esta isla la cruz de Cristo y con ella su mensaje de salvación, se inició un proceso que, alimentado por la fe cristiana, ha forjado los rasgos característicos de esta nación. Entre sus hombres ilustres se encuentran el soldado que fue el primer catequista y misionero de Macacá y también el primer maestro cubano, o sea el padre Miguel de Velázquez; el sacerdote Esteban Salas, padre de la música cubana; el insigne Carlos Manuel De Céspedes di Bayamo, padre de la patria, quien postrado a los pies de la Virgen de la Caridad inició su lucha por la libertad y la independencia de Cuba; Antonio de la Caridad Maceo y Grajales, cuya estatua adorna la plaza en donde hoy se lleva a cabo nuestra celebración, a quien su madre pidió ante el crucifijo que se dedicase hasta el final a la libertad de Cuba. Además de éstos hay muchos hombres y mujeres ilustres que, impulsados por una fe irrebatible en Dios, eligieron el camino de la libertad y de la justicia como base de la dignidad de su pueblo.

Me da gusto encontrarme hoy en esta arquidiócesis tan insigne, que tiene entre sus pastores a san Antonio María Claret. Dirijo también mi saludo cordial a monseñor Pedro Meurice Estíu, arzobispo de Santiago y primado de esta nación, así como a los demás cardenales, obispos, sacerdotes y diáconos, dedicados a la extensión del reino de Dios en esta tierra. Saludo asimismo a los religiosos, a las religiosas y a todo el pueblo fiel aquí presente. Deseo dirigir un saludo congraciador al señor vicepresidente del Concilio de Estado de los Ministros, Raúl Castro, y a las otras autoridades civiles que desearon participar en esta santa misa; les agradezco la colaboración prestada a su organización.

En esta celebración coronaremos la imagen de la Virgen de la Caridad del Cobre. En su santuario, no lejos de aquí, la reina y madre de todos los cubanos, sin distinción de raza, opinión política o ideología, guía y mantiene, como en el pasado, los pasos de sus hijos hacia la patria celestial; los ayuda a vivir en tal forma que en la sociedad reinen siempre los valores morales auténticos, que constituyen el rico patrimonio espiritual heredado de los antepasados. A ella nos dirigimos gustosos para decirle, como lo hizo su prima Isabel: "¡Bienaventurada tú que has creído! porque se cumplirán las cosas que se te han dicho de parte del señor" (Luc. I, 45).

El ejemplo de disponibilidad de María nos indica el camino por recorrer. Con ella, la Iglesia realiza su vocación y su misión, anunciando a Jesucristo y exhortando a hacer lo que él nos dice; construyendo también la fraternidad universal en la que cada hombre pueda llamar padre a Dios.

Como la Virgen María, también la Iglesia es madre y maestra para seguir a Cristo, luz para los pueblos y dispensadora de la misericordia divina. Como comunidad de todos los bautizados es también recinto de perdón, de paz y de reconciliación, que abre los brazos a todos los hombres, para anunciar al verdadero Dios. Con el servicio a la fe de los hombres y de las mujeres de este amado pueblo, la Iglesia los ayuda a progresar por el camino del bien. Las obras de evangelización que se van desarrollando en diversos espacios, como por ejemplo, las misiones en los barrios y en las aldeas privadas de iglesia, deben ser cuidadas y promovidas, para que puedan desarrollarse y servir no sólo a los católicos, sino a todo el pueblo cubano, para que conozca a Jesucristo y lo ame. La historia enseña que sin fe desaparece la virtud, se empañan los valores morales, no resplandece la verdad, la vida pierde su sentido trascendente y también el servicio al país puede dejar de inspirarse en las motivaciones más profundas.

La Iglesia llama a todos a encarnar la fe en la propia vida, como el mejor camino para el desarrollo integral del ser humano, creado a imagen y semejanza de Dios, y para alcanzar la verdadera libertad, que comprende el reconocimiento de los derechos humanos y la justicia social. Para este propósito, los laicos católicos, salvaguardando su identidad para poder ser "sal y levadura" en medio de la sociedad de la que forman parte, tienen el deber y el derecho de participar con el público, en igualdad de condiciones y en actitud de diálogo y de reconciliación. Además, el bien de una nación debe ser promovido y obtenido por sus mismos ciudadanos con medios pacíficos y graduales. De esta manera, cada persona, gozando de libertad de expresión, capacidad de iniciativa y de propuesta en el seno de la sociedad civil y de la libertad adecuada de asociación, podrá colaborar eficazmente en la búsqueda del bien común.

La Iglesia, sumergida en la sociedad, no busca ninguna forma de poder político para desarrollar su misión, sino con su presencia en las estructuras sociales desea ser semilla fecunda del bien común. Considera en primer lugar a la persona humana y a la comunidad en la que vive, conocedora de que su primer objetivo es el hombre concreto con sus necesidades y sus aspiraciones. Todo esto que la Iglesia reclama para sí lo pone al servicio del hombre y de la sociedad. En efecto, Cristo le encargó llevar su mensaje a todos los pueblos, por lo que tiene necesidad de un espacio de libertad y de los medios suficientes. Al defender la propia libertad, la Iglesia defiende la de cada persona, la de las familias, la de las diversas organizaciones sociales, realidades vivas que tienen derecho a un ámbito propio de autonomía y soberanía (véase *Centesimus annus*, 45). En este sentido, "el cristiano y la comunidad cristiana viven profundamente entrelazados en la vida de los respectivos pueblos y son un signo del Evangelio también por la fidelidad a la patria, al pueblo, a la cultura nacional, pero siempre con la libertad llevada por Cristo...

"La Iglesia es llamada a dar testimonio de Cristo, asumiendo posiciones valerosas y a ser profeta frente a la corrupción del poder político o económico; al no buscar la gloria o los bienes materiales; usando sus bienes para el servicio de los más pobres e imitando la simplicidad de la vida de Cristo" (*Redemptoris missio*, 43). Ésta es una enseñanza continua y permanente del magisterio social, la así llamada doctrina social de la Iglesia.

Al recordar estos aspectos de la misión de la Iglesia demos gracias a Dios, que nos ha llamado a tomar parte. En ella, la Virgen María ocupa un lugar singular. Es una expresión la coronación de la venerada imagen de la Virgen de la Caridad del Cobre. La historia cubana contiene varios ejemplos maravillosos de amor por su patrona, a cuyos pies las figuras de dos aborígenes humildes, dos indios y un mestizo, simbolizan el rico pluralismo de este pueblo. El Cobre, donde se encuentra su santuario, fue el primer lugar de Cuba en que se conquistó la libertad para los esclavos.

Amados fieles, no olviden jamás los grandes hechos vinculados con vuestra reina y madre. Con el pabellón del altar de familia, Céspedes confeccionó la bandera cubana y se postró a los pies de la Virgen, antes de iniciar la lucha por la libertad. Los valerosos soldados cubanos, los mambises, portaban en el pecho la medalla y la "medida" de su imagen bendita. La primera ceremonia de Cuba libre tuvo lugar cuando, en 1898, las tropas del general Calixto García se postraron a los pies de la Virgen de la Caridad, en una misa solemne para la "Declaración mamabisa de independencia del pueblo cubano". Los varios peregrinajes que la imagen ha hecho por la isla, acogiendo las aspiraciones y las esperanzas, las alegrías y las aflicciones de todos sus hijos, siempre fueron grandes manifestaciones de fe y de amor.

Desde aquí deseo enviar mi saludo a los hijos de Cuba que en cualquier parte del mundo veneran a la Virgen de la Caridad; junto con todos sus hermanos que viven en esta bella tierra, los pongo bajo su protección materna, pidiéndole a ella, madre amorosa de todos, que reúna a sus hijos mediante la reconciliación y la fraternidad.

Discurso de Juan Pablo II pronunciado durante la visita a la leprosería. La Habana, El Rincón, 24 de enero de 1998

Amadísimos hermanos y hermanas:

En mi visita a esta noble tierra no podía faltar un encuentro con el mundo del dolor, porque Cristo está muy cerca de todos aquellos que sufren. Los saludo con todo mi afecto, queridos enfermos acogidos en el vecino Hospital Doctor Guillermo Fernández Hernández Baquero, que hoy llenan este Santuario de san Lázaro, el amigo del señor. Con ustedes deseo saludar también a los otros enfermos de Cuba, a los ancianos que están solos y a los que sufren en el cuerpo o en el espíritu. Con mis palabras y mi afecto deseo llegar a todos, siguiendo las exhortaciones del señor: "Estaba enfermo y me visitasteis" (Mat. XXV, 36). Los acompaña también el afecto del Papa, la solidaridad de la Iglesia y el calor fraternal de los hombres y de las mujeres de buena voluntad.

Saludo a las Hijas de la Caridad de san Vicente de Paúl, que trabajan en este centro, y con ellas a las otras personas devotas pertenecientes a diversas congregaciones religiosas, que trabajan en otros lugares de esta bella isla para aliviar el sufrimiento de cada persona que lo necesita. La comunidad eclesiástica les está muy agradecida, porque de esta manera contribuyen a su misión con vuestro carisma particular, ya que "el Evangelio llega a ser operante mediante la caridad, que es gloria de la Iglesia y signo de su fidelidad al señor" (*Vita consacrata*, 82). Deseo saludar también a los médicos, a los enfermeros y al personal auxiliar, que con competencia y decisión utilizan los recursos de la ciencia para aliviar el sufrimiento y el dolor. La Iglesia aprecia vuestro trabajo, porque, animado por el espíritu de servicio y de solidaridad con el prójimo, recuerda la obra de Jesús, que sanaba a los enfermos (Mat. VIII, 16). Conozco los grandes esfuerzos que se han hecho en Cuba en el campo de la salud, a pesar de las limitaciones económicas que sufre el país.

Vengo como peregrino de la verdad y de la esperanza a este Santuario de san Lázaro como testimonio, en carne propia, del significado y del valor que tiene el sufrimiento, cuando se le acoge acercándose confiado a Dios, "grande en misericordia". Para los cubanos, éste es un lugar sagrado, porque aquí experimentan la gracia aquellos que se dirigen con fe a Cristo, con la misma seguridad de san Pablo: "Todo lo puedo en aquel que me conforta" (Filip. IV, 13). Aquí podemos repetir las palabras con las que Marta, la hermana de Lázaro, manifestó a Cristo su fe, logrando así el milagro de la resurrección de su hermano: "Sé que Dios te concederá cualquier cosa que le pidas" (Juan XI, 22); y las palabras con las que prosiguiendo le confesó: "¡Oh señor!, sí que lo creo y que tú eres Cristo, el hijo de Dios vivo, que has venido a este mundo" (Juan XI, 27).

Amados hermanos, cada ser humano experimenta en su vida, de un modo o de otro, el dolor y el sufrimiento y no puede dejar de interrogarse sobre su significado. El dolor es un misterio, frecuentemente inescrutable por la razón. Forma parte del misterio de la persona humana que se aclara sólo en Jesucristo, que es el que revela al hombre su identidad. Sólo a partir de él podemos encontrar un sentido a todo lo que es humano.

El sufrimiento, como lo escribí en la carta apostólica *Salvifici doloris*, no se puede transformar y cambiar con una gracia externa, sino con una interna... Sin embargo, este proceso interno no siempre se desarrolla del mismo modo. Cristo no responde directamente en forma abstracta a esta pregunta humana sobre el sentido del sufrimiento. El hombre percibe su respuesta salvadora a medida que él mismo participa en el sufrimiento de Cristo. La respuesta que le llega mediante tal participación es un llamado: "sígueme", "ven", "participa con tu sufrimiento en esta obra de redención del mundo, que se realiza a través de mi sufrimiento. Mediante mi cruz" (*Salvifici doloris*, 26).

Éste es el verdadero sentido y el verdadero valor del sufrimiento, de los dolores corporales, morales y espirituales. Ésta es la buena nueva que deseo comunicarles. A la pregunta humana, el Señor responde con un llamado, con una vocación especial que, como tal, está fundada en el amor. Cristo no llega hasta nosotros con explicaciones y razones para tranquilizarnos o para enajenarnos. Más bien viene a decirnos: vengan conmigo. Síganme por el camino de la cruz. "Si alguno quiere venir en pos de mí, renuncie a sí mismo y lleve su cruz cada día y sígame" (Luc. IX, 23). Jesucristo nos precedió en el camino de la cruz. La cruz es sufrimiento. Él sufrió primero. No nos incita al sufrimiento, sino lo comparte con nosotros y desea que nosotros tengamos vida y la tengamos en abundancia (Juan X, 10).

El sufrimiento se transforma cuando experimentamos en nosotros la cercanía y la solidaridad del Dios viviente: "Sé que vive mi redentor y que al final... yo veré a Dios" (Job. XIX, 25–26). Con esta seguridad se adquiere la paz interior. De la alegría espiritual, serena y profunda, que nace del "Evangelio del sufrimiento", se adquiere el conocimiento de la grandeza y de la dignidad del hombre que sufre generosamente y que ofrece su dolor "como hostia viva, santa y agradable a Dios" (Rom. XII, 1). Así, quien sufre no es más un peso para los demás, sino que con su sufrimiento contribuye a la salvación de los demás.

El sufrimiento no es sólo de carácter físico, como puede ser la enfermedad. Existe también el sufrimiento del alma, como el que padecen los segregados, los perseguidos, los encarcelados por diversos delitos o por motivos de conciencia, por ideas pacíficas aunque discordantes. Estos últimos sufren un aislamiento y una pena por la que su conciencia no los condena, mientras desean integrarse a la vida activa en espacios en los que puedan expresar y proponer sus opiniones con respeto y tolerancia. Exhorto a promover los esfuerzos, en vista de la readaptación social de la población de los encarcelados. Éste es un gesto de mucha humanidad y una semilla de reconciliación, que hace honor a la autoridad que lo promueve y que refuerza también la convivencia pacífica del país. Envío mi cordial saludo a todos los prisioneros y a sus familias que sufren la separación y que aspiran a reunirse con ellos, exhortándolos a no dejarse vencer por el pesimismo o por el desaliento.

Amados hermanos: los cubanos tienen necesidad de la fuerza interior, de la paz profunda y de la alegría que nace del "Evangelio del sufrimiento". Ofrézcanlo con generosidad, para que Cuba "vea a Dios cara a cara", a fin de que avance la luz de su rostro hacia el reino eterno y universal y para que cada cubano, desde lo más profundo de su ser, pueda decir: "Sé que mi redentor vive" (Job. XIX, 25). Ese redentor no es otro que Jesucristo, nuestro señor.

La dimensión cristiana del sufrimiento no se reduce sólo a su significado profundo y a su carácter redentor. El dolor llama al amor; por consiguiente, debe crear solidaridad, rendición voluntaria y generosidad en aquellos que sufren y en los que se sienten llamados para acompañarlos y ayudarlos en sus penas. La parábola del buen samaritano (Luc. X, 29 y sig.) que nos presenta el Evangelio de la solidaridad con el prójimo que sufre "se ha convertido en uno de los elementos esenciales de la cultura moral y de la civilización universalmente humana" (*Salvifici doloris*, 29). En efecto, en esta parábola Jesús nos enseña que el prójimo es aquel que se encuentra herido en nuestra calle y que necesita ayuda, que se le debe ayudar en los males que lo afligen, con los medios adecuados, cuidándolo hasta su total restablecimiento. La familia, la escuela y las otras instituciones educativas, aunque sea por razones humanitarias, deben trabajar con perseverancia para despertar y desarrollar esa sensibilidad hacia el prójimo y su sufrimiento, del que es símbolo la figura del samaritano. La elocuencia de la parábola del buen samaritano, como el resto del Evangelio, es concretamente ésta: el hombre debe sentirse llamado personalmente a testimoniar el amor en el sufrimiento. "Las instituciones son muy importantes e indispensables; todavía ninguna institución puede sustituir al corazón humano, a la compasión humana, al amor humano, a la iniciativa humana, cuando se trata de ir al encuentro del sufrimiento ajeno" (*Ibid*., 29).

Esto se refiere al sufrimiento físico, pero tiene todavía más validez si se trata de los múltiples sufrimientos morales y del alma. Por este motivo, cuando una persona sufre en el alma o cuando sufre el alma de un país, ese dolor debe llamar nuevamente a la solidaridad, a la justicia, a la construcción de la civilización, de la verdad y del amor. Una señal elocuente de esta voluntad de amor frente al dolor y a la muerte, frente a la cárcel o a la soledad, frente a las divisiones familiares forzosas o a la emigración que separa a las familias, debe ser que cada organización social, cada institución pública, así como cada persona que tenga responsabilidad en este campo de la salud, de la ayuda a los necesitados y de la reeducación de los encarcelados, respete y haga respetar los derechos de los enfermos, de los marginados, de los encarcelados y de sus familias, en fin, los derechos de cada persona que sufre. En este sentido, la pastoral sanitaria y la penitenciaria deben encontrar los espacios necesarios para realizar su misión al servicio de los enfermos, de los encarcelados y de sus familias.

La indiferencia frente al sufrimiento humano, la pasividad frente a las causas que provocan las penas en este mundo, las medidas contingentes que no sanan con profundidad las heridas de las personas y de los pueblos son pecados graves de omisión, ante los que todo hombre de buena voluntad debe conmoverse y escuchar el grito de aquellos que sufren.

Amados hermanos y hermanas: en los momentos difíciles de nuestra vida personal, familiar o social, nos ayudan en la prueba las palabras de Jesús: “Padre mío, si es posible, no me hagas beber este cáliz; pero, no obstante, no se haga lo que yo quiero, sino lo que tú quieres” (Mat. XXVI, 39). El pobre que sufre encuentra en la fe la fuerza de Cristo que le dice por boca de Pablo: "Mi gracia te basta" (2 Cor. XII, 9). Ningún sufrimiento se pierde, ningún dolor se descuida: Dios los recibe todos como recibió el sacrificio de su hijo Jesucristo.

Al pie de la cruz, con los brazos abiertos y el corazón herido, está nuestra madre, la Virgen María, nuestra Señora de los Dolores y de la Esperanza, que nos acoge en su regazo materno lleno de gracia y de piedad. Ella es el camino seguro hacia Cristo, nuestra paz, nuestra vida, nuestra resurrección. María, madre de los que sufren, piedad de los que mueren, cálido consuelo para el desalentado: ¡mira a tus hijos cubanos que atraviesan la dura prueba del dolor y muéstrales a Jesús, el fruto bendito de tu vientre! Amén.

Discurso de Juan Pablo II pronunciado en ocasión de la reunión ecuménica que tuvo lugar en la Nunciatura Apostólica de La Habana, el 25 de enero de 1998

En este día ilustre me da gusto recibirlos, representantes del concilio de la Iglesia cubana y de las diversas confesiones cristianas, acompañados por algunos exponentes de la comunidad israelita, que participan en este concilio como observadores. Saludo a todos con gran afecto y les aseguro que me causa alegría este encuentro entre nosotros que compartimos la fe en Dios vivo y verdadero. El ambiente propicio nos hace decir desde el principio: "¡Oh cuán buena y cuán dulce cosa es el vivir los hermanos en mutua unión" (Salm. CXXXII, 1).

Vine a este país como mensajero de la esperanza y de la verdad, para infundir valor y confirmar en la fe a los pastores y a los fieles de las diversas diócesis de este país (véase Luc. XXII, 32), pero también deseo que mi saludo llegue a todos los cubanos, como signo concreto del amor infinito de Dios por todos los hombres. En esta visita a Cuba, como suelo hacer en mis viajes apostólicos, no podía faltar este encuentro con ustedes, para compartir la ansiedad por el restablecimiento de la unidad entre todos los cristianos y para activar la colaboración para el progreso integral del pueblo cubano, tomando en cuenta los valores espirituales y trascendentales de la fe. Esto es posible gracias a la esperanza común en las promesas de salvación que Dios nos hizo y manifestó en Cristo Jesús, salvador del género humano.

Hoy, fiesta de la conversión de san Pablo, el apóstol "alcanzado por Jesucristo" (Filip. III, 12), que desde entonces dedicó sus energías a predicar el Evangelio a todas las naciones, termina la semana de oración por la unidad de los cristianos, que este año celebramos con el lema "El espíritu ayuda a nuestra flaqueza" (Rom. VIII, 26). Con esta iniciativa, comenzada desde hace años y que ha adquirido importancia creciente, se intenta no sólo llamar la atención de todos los cristianos sobre el valor del movimiento ecuménico, sino también enfatizar en forma práctica e indudable los pilares sobre los que se funda toda su actividad.

Esta circunstancia me ofrece la ocasión de reafirmar, en esta tierra caracterizada por la fe cristiana, el empeño irrevocable de la Iglesia para no desistir en sus aspiraciones a la unidad plena de los discípulos de Cristo, repitiendo incesantemente con él: "Padre, que todos sean uno" (Juan XVII, 21) y obedeciendo así a su voluntad. Tal empeño no debe faltar en ningún ángulo de la Iglesia, cualquiera que sea la situación sociológica en la que se encuentre. Es verdad que cada país tiene su propia cultura y su propia historia religiosa y que, por esto, las actividades ecuménicas tienen, en los diversos lugares, características diferentes y peculiares, pero especialmente es muy importante que las relaciones entre todos aquellos que comparten la fe en Dios sean siempre fraternales. Ninguna contingencia histórica ni condicionamiento ideológico o cultural deberían obstaculizar tales relaciones, cuyo centro y cuya finalidad deben ser únicamente el servicio de la unidad deseada por Jesucristo.

Sabemos que el regreso a una comunión completa requiere amor, valor y esperanza, que nazcan de la oración perseverante, fuente de todo empeño verdaderamente inspirado por el señor. Mediante la oración se favorece la purificación de los corazones y la conversión interior, necesarias para reconocer los actos del Espíritu Santo como guía de las personas, de la Iglesia y de la historia, mientras se promueve la concordia, que transforma nuestra voluntad y la vuelve dócil a sus aspiraciones. Es el Espíritu que ha guiado el movimiento ecuménico y también al Espíritu se le atribuyen los notables progresos logrados, superando los tiempos en los que las relaciones entre las comunidades estaban marcadas por una indiferencia recíproca, que en cualquier lugar degeneraba asimismo en franca hostilidad.

La intensa rendición a la causa de todos los cristianos es una de las señales de esperanza presentes al final de este siglo (véase *Tertio millennio adveniente*, 46). Esto se aplica también a los cristianos de Cuba, llamados no sólo a proseguir el diálogo con espíritu de respeto, sino también a colaborar de mutuo acuerdo en los proyectos comunes que ayudan a toda la población a progresar en la paz y a crecer en los valores esenciales del Evangelio, que dan dignidad a la persona humana y hacen que la convivencia sea más justa y solidaria. Todos somos llamados para sostener un diálogo cotidiano con la caridad, que se fructificará en el diálogo de la verdad, ofreciendo a la sociedad cubana la imagen auténtica de Cristo y favoreciendo el conocimiento de su misión redentora para la salvación de todos los hombres.

Deseo dirigir un saludo particular también a la comunidad israelita aquí representada. Su presencia es prueba elocuente del diálogo fraternal orientado a un mejor conocimiento entre hebreos y cristianos, que de parte de los católicos fue promovido por el concilio Vaticano II y continúa difundiéndose siempre. Con ustedes compartimos un patrimonio espiritual común, que tiene sus raíces en las Sagradas Escrituras: que Dios, creador y salvador, mantenga los esfuerzos que se llevan a cabo para caminar juntos. Que entre ambos, animados por la palabra divina, se progrese en el culto y en el amor ferviente por él y que esto se prolongue en una acción eficaz a favor de todos los hombres.

Para concluir, deseo expresar mi gratitud por vuestra presencia en esta reunión, mientras pido a Dios que bendiga a cada uno de vosotros y a sus comunidades, que los proteja en sus viajes para anunciar su nombre a los hermanos, que les muestre su rostro en medio de la sociedad a la que sirven y que les conceda la paz en todas vuestras actividades.

Saludo dirigido a Juan Pablo II, por el cardenal Jaime Lucas Ortega y Alamino, antes de la misa celebrada en la Plaza de la Revolución, en La Habana, el 25 de enero de 1998

Amado santo padre:

Nuevamente el pueblo de La Habana y de las provincias vecinas se reúne en torno al Sucesor de Pedro, como lo hizo hace unos días, para darle la bienvenida a Cuba. En esta ocasión, también se reúne para participar en la Eucaristía dominical que será inolvidable, porque hoy está con nosotros y preside la celebración en la que está presente Cristo, el buen pastor, ante la Iglesia universal, papa Juan Pablo II. Es grande el privilegio de acoger la palabra de Dios que su santidad vino a anunciar a los pobres y a los que sufren, ofreciendo a los corazones angustiados la liberación que sólo Cristo puede ofrecer. Éste es el espíritu de los textos litúrgicos de la misa actual. Conmueve cómo aquí, en esta plaza, testimonio excepcional de nuestra historia más reciente, se elevará de sus manos, entre el cielo y la tierra, ofrecido para nuestro país y para cada uno de aquellos que lo componen, el Cristo de la cruz, con su cuerpo donado para nosotros y su sangre vertida por nosotros y por la multitud. Es la misma misa de todos los días. En realidad, es el día el que es excepcional. Hasta ahora sentimos que será imposible para nosotros, que estamos aquí reunidos, no amarnos como hermanos; no perdonarnos nuestras ofensas recíprocas; no olvidar las ofensas; no abrirnos a la verdad dicha con sinceridad; no poner en práctica lo que es justo, bueno y noble y que pueda llevar consigo la reconciliación entre todos los cubanos, así como la paz y la felicidad a nuestro pueblo.

Beatísimo padre, ésta es la disponibilidad de nuestro corazón para acoger el mensaje que su santidad nos trae. Le aseguro que ése es el sentimiento del obispo de esta arquidiócesis, de los obispos auxiliares, de las personas consagradas a Dios en el sacerdocio y en la vida religiosa, de los diáconos, de los fieles y, estoy seguro, de todos aquellos que hoy se han reunido aquí; ya que todos sabemos que su largo viaje hasta Cuba, su presencia entre nosotros, su vitalidad infatigable de estos días, son fruto de este amor por los cubanos, que su santidad lleva en su corazón de padre y de pastor.

Nadie se presenta a una cita dictada por el amor con un sentimiento que no sea al menos de benevolencia y de docilidad. Nuestros corazones están bien dispuestos y nuestros sentidos atentos.

Santo padre, indíquenos el camino de la verdad, muéstrenos nuestros errores, reavive nuestra fe, aliente la esperanza de este pueblo de la arquidiócesis de La Habana y de sus diócesis sufragáneas de Pinar del Río y de Matanzas. Como en la lectura evangélica de hoy, todos los ojos están vueltos hacia usted. Son los ojos del alma que esperan ver la salvación de Dios, que hoy les será anunciada por el obispo de Roma, que visita esta porción de la Iglesia que vive en Cuba, como mensajero de verdad y de esperanza. Reciba, amado padre y pastor, el homenaje del amor filial de este pueblo que lo ha esperado tanto y que lo acoge con devoción.

Discurso de Juan Pablo II pronunciado durante la misa celebrada en la Plaza de la Revolución, en La Habana, el 25 de enero de 1998

"Este día está consagrado a nuestro Dios: no estéis tristes ni lloréis" (Neh. VIII, 9). Presido con gran alegría la santa misa en esta Plaza José Martí el domingo, día del señor, dedicado al reposo, a la oración y a la vida en familia. La palabra de Dios nos reúne para crecer en la fe y celebrar la presencia del resucitado entre nosotros, que "Con este fin todos nosotros somos bautizados en un mismo espíritu para componer un solo cuerpo" (I Cor. XII, 13), el cuerpo místico de Cristo que es la Iglesia. Jesucristo une a todos los bautizados. De él fluye el amor fraterno tanto entre los católicos cubanos como entre aquellos que viven en cualquier otra parte, porque son "El cuerpo de Cristo y cada uno es un miembro" (I Cor. XII, 27). Por consiguiente, la Iglesia en Cuba no está sola ni aislada, sino que forma parte de la Iglesia universal extendida por todo el mundo.

Saludo con afecto al cardenal Jaime Ortega, pastor de esta arquidiócesis, y le agradezco las palabras gentiles con las que, al inicio de esta celebración, me mostró la realidad y las aspiraciones que distinguen la vida de esta comunidad de la Iglesia. Saludo también a los cardenales aquí presentes, venidos de varias partes, así como a todos mis hermanos obispos de Cuba y de otros países que desearon participar en esta celebración solemne. Saludo cordialmente a los sacerdotes, a los religiosos, a las religiosas y a los fieles reunidos aquí en gran número. A cada uno le aseguro mi afecto y mi proximidad en el señor.

Agradezco también la presencia de las autoridades civiles que desearon estar aquí hoy y reconozco la colaboración que prestaron.

"El Espíritu del señor reposó sobre mí; por lo cual me ha consagrado con su unción. Me ha enviado a anunciar el Evangelio" (Luc. l IV, 18). Cada ministro de Dios debe llevar a cabo en su vida estas palabras que Jesús pronunció en Nazareth. Por este motivo, al encontrarme entre vosotros deseo darles la buena nucva de la esperanza en Dios. Como portador del Evangelio les traigo este mensaje de amor y de solidaridad que Jesucristo, con su venida, ofreció a los hombres de todos los tiempos. No se trata absolutamente de una ideología ni de un sistema económico o político nuevo, sino de un camino de paz, justicia y libertad verdaderas.

Los sistemas ideológicos y económicos que se han presentado en los dos últimos siglos han impuesto frecuentemente el encuentro como método, porque en sus programas tienen las semillas de la oposición y de la desunión. Esto ha condicionado profundamente sus conceptos del hombre y de sus relaciones con los demás. Algunos de estos sistemas han pretendido reducir la religión a la esfera meramente individual, despojándola de toda influencia o importancia social. En este sentido les recuerdo que un Estado moderno no puede hacer del ateísmo o de la religión uno de sus ordenamientos políticos. El Estado, más allá de cualquier fanatismo o secularismo extremos, debe promover un clima social sereno y una legislación adecuada, que permita a cada persona y a cada confesión religiosa vivir libremente su fe, experimentarla en los ambientes de la vida pública y tener los medios y los espacios suficientes para aportar a la vida nacional su riqueza espiritual, moral y cívica.

Por otra parte, en varios países resurge una forma de neoliberalismo capitalista que subordina a la persona humana y condiciona el desarrollo de los pueblos a las fuerzas ciegas del mercado, oprimiendo desde sus centros de poder a los países menos favorecidos con gravámenes insoportables. Así, de cualquier manera se imponen a las naciones programas económicos insostenibles, como condición para recibir una nueva ayuda. Se presencia en el común acuerdo de las naciones el exagerado enriquecimiento de pocos a expensas del creciente empobrecimiento de muchos, de modo que los ricos son siempre más ricos y los pobres siempre más pobres.

Amados hermanos: la Iglesia es maestra en humanidad. Por esto, frente a estos sistemas, presenta la cultura del amor y de la vida, dando a la humanidad la esperanza en el poder transformador del amor vivido en la unidad deseado por Cristo. Para esto es necesario recorrer un camino de reconciliación, de diálogo y de acogida fraterna del prójimo, de cualquier prójimo.

La Iglesia, al realizar su misión, propone al mundo una nueva justicia, la justicia del reino de Dios (Mat. VI, 33). En varias ocasiones me he referido a los temas sociales. Es necesario continuar tratándolos hasta que en el mundo no haya una injusticia, por pequeña que sea, porque de otra manera la Iglesia no sería fiel a la misión confiada por Jesucristo. Está en juego el hombre, la persona concreta. Aunque cambien los tiempos y las circunstancias, siempre será necesaria la voz de la Iglesia, para que se reconozcan sus angustias, sus aflicciones y sus miserias. Aquellos que se encuentran en tales circunstancias pueden estar seguros de que no serán defraudados, porque la Iglesia está con ellos y el Papa abraza con todo el corazón y con su palabra de exhortación a todo el que sufre una injusticia.

Las enseñanzas de Jesús conservan íntegramente su vigor al acercarnos al año 2000. Son válidas para todos ustedes, mis amados hermanos. En la búsqueda de la justicia del reino no podemos cerrarnos ante las dificultades y las incomprensiones. Si la exhortación del maestro a la justicia, al servicio y al amor se escucha como una buena nueva, el corazón se ensancha, los criterios se transforman y nace la cultura del amor y de la vida. Éste es el gran cambio que la sociedad necesita y espera y no podrá lograrlo, si primero no se produce la conversión del corazón de cada uno, como condición para los cambios necesarios en la estructura de la sociedad.

"El Espíritu del señor me ha enviado para anunciar a los prisioneros la libertad, para dar libertad a los oprimidos" (Luc. IV, 18). La buena nueva de Jesús está acompañada por un anuncio de libertad, fundada sobre la base sólida de la verdad: "Si perseveráis en mi doctrina, seréis verdaderamente discípulos míos y conoceréis la verdad, y la verdad os hará libres" (Juan VIII, 31-32). La verdad a la que se refiere Jesús no es sólo la comprensión intelectual de la realidad, sino la verdad sobre el hombre y sobre su condición trascendente, sobre sus derechos y deberes, sobre su grandeza y sus límites. Es la misma verdad que Jesús proclamó con su vida y que reafirmó ante Pilatos y, con su silencio, ante Herodes; es la misma verdad que lo llevó a la cruz redentora y a su gloriosa resurrección.

La libertad no fundada en la verdad condiciona al hombre de tal manera, que a veces lo hace objeto y no sujeto de su ambiente social, cultural, económico y político, dejándolo casi privado de toda iniciativa para el propio desarrollo personal. En otras ocasiones, esa libertad es de calidad individualista y, no tomando en cuenta la libertad de los demás, encierra al hombre en su egoísmo. La conquista de la libertad con responsabilidad es una tarea imprescindible para todos. Para los cristianos, la libertad de los hijos de Dios no es sólo un regalo y una tarea, sino que su logro conlleva un testimonio inestimable y una aportación en el camino de la liberación de todo el género humano. Esta liberación no se reduce a los aspectos sociales y políticos, sino que encuentra su plenitud en el ejercicio de la libertad de conciencia, base y fundamento de los otros derechos humanos.

Para muchos de los sistemas políticos y económicos actualmente vigentes, la mayor desconfianza continúa siendo el conjugar la libertad y la justicia social, la libertad y la solidaridad, sin que ninguna quede relegada a un plano inferior. En este sentido, la doctrina social de la Iglesia es un esfuerzo de reflexión y de propuesta, que busca iluminar y conciliar las relaciones entre los derechos inalienables de cada persona y las exigencias sociales, de tal manera que la persona logre sus aspiraciones más profundas y la realización integral propia, de acuerdo con su condición de hijo de Dios y de ciudadano. Para esto, los laicos católicos deben contribuir a esta realización mediante la aplicación de las enseñanzas sociales de la Iglesia en los diversos ambientes, abiertos a todos los hombres de buena voluntad.

En el Evangelio proclamado hoy, la justicia parece íntimamente ligada a la verdad. Esto se observa también en el pensamiento lúcido de los padres de la patria. El siervo de Dios, el padre Félix Varela, animado por su fe cristiana y por su fidelidad al ministerio sacerdotal, sembró en el corazón del pueblo cubano las semillas de la justicia y de la libertad que soñaba ver florecer en una Cuba libre e independiente.

La doctrina de José Martí sobre el amor entre todos los hombres tiene raíces profundamente evangélicas, superando así el falso conflicto entre la fe en Dios y el amor y el servicio a la patria. Ese gran hombre escribió: "Pura, desinteresada, perseguida, martirizada, poética y simple, la religión del nazareno ha seducido a todos los hombres honestos... Todo pueblo tiene necesidad de ser religioso. No lo es sólo en esencia, sino debe serlo para provecho propio... Un pueblo no religioso perecerá, porque nada en él alimenta la virtud. Las injusticias humanas son acosadas por la virtud; es necesario que se garantice por la justicia celestial".

Como saben, Cuba tiene un alma cristiana y esto la hace tener una vocación universal. Llamada a vencer el aislamiento, debe abrirse al mundo y el mundo debe acercarse a Cuba, a su pueblo, a sus hijos, que indudablemente son su mayor riqueza. ¡Éste es el momento de tomar los nuevos caminos requeridos por los tiempos de renovación en que vivimos, en el umbral de tercer milenio de la era cristiana!

Amados hermanos: Dios bendijo a este pueblo con verdaderos forjadores de la conciencia nacional, exponentes claros y firmes de la fe cristiana como el sostén más válido de la virtud y del amor. Hoy los obispos, los sacerdotes, los religiosos, las religiosas y los fieles laicos, se esfuerzan por construir puentes para acercar las mentes y los corazones, promoviendo y consolidando la paz, preparando la civilización del amor y de la justicia. Me encuentro en medio de ustedes como mensajero de la verdad y de la esperanza. Por este motivo, deseo repetir mi exhortación para que se dejen iluminar por Jesucristo y para que acepten sin reservas el esplendor de su verdad, a fin de que todos puedan tomar el camino de la unidad, mediante el amor y la solidaridad, evitando la exclusión, el aislamiento y la contienda, que son contrarios a la voluntad del dios del amor.

Que el Espíritu Santo ilumine con Sus dones a aquellos que tienen diversas responsabilidades con este pueblo, que llevo en el corazón. Que la Virgen de la Caridad del Cobre, reina de Cuba, obtenga para sus hijos los dones de la paz, del progreso y de la felicidad.

Discurso de Juan Pablo II,
pronunciado durante el encuentro
con los miembros de la Conferencia
de los obispos católicos de Cuba,
en el arzobispado de La Habana,
el 25 de enero de 1998

Amados hermanos en el obispado:

Es una gran alegría poder estar con ustedes, obispos de la Iglesia católica en Cuba, en estos momentos de reflexión serena y de encuentro fraternal, compartiendo las alegrías y las esperanzas, los deseos y las aspiraciones de esta parte del pueblo de Dios en peregrinaje en estos países. Pude visitar cuatro de las diócesis del país, aunque con el corazón estuve en todas. En estos días constaté la vitalidad de las comunidades eclesiásticas, su capacidad de convocación, fruto también de la credibilidad alcanzada por la iglesia con su testimonio perseverante y su palabra oportuna. Las limitaciones de años pasados la empobrecieron de medios y de sacerdotes, pero estas pruebas la enriquecieron, incitándola a la creatividad y al sacrificio en el desempeño de su servicio.

Doy gracias a Dios porque la cruz ha sido fecunda en esta tierra, pues de la cruz de Cristo nace la esperanza que no defrauda, sino que da fruto abundante. En Cuba, durante mucho tiempo, la fe ha estado sujeta a diversas pruebas, que se han soportado con firmeza de ánimo y con caridad solícita, sabiendo que con el esfuerzo y la dedicación se recorre el camino de la cruz, siguiendo las huellas de Cristo, que no olvida jamás a su pueblo. En este momento de la historia nos regocijamos, no porque la cosecha esté concluida, sino porque elevando los ojos podemos contemplar los frutos de la evangelización que crecen en Cuba.

Hace poco más de cinco siglos que la cruz de Cristo se plantó en esta tierra bella y fértil, y su luz, que brilla en las tinieblas, ha hecho posible que en ella se enraizara la fe católica y apostólica. En efecto, esta fe forma parte realmente de la identidad y de la cultura cubanas. Esto impulsa a muchos ciudadanos a reconocer como su madre a la Iglesia, que, con su misión espiritual, mediante el mensaje evangélico y su doctrina social, promueve el desarrollo integral de las personas y la convivencia humana basada en los principios éticos y en los valores morales auténticos. Las circunstancias para la acción de la Iglesia han cambiado progresivamente y esto inspira una esperanza creciente en el futuro. Todavía hay algunas concesiones reductivas que buscan situar a la Iglesia católica en el mismo nivel de ciertas manifestaciones culturales de religiosidad, como los cultos sincretistas que, aunque merecen respeto, no se pueden considerar como una religión propiamente dicha, sino como un conjunto de tradiciones y de creencias.

Son muchas las expectativas y es grande la confianza que el pueblo cubano ha depositado en la Iglesia, como he podido constatar en estos días. Es verdad que algunas de esas expectativas exceden la misión misma de la Iglesia, pero también es cierto que la comunidad eclesiástica debe escucharlas todas, en los límites de lo posible. Ustedes, amados hermanos, permaneciendo cerca de todos, son testimonios privilegiados de la esperanza del pueblo, del cual muchos miembros creen verdaderamente en Cristo, hijo de Dios, y creen también en su Iglesia, que ha permanecido fiel, incluso en medio de no pocas dificultades.

Sé cuánto les preocupa, como pastores, que la Iglesia en Cuba se vea siempre muy apremiada y urgida por aquellos que, en número creciente, le solicitan los servicios más diversos. Sé que no pueden hacer nada menos que responder a tales exigencias y buscar los medios que les permitan hacerlo con eficacia y caridad solícita. Esto los induce no a exigir para la Iglesia una posición hegemónica o exclusiva, sino a reclamar el lugar al que tiene derecho en el marco social en el que se desarrolla la vida del pueblo, disponiendo de los espacios necesarios y suficientes para servir a vuestros hermanos. Busquen estos espacios con insistencia, no para alcanzar poder, el cual es ajeno a vuestra misión, sino para aumentar vuestra capacidad de servicio. En este empeño procuren, con espíritu ecuménico, la cooperación sana de las otras confesiones cristianas; mantengan un diálogo franco, buscando aumentar la extensión y la profundidad, con las instituciones del Estado y las organizaciones autónomas de la sociedad civil.

La Iglesia recibió de su divino fundador la misión de dirigir a los hombrees para que rindan culto al Dios viviente y verdadero, cantando sus alabanzas y proclamando sus maravillas, confesando que es "un solo Señor, una sola fe, un solo bautismo, un solo Dios y Padre de todos" (Ef. IV, 5). Sin embargo, el sacrificio grato a Dios es, como dijo el profeta Isaías, "dar la libertad a los quebrantados y arrancar todo yugo... ¿no será partir al hambriento tu pan y a los pobres sin hogar recibir en casa? ¿Que cuando veas a un hombre desnudo le cubras?... Entonces brotará tu luz como la aurora y tu herida se curará rápidamente. Te precederá tu justicia y la gloria de Dios te seguirá" (Is. LVIII, 7-8). En efecto, la misión cultural, la profética y la de caridad de la Iglesia, están estrictamente relacionadas, porque la palabra profética en defensa del oprimido y el servicio de caridad dan autenticidad y coherencia al culto.

El respeto a la libertad religiosa debe garantizar los espacios, las obras y los medios para realizar estas tres dimensiones de la misión de la Iglesia, de tal manera que la Iglesia se pueda dedicar, además del culto, a anunciar el Evangelio, a la defensa de la justicia y de la paz y, al mismo tiempo, a promover el desarrollo integral de las personas. Ninguna de estas dimensiones debe verse limitada, porque ninguna excluye a las otras ni debe ser privilegiada a expensas de las otras.

Cuando la Iglesia reclama la libertad religiosa, no pide un regalo, un privilegio, una licencia que depende de situaciones contingentes, de estrategias políticas o de la voluntad de las autoridades, sino que está pidiendo el reconocimiento efectivo de un derecho inalienable. Este derecho no puede estar condicionado al comportamiento de los pastores y de los fieles ni por la renuncia al ejercicio de alguna de las prerrogativas de su misión y, menos aún, por las razones ideológicas o económicas: no se trata sólo de un derecho de la Iglesia como institución, se trata más bien de un derecho de cada persona y de cada pueblo. Todos los hombres y todos los pueblos se verán enriquecidos en su dimensión espiritual a medida que la libertad religiosa sea reconocida y practicada.

Además, como ya tuve ocasión de afirmar: "La libertad religiosa es un factor importante para reforzar la cohesión moral de un pueblo. La sociedad civil puede contar con los creyentes que, por sus convicciones profundas, no sólo no se dejan dominar fácilmente por las ideologías o las corrientes totalitarias, sino que se esfuerzan por estar de acuerdo con sus aspiraciones hacia todo aquello que es verdadero y justo" (mensaje para la Jornada Mundial de la Paz, 1998, 3).

Por este motivo, amados hermanos, pongan todo vuestro empeño en promover todo lo que pueda favorecer la dignidad y el perfeccionamiento progresivo del ser humano, que es el primer camino que la Iglesia debe recorrer para llevar a cabo su misión (véase *Redemptor hominis*, 14). Ustedes, amados obispos de Cuba, han predicado la verdad sobre el hombre, que pertenece al núcleo fundamental de la fe cristiana y que está indisolublemente vinculada con la verdad sobre Cristo y sobre su Iglesia. De muchas maneras han sabido dar un testimonio coherente de Cristo. Cada vez que sostuvieron que la dignidad del hombre está por encima de cualquier estructura social, económica o política, anunciaron una verdad moral que eleva al hombre y lo conduce, por el inescrutable camino de Dios, al encuentro con Jesucristo salvador. Es al hombre a quien debemos servir con libertad en nombre de Cristo, sin que este servicio se vea obstaculizado por los sucesos históricos o, en algunas ocasiones, por la arbitrariedad o por el desorden.

Cuando se invierte la escala de los valores, la política, la economía y toda acción social, antes que ponerse al servicio de la persona, la consideran como un medio, en vez de respetarla como centro y fin de cada obra, se provoca un daño a su existencia y a su dimensión trascendental. El ser humano se convierte en un consumidor simple, con un sentido de la libertad muy individualista y reductivo o en un productor simple con muy poco espacio para sus libertades civiles y políticas. Ninguno de estos modelos sociopolíticos favorece un clima de apertura a la trascendencia de la persona que busca libremente a Dios.

Los exhorto a continuar en su servicio de defensa y promoción de la dignidad humana, predicando con perseverante empeño que "realmente el misterio del hombre se aclara sólo en el misterio del Verbo encarnado. Por este motivo Cristo, el nuevo Adán, en la misma revelación del misterio del padre y de su amor, manifiesta plenamente el hombre al hombre mismo y le revela la grandeza de su vocación" *(Gaudium et spes*, 22). Esto es parte de la misión de la Iglesia, que "no puede permanecer insensible a todo esto que sirve al verdadero bien del hombre, como no puede permanecer indiferente a lo que lo amenaza" (*Redemptor hominis*, 14).

Conozco bien vuestra sensibilidad de pastores, que los impulsa a afrontar con caridad pastoral las situaciones en las que se ve amenazada la vida humana y su dignidad. Luchad siempre por crear entre vuestros fieles y entre todo el pueblo cubano el respeto por la vida desde el regazo materno, que excluye siempre el recurso al aborto, que es un acto criminal. Trabajen por la promoción y la defensa de la familia, proclamando la santidad y la indisolubilidad del matrimonio cristiano frente a los males del divorcio y la separación, que son fuente de tantos sufrimientos. Afirmen con caridad pastoral a los jóvenes que aspiran a mejores condiciones para desarrollar su proyecto de vida personal y social, basado en sus valores auténticos. Cuiden con diligencia a este sector de la población, dándole una adecuada formación catequística, moral y cívica, que complete en los jóvenes el "suplemento del alma" necesario, que les permita remediar la pérdida de los valores y del sentido en su vida, con una educación sólida, humana y cristiana.

Por medio de los sacerdotes (vuestros colaboradores principales y predilectos), los religiosos y las religiosas que trabajan en Cuba, continúen desarrollando la misión de llevar la buena nueva de Jesucristo a aquellos que tienen sed de amor, de verdad y de justicia. Acojan con confianza a los seminaristas, ayudándolos a adquirir una sólida formación intelectual, humana y espiritual, que les permita modelarse en Cristo, el buen pastor, y amar a la Iglesia y al pueblo, para que mañana sirvan como ministros con generosidad y entusiasmo; que sean ellos los primeros en beneficiarse de este espíritu misionero.

Exhorten a los fieles laicos a vivir su vocación con valor y perseverancia, estando presentes en todos los sectores de la vida social, dando testimonio de la verdad sobre Cristo y sobre el hombre; buscando soluciones, junto con las otras personas de buena voluntad, a los diferentes problemas morales, sociales, políticos, económicos, culturales y espirituales, que la sociedad debe afrontar; participando con eficacia y humildad en los esfuerzos para superar las situaciones, a veces críticas, que conciernen a todos, para que la nación alcance condiciones de vida siempre más humanas. Los fieles católicos, al igual que los demás ciudadanos, tienen el deber y el derecho de contribuir al progreso del país. El diálogo cívico y la participación responsable pueden abrir nuevos caminos a la acción de las personas laicas; está bien que los laicos se empeñen continuamente en prepararse, con el estudio y la aplicación de la doctrina social de la Iglesia, para iluminar con ésta todos los espacios.

Que vuestra atención pastoral no descuide a aquellos que por diferentes circunstancias dejaron su patria, y que continúen sintiéndose hijos de Cuba. De la misma manera, los que se consideran cubanos también deben colaborar, con serenidad y espíritu constructivo y respetuoso, al progreso de la nación, evitando encuentros inútiles y promoviendo un clima de diálogo positivo y de acuerdo recíproco. Ayúdenlos, partiendo de la predicación de los altos valores del espíritu, con la colaboración de otros obispos, a ser promotores de la paz y de la concordia, de reconciliación y de esperanza, a realizar una solidaridad generosa con sus hermanos cubanos más necesitados, demostrando también así un vínculo profundo con su país natal.

Espero que en su actividad pastoral, los obispos católicos de Cuba logren obtener un acceso progresivo a los medios modernos, para desarrollar su misión evangelizadora y educadora. Un Estado laico no debe temer, sino que, por el contrario, debe valorar la aportación moral y formativa de la Iglesia. En este contexto es normal que la Iglesia tenga acceso a los medios de comunicación social: radio, prensa y televisión, y que pueda disponer de los medios propios en estos campos para realizar el anuncio del Dios viviente y verdadero a todos los hombres. En estas acciones evangelizadoras se consolidan y se enriquecen las publicaciones católicas que pueden servir con más eficacia al anuncio de la verdad, no sólo a los hijos de la Iglesia, sino también a todo el pueblo cubano.

Mi visita pastoral tiene lugar en un momento muy especial para la vida de toda la Iglesia, esto es, la preparación del Gran Jubileo del año 2000. Como pastores de esta parte del pueblo de Dios en peregrinaje a Cuba, ustedes participan de este espíritu y mediante el plano del pastoral global exhorten a toda la comunidad a vivir "la nueva primavera de vida cristiana que el Gran Jubileo deberá manifestar, si los cristianos son dóciles a la acción del Espíritu santo" (*Tertio millennio adveniente*, 18). Que ese mismo plano dé continuidad al contenido de mi visita y a la experiencia de la Iglesia encarnada, partícipe y profética, que desea ponerse al servicio de la promoción integral del hombre cubano. Esto requiere de una formación adecuada que, como ustedes pronosticaron, "reafirme al hombre como persona en sus valores humanos, éticos, civiles y religiosos, y le permita realizar su misión en la Iglesia y en la sociedad" (II ENEC, Memoria, pág. 38), para la cual es necesaria "la creación y la renovación de las diócesis, las parroquias y las pequeñas comunidades, que promueven la participación y la responsabilidad y que viven su misión evangelizadora en la solidaridad y en el servicio" (*Ibid.*).

Amados hermanos, al término de estas reflexiones deseo asegurarles que regreso a Roma con mucha esperanza en el futuro, constatando la vitalidad de esta Iglesia local. Estoy consciente de la vastedad de los desafíos que deben enfrentar; sin embargo, también lo estoy del espíritu que los anima y de vuestra capacidad para superarlos. Confiado en esto, los exhorto a continuar siendo "ministros de la reconciliación" (II Cor. V, 18), para que el pueblo que les fue confiado, superando las dificultades del pasado, continúe por el camino de la reconciliación entre todos los cubanos sin excepción. Saben bien que el perdón no es incompatible con la justicia y que el futuro del país se debe construir en la paz, que es fruto de la misma justicia y del perdón ofrecido y recibido.

Continúen como "mensajeros que anuncian la paz" (Is. CII, 7), a fin de que se consolide una convivencia justa y digna, en la que todos encuentren un clima de tolerancia y respeto recíprocos. Como colaboradores del señor, ustedes son el campo de Dios, la edificación de Dios (véase I Cor. III, 10–11), para que los fieles encuentren en ustedes a los maestros auténticos de la verdad y a los guías solícitos de su pueblo, empeñados en obtener su bien material, moral y espiritual, teniendo en cuenta las exhortaciones del apóstol san Pablo: "¡Pero mire cada uno cómo alza la fábrica! pues nadie puede poner otro cimiento que el que ya ha sido puesto, el cual es Jesucristo" (I Cor. III,10–11).

Por consiguiente, con la mirada fija en nuestro salvador, que "es el mismo que ayer, es hoy, y lo será por los siglos de los siglos" (Hebr. XIII, 8), y poniendo todos los deseos y las esperanzas en la madre de Cristo y en la Iglesia, que venerada con el dulcísimo título de nuestra señora de la Caridad del Cobre, como prueba de afecto y señal de gracia que los acompaña en vuestro ministerio, les imparto de corazón la bendición apostólica.

Discurso pronunciado por Fidel Castro, en la ceremonia de despedida a Juan Pablo II, en el Aeropuerto Internacional José Martí de La Habana, el 25 de enero de 1998

Santidad:

Creo que hemos dado un buen ejemplo al mundo; usted, visitando lo que algunos llaman el último bastión del comunismo; nosotros, recibiendo al jefe religioso al cual han querido atribuir la responsabilidad de haber destruido el socialismo en Europa. No han faltado aquellos que presagiaron sucesos apocalípticos. Algunos hasta los soñaron.

Era cruelmente injusto que su viaje pastoral se asociara a la esperanza mezquina de destruir los nobles objetivos y la independencia de un pequeño país bloqueado y sujeto, desde hace cuarenta años, a una verdadera guerra económica. Santidad, Cuba está hoy frente a la potencia más potente de la historia, como un nuevo David, mil veces más pequeño, que con la misma fuerza de los tiempos bíblicos, lucha para sobrevivir contra un gigantesco Goliath de la era nuclear, que busca impedir nuestro desarrollo y detenerlo por enfermedad y por hambre. Si no se hubiera escrito aquella historia en ese tiempo, se habría escrito hoy. Este crimen monstruoso no se puede admitir en silencio y no admite excusa.

Santidad, cada vez que escucho o que leo las calumnias contra mi patria y mi pueblo, urdidas por aquellos que no aman a otro Dios que al representado por el oro, recuerdo siempre a los cristianos de la antigua Roma, calumniados atrozmente, como lo dije el día de su llegada. La calumnia ha sido muchas veces en la historia la gran justificación de los peores crímenes contra los pueblos. Recuerdo también a los hebreos exterminados por los nazis o a los cuatro millones de vietnamitas que murieron bajo el napalm, las armas químicas y los explosivos. El hecho de ser cristiano, hebreo o comunista no daba a nadie el derecho de exterminarlos.

Millares de periodistas han transmitido a millones de personas en el mundo todos los detalles de su visita y cada palabra pronunciada. Una infinidad de compatriotas y de extranjeros han sido entrevistados en todo el país. Nuestras emisoras televisivas nacionales transmitieron a nuestro pueblo, en vivo y en directo, todas las misas, las homilías y los discursos. Nunca se habían escuchado tantas opiniones y noticias sobre un país tan pequeño, en un tiempo tan breve, de tantas personas en nuestro planeta.

Cuba no conoce el temor, desprecia la mentira, escucha con respeto, cree en sus ideas, defiende tenazmente sus principios y no tiene nada que esconder al mundo.

Me conmueven los esfuerzos que su santidad realiza para un mundo más justo. Los Estados desaparecen, los pueblos constituyen una sola familia humana. Si la globalización de la solidaridad que usted proclama se difundiera por toda la Tierra, y los abundantes bienes que el hombre puede producir con su talento y su trabajo se dividieran de manera equitativa entre todos los seres humanos que hoy habitan el planeta, podrían crearse efectivamente para ellos un mundo sin hambre ni pobreza, sin opresión ni explotación, sin humillaciones ni desprecio, sin injusticias ni desigualdades, donde vivirían con plena dignidad moral y material, en verdadera libertad. ¡Ése sería el mundo más justo! Sus ideas sobre la evangelización y el ecumenismo no estarían en contraste con dicho mundo.

Por el honor de su visita, por todas sus manifestaciones de afecto hacia los cubanos, por todas sus palabras, aun con las que puedo no estar de acuerdo, a nombre de todo el pueblo de Cuba, santidad, le doy las gracias.

Discurso pronunciado por el papa Juan Pablo II en el Aeropuerto Internacional José Martí, de La Habana, al partir de Cuba el 25 de enero de 1988

Señor presidente, señor cardenal y hermanos del episcopado, excelentísimas autoridades, amadísimos hermanos y hermanas de Cuba:

He vivido una jornada activa y emocionante con el pueblo de Dios en el peregrinaje a la hermosa tierra de Cuba y esto ha dejado en mí una impresión profunda. Llevo conmigo el recuerdo de las muchas personas que he conocido durante estos días. Estoy agradecido por vuestra hospitalidad, expresión genuina del alma cubana, y, especialmente, por haber podido convivir con ustedes momentos intensos de oración y de reflexión en las celebraciones de la santa misa en Santa Clara, en Camagüey, en Santiago de Cuba y aquí en La Habana, en los encuentros con el mundo de la cultura y con el mundo del dolor, así como en la visita de hace unas horas a la catedral metropolitana.

Pido a Dios que bendiga y recompense a todos los que colaboraron en la realización de esta visita, deseada desde hace tanto tiempo. Le doy las gracias, señor presidente, y también a las otras autoridades del país, por su presencia aquí, así como por la colaboración prestada para el desarrollo de esta visita, en la cual participaron tantas personas, ya sea asistiendo a las celebraciones o siguiéndolas a través de los medios de comunicación de masas. Muestro mucho reconocimiento a mis hermanos obispos de Cuba, por sus esfuerzos y la solicitud pastoral con la que prepararon mi visita y la misión popular que la precedió, cuyos frutos inmediatos se manifestaron en la calurosa acogida que me ofrecieron y que, de cualquier manera, debe tener una continuidad.

Como sucesor del apóstol Pedro y siguiendo el mandato del señor, vine como mensajero de la verdad y la esperanza para reforzarlos en la fe y a dejarles un mensaje de paz y de reconciliación en Cristo. Los exhorto a continuar trabajando juntos, animados por los principios morales más elevados, para que el conocido dinamismo que distingue a este noble pueblo dé abundantes frutos de bienestar y prosperidad espirituales y materiales a beneficio de todos.

Antes de dejar esta capital, deseo dar un conmovido adiós a todos los hijos de este país: a los que habitan en la ciudad y en el campo, a los niños, a los jóvenes, a los ancianos, a las familias y a todas las personas, con la seguridad de que continuarán conservando y promoviendo los valores más genuinos del alma cubana que, fiel a la herencia de sus antepasados, sabe mostrar aun en los momentos difíciles su confianza en Dios, su fe cristiana, sus vínculos con la Iglesia, su amor por la cultura y por las tradiciones de la patria, así como su vocación de justicia y libertad. En este proceso, todos los cubanos son llamados a contribuir al bien común, en un clima de respeto mutuo y con un sentido de solidaridad profundo.

Hoy en día, ningún país puede vivir solo. Por este motivo, el pueblo cubano no puede verse privado de sus vínculos con los otros pueblos, que son necesarios para el desarrollo económico, social y cultural, especialmente cuando el aislamiento provocado repercute en forma indiscriminada en la población, aumentando las dificultades de los más débiles en aspectos fundamentales, como la alimentación, la salud y la educación. Todos pueden y deben dar pasos concretos para cambiar esta situación. Que las naciones, especialmente las que comparten el mismo patrimonio cristiano y el mismo idioma, laboren eficientemente para difundir los beneficios de la unidad y de la concordia, para unir sus esfuerzos y superar los obstáculos, a fin de que el pueblo cubano, protagonista de su historia, mantenga relaciones internacionales que favorezcan siempre el bien común. De esta manera se contribuirá a superar la angustia causada por la pobreza, material y moral, cuyas causas pueden ser, entre otras, la desigualdad injusta, la limitación de las libertades fundamentales, la despersonalización y envilecimiento de los individuos y las medidas económicas restrictivas impuestas por el extranjero, injustas y éticamente inaceptables.

Amados cubanos, al dejar esta tierra amada, llevo conmigo un recuerdo eterno de estos días y la confianza en el futuro de vuestra patria. Constrúyanlo guiados por la luz de la fe, con el vigor de la esperanza y la generosidad del amor fraterno, capaces de crear un ambiente de mayor libertad y pluralismo, con la seguridad de que Dios los ama intensamente y es fiel a su promesa. En efecto, "por eso sufrimos trabajos y oprobios, porque ponemos la esperanza en Dios vivo, el cual es salvador de todos los hombres" (I Tim. IV, 10). Que él los colme de sus bendiciones y les haga sentir su presencia en cada momento.

¡Alabado sea Jesucristo!

Fotografías

Fidel Castro recibe a Juan Pablo II a su llegada a Cuba. Junto a Castro, el arzobispo de La Habana, cardenal Jaime Lucas Ortega y Alamino. (FOTO: *L'OSSERVATORE ROMANO*)

El escritor catalán Manuel Vázquez Montalbán, quien siguió de cerca la visita del Papa a Cuba, enviado por distintos periódicos europeos. (FOTO: HADO LYRIA)

Arriba: El brasileño Frei Betto, fraile dominico exponente de la Teología de la Liberación (FOTO: LUCIO GRANELLI). Izquierda: Monseñor Carlos Manuel de Céspedes, descendiente de una familia cubana que ha tenido un relevante papel político e histórico, y que dio a la república tres presidentes antes del golpe de Fulgencio Batista. (FOTO: LUCIO GRANELLI)

El cardenal Roger Etchegaray, diplomático del Vaticano, quien preparó el encuentro entre el papa Juan Pablo II y Fidel Castro en Cuba. (FOTO: *L'OSSERVATORE ROMANO*)

Wayne Smith, el ex diplomático estadounidense que vivió los momentos más significativos de la histórica incomprensión entre Cuba y su país, desde el triunfo de la Revolución a la ruptura de relaciones entre La Habana y Washington, pasando por el acercamiento de ambos gobiernos, a finales de los años setenta, durante la presidencia de Jimmy Carter.

Assata Shakur, militante de las Panteras Negras, huyó de una prisión de máxima seguridad de Estados Unidos y desde 1987 vive en Cuba, donde obtuvo asilo político. (FOTO: LUCIO GRANELLI)

Charles B. Rangel, diputado demócrata por Harlem, quien lucha contra el endurecimiento del boicot estadounidense contra Cuba.

El escritor cubano Miguel Barnet, estudioso de los cultos sincretistas y la santería.

El padre Raúl Suárez, pastor protestante y diputado de la Asamblea Nacional, el parlamento cubano.

El comandante Jesús Montané (izquierda), con Gianni Minà y Osmani Cienfuegos, hermano de Camilo.

Ricardo Alarcón, ex ministro de Asuntos Exteriores, durante muchos años embajador cubano ante la ONU, actual presidente del parlamento. (FOTO: LUCIO GRANELLI)

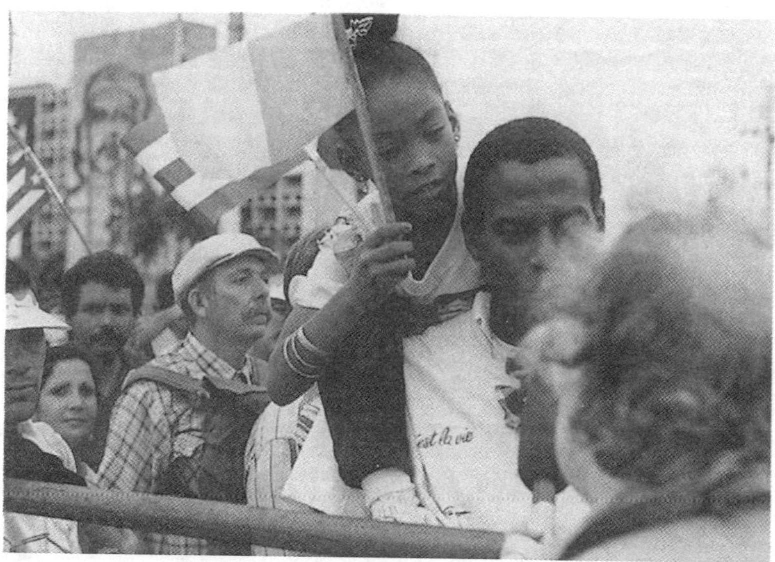

Entrevista entre la gente que espera la llegada del Papa a la Plaza de la Revolución, en La Habana. (FOTO: LUCIO GRANELLI)

Gianni Minà en el aeropuerto de La Habana con el fotógrafo Alberto Korda, autor del más célebre retrato del Che Guevara. (FOTO: GIUSEPPE LO BARTOLO)

Como dice el anuncio, mientras el problema de los menores abandonados alcanza proporciones gravísimas en el subcontinente latinoamericano, Cuba puede alardear de una eficiente organización escolar y de dar protección sanitaria a todos los pequeños ciudadanos. (FOTO: LUCIO GRANELLI)

Esta obra se terminó de imprimir
en enero de 1999, en
Diseño Editorial, S.A. de C.V.,
Bismark 18
México 13, D.F.

La edición consta de 5,000 ejemplares